經典哲學名著導讀
003

康德與
《純粹理性批判》

Routledge Philosophy GuideBook to Kant and the Critique of Pure Reason

薩巴斯丁・加納　著
劉育兆　譯

序

康德的《純粹理性批判》（後文簡稱《批判》）出版了兩個版本，兩者之間有些重大的差異。在 N. Kemp Smith 的譯本（第二版，London: Macmillan, 1933）中，兩版本是交錯在一起的，其中頁緣「A」編號的部分是指第一版，而「B」編號的部分則指第二版，兩者都對應到德文原文的頁碼。本書的引文便是出自這個譯本，它至今在英文的康德評註中已被當作標準本來使用。近來則有兩本《批判》的新譯本問世，一是由 W. Pluhar 所譯的（Indianapolis: Hackett, 1997），另一是由 P. Guyer 和 A. Wood 所譯的（Cambridge: Cambridge University Press, 1998）。

本書也引用康德的《未來形上學之序論》（*Prolegomena to any Future Metaphysics*，簡稱 *Proleg*）（J. Ellington 譯，Indianapolis: Hackett, 1977）、《實踐理性批判》（*Critique of Practical Reason*，簡稱 *CPracR*），以及《道德形上學的基礎》（*Groundwork of the Metaphysics of Morals*，簡稱 *Gr*）（由 M. Gregor 翻譯和編輯，收錄在康德的 *Practical Philosophy*, Cambridge: Cambridge University Press, 1996）、《判斷力批判》（*Critique of Judgement*，簡稱 *CJ*）（W. Pluhar 翻譯，Indianapolis: Hackett, 1987）以及康德的《哲學書信集》（*Philosophical Correspondence*, 1759-99）（A. Zweig 編輯和翻譯，Chicago: University of Chicago Press, 1967）。本書所引用的材料是取自於這些版本，而所有的引用都按照頁緣的頁碼。康德著作的德文標準版本是普魯士學院版的，由普魯士科學院編輯的《康德全集》（*Kants gesammelte Schriften*）（Berlin: Georg Reimer，後繼者是

Walter de Gruyter, 1900- ）。此著作的引用形式是在 *Ak* 後加上卷數和頁數。關於像是〈第一個類比〉、「第四個誤推」這些康德的術語，當指《批判》的章節時，會用大寫字母，而當指該書在那所給出或討論的論證時，則用小寫[1]。

我們無法假裝《批判》的散文體對我們會立即產生很大的吸引力，正如詩人海涅所說的，它有著「平淡無趣、枯燥，如包裝紙般的文體」以及「生硬、抽象的形式」。康德自己也曾敏銳地意識到這部著作的文體限制，而以《批判》所包含的東西需要十分專門的術語爲由來替它辯解。康德的哲學遣辭用句是繁複且令人感到陌生的。它不完全由新的術語所寫成，因爲康德所使用的種種術語都是取自先前的哲學來源和其他（數學、法學的）來源，但我們卻無法在康德的文本之外去尋求那些術語的意義。對於《批判》的文體和術語所呈現出的困難，唯一的解決之道就是再三摸索。

我應該在開頭稍微說明一下本書對於康德哲學所採取的進路，但願這麼一來，不熟悉《批判》與對它的評論之讀者就能了解，此進路和許多其他可能採取的進路有什麼不同。

這本書反應了 Henry Allison、Karl Ameriks、Richard Aquila、Ermanno Bencivenga、Graham Bird、Gerd Buchdahl、Dieter Henrich、Arthur Melnick、Robert Pippin、Ralph Walker、Wayne Waxman 和其他人對康德的理論哲學的研究，其中大部分是近二十幾年來的成果。這些作者並未表現出一種對康德哲學的單一觀點，但他們卻分享了同一個看法，那就是他們都同意康德先驗觀念論的形上學絕不只是一件哲學史中的珍奇古董，而（至少）是一項極爲有趣的哲學計畫。爲了提供一個把這些近來研究納入考量之對《批判》的導論，本書強調先驗觀念論學說的基本部分、具體內容以及種種涵義，並且也試著突顯出它的長處。於是應加以強調的是，我們在對康德的評註中可以發現一條全然不同的路線，據之先驗觀念論並不是一個融貫的學說，《批判》的成功之處在於一組在形上學上是中性的，但在知識論上是強而有力的論證，這些論證帶著或多或少的困境，而可與它們觀念論的環境孤立開來。這派學說的經典著作是 P. F. Strawson 的 *The Bounds of Sense: An Essay on Kant's 'Critique of Pure Reason'*（London: Methuen, 1966）。最近 Paul Guyer 也替類似的結論辯護。我已注意到這種進路，但這主要是爲了對照，而沒有要呈現出所有的說法。

本書採用這種閱讀《批判》進路的另一個理由是基於這種進路的導論特性。《批判》的每個句子幾乎都對讀者帶來困擾。許多人曾試圖提供注解以全面說明該著作的每個個別部分，但其中由於有些注解分散在幾本書中而未達到其目的。一個簡要的注解希望做到的頂多是傳達康德在《批判》所說內容的概略圖像，它將對個別部分的研究提供一個架構，更重要的是，它將使這個任務成爲似乎值得繼續進行的。強調先驗觀念論這個主題似乎也符合這個目的。

由於篇幅的限制，本書無法追究其他一些詮釋上的問題。我略去了大家熟知的拼湊理論。在一些評註者（最著名的是 Norman Kemp Smith 的英語評論）的看法中，《批判》的文本應被視爲集康德哲學發展中不同階段所撰重要部分之大成，康德成熟的「批判式」觀點之結論需要一種詮釋學式的考古學。本書這種解讀文本的進路在現今不太受到支持。更爲冒險的是，我沒有將焦點放在我們有可能辨認出《批判》的兩個版本是迥異的、不一致的哲學圖像上面，而是在《批判》並非如此的假定上來進行評註，這個假定也應被認爲是可受到挑戰的。

關於這本書的架構有一點要加以指出。正如目次所示，本書以兩個不同的章節論述先驗觀念論。第一個章節（本書的第五章）旨在給出該學說的內容，及康德對它的辯護；它所討論的唯一重要議題是有關〈感性論〉的那些論證。至於那些沒有掌握〈分析論〉就不能思考的其他詮釋性與批判性的問題，則在討論先驗觀念論的第二個章節（本書的第八章）著手進行，這部分更爲複雜，我在其中也對如何理解康德的立場提出了一些建議，儘管我不希望給人一種如此簡短的討論就能充分了解那個主題的困境爲何的印象。

我對《批判》的說明大部分是彙集上文所列作者著作中，讓我覺得最具啟發性的內容而形成的，特別是 Henry Allison 的 *Kant's Transcendental Idealism: An Interpretation and Defense*（New Haven: Yale University Press, 1983）與 Robert Pippin 的 *Kant's Theory of Form: An Essay on the 'Critique of Pure Reason'*（New Haven: Yale University Press, 1982）。這些研究本身作爲一種哲學探究的形式，對於哲學史極有助益。本書的形式導致它不可能鉅細靡遺地記錄我受惠於他人的部分；最後面參考書目中的這些著作是從提供讀者一條進入二手文獻途徑的觀點而選出的，不必然對應到我的討論中所利用的材料。

我要感謝 Jo Wolff 邀我寫這本書，Maria Stasiak 和 Routledge 的編輯人員在準備階段的幫助，以及柏貝客學院哲學系提供我研究假期讓我能夠完成它。我很感激 Mark Sacks 對完稿提出詳細的評論，而給我去除許多哲學上的錯誤並試著改正許多缺失的機會。我也要感謝 Graham Bird、Eric James 和 Tim Crane 的評論和建議。最後我要感謝我的家人在我撰寫一本沒有圖畫的書期間始終予以支持。

中文版序

在我寫本書的時候，英語世界哲學家之間對康德的一波興趣顯然沒有減弱的跡象，如果我藉此機會記錄這過去十年間問世的一些出版品，或許對讀者會有所助益。

劍橋大學出版社即將完成多本英文翻譯的康德作品全集；每本都包含了編輯者所提供的充分資料。它將包括所有康德已出版的著作與他未出版的著作選集，包括康德的《遺著》、講稿、書信以及遺稿札記。

有一個對搜尋非常有用的助手是可以從 InfoSoftWare（Karsten Worm）取得的 *Kant im Kontext II: Komplettausgabe* 2003 這個光碟，其中除了所有已出版的康德著作外，還包含了康德的書信與遺稿札記。

由 Georg Mohr, Jurgen Stolzenberg 和 Marcus Willaschek 所編輯的三本 *Kant-Lexikon*（Berlin: Walter de Gruyter），其中包含了許多國際康德學者的苦心成果，現在正準備出版中。它將會取代 Carl C. E. Schmidt 的 *Wörterbuch zum leichten Gebrauch der Kantischen Schriften*（1786）與 Rudolf Eisler 的 *Kant-Lexikon. Nachschlagewerk zu Immanuel Kant*（1930; 1977 由 Olms 重新印行）這些較舊的辭典。新的辭典也有電子書的形式可供利用，而使我們能輕易查閱康德的文本。

對整個康德哲學的新傑出導論有兩本，分別是 Paul Guyer 的 *Kant*（London: Routledge, 2006）和 Allen W. Wood 的 *Kant*（Oxford: WileyBlackwell, 2004）。Graham Bird 所編的那本 *A Blackwell*

Companion to Kant（Oxford: Blackwell, 2006）中，則包含了對康德哲學的論點與系統性方面幾篇精簡的論文。

Henry Allison 第二版和修正版的 *Kant's Transcendental Idealism: An Interpretation and Defense*（New Haven: Yale University Press, 2004）包含了一些重要的修正，且在幾個方面擴展了第一版的範圍。Allison 同時擴充了議題的範圍並詳細檢閱了第一批判的文本章節，且說明康德的先驗觀念論是他如何看待知識論和形上學之論點所不可或缺的。Allison 對〈先驗分析論〉的討論含括了範疇的形上推證和〈第三個類比〉，並增加〈對觀念論的駁斥〉和先驗觀念論兩者關係的說明（這個主題使 Allison 與 Paul Guyer 交手，對 Guyer 來說，〈駁斥〉代表康德把他的哲學帶出先驗觀念論的種種桎梏之最後成果。）此外，這本書以兩個新章節作結，一是關於〈純粹理性的理想〉，另一是關於理性的規制性角色，這反應出 Allison 對辯證幻象看法的轉變，他承認這是受到 Michelle Grier 的 *Kant's Doctrine of Transcendental Illusion*（Cambridge: Cambridge University Press, 2001）之刺激所致。

隨著 Rae Langton 的 *Kantian Humility: Our Ignorance of Things in Themselves*（Oxford: Oxford University Press, 1998）一書的出版，關於先驗觀念論可能採取的立場範圍業已擴大了。Langton 把先驗觀念論的關鍵之處視爲是一個論點，即我們關於顯象的知識乃是關於物自身一組種種關係性質的知識，物自身的種種內在性質對我們來說是未知的且不可知的；這是一種讓康德與洛克和萊布尼茲有密切關係的詮釋。

Karl Ameriks 重要論文集 *Interpreting Kant's Critiques*（Oxford: Clarendon Press, 2003）替一種對

康德意圖的審慎詮釋加以辯護。Ameriks 的著作在下列這個深刻且困難的問題上特別有價值，這個問題是關於最終引進康德哲學所努力的形上學：康德的批判哲學是否意味著形上學的終結，它爲老的、理性論式的形上學微幅修正之版本提供了一個新的基礎，抑或形上學也許是以一種新的形式重生。Ameriks 傾向於第二種看法。這個問題與康德的實踐觀點之構想，以及其中可使用的「實踐認知」密切相關，我已在 Bird 編輯的 *A Blackwell Companion to Kant* 中以「實踐理性的優先性」來闡明過這個連結了。

對核心的康德式論點中一個著名的且在哲學上雄心勃勃的看待方式是，由 Mark Sacks 的 *Objectivity and Insight*（Oxford University Press: Oxford, 2000）所提出的。Sacks 在該書第二章中提出一個關於康德的嚴密歷史討論，那本書整體來看是對先驗觀念論以及〈先驗感性論〉和〈先驗分析論〉的先驗立論加以辯護和重建。Sacks 替先驗觀念論所作的辯護或許可以富有成效地與 Adrian Moore 在 *Points of View*（Oxford: Oxford University Press, 2000）對於該學說那種負面的、維根斯坦式的評價作對照。

Beatrice Longuenesse 在 *Kant and the Capacity to Judge: Sensibility and Discursivity in the Transcendental Analytic of the 'Critique of Pure Reason'*（trans. Charles T. Wolfe, Princeton: Princeton University Press, 1998）中，對〈先驗推證〉的核心論點提供了深刻且精細的說明。Longuenesse 的種種觀點在 *Kant on the Human Standpoint*（Cambridge: Cambridge University Press, 2005）有進一步的闡述。

我在第十章所提出的對康德理論哲學、德國觀念論和後康德廣泛承繼者關係的思考，不僅提供了一個有高度歷史興趣的領域，也提供了一個引起關於康德知識論和形上學種種最深層系統性問題的架構，這在英語的哲學世界已發展爲一個豐富的研究領域。在此領域特別值得關注的晚近研究成果包括有 Karl Ameriks 的 *Kant and the Fate of Autonomy: Problems in the Appropriation of the Critical Philosophy*（Cambridge: Cambridge University Press, 2000）、Frederick Beiser 的 *German Idealism: The Struggle Against Subjectivism,* 1781-1801（Cambridge, Mass.: Harvard University Press, 2002）、Paul Franks 的 *All or Nothing: Systematicity, Transcendental Arguments, and Skepticism in German Idealism*（Cambridge, Mass.: Harvard University Press, 2005）、以及 Dieter Henrich 的 *Between Kant and Hegel: Lectures on German Idealism*（Cambridge, Mass.: Harvard University Press, 2003）。Terry Pinkard 的 *German Philosophy* 1760-1860*: The Legacy of Idealism*（Cambridge: Cambridge University Press, 2002）則對直到德國觀念論和超出德國觀念論的後康德哲學發展提供一個詳盡說明其歷史且具有哲學系統性的看法。

位在康德歷史發展的另一端，我們對於康德前批判時期的幾本著作，以及它們和《純粹理性批判》的關係和連續性的理解，已經透過晚近的研究成果得到深化了，尤其是 Martin Schonfeld 的 *The Philosophy of the Young Kant: The Precritical Project*（Oxford: Oxford University Press, 2000）和 Eric Watkins 的 *Kant and the Metaphysics of Causality*（Cambridge University Press, 2005）。

目次

第一章　形上學的問題

康德在《批判》的序言中說，儘管形上學有「一切科學的女王」（Aviii）之稱，在形上學裡，理性卻「不斷陷入僵局」（Bxiv）。一而再、再而三，「我們不得不走上回頭路」（Bxiv）。由於形上學中意見分歧的程度和性質，使它成爲一個「戰場」，一個「所有參戰者連一寸領土都得不到」的「模擬戰」戰場。結果在形上學的領域中，我們就在獨斷論、懷疑論和漠不關心之間搖擺不定。形上學所特有的不穩定性與數學和自然科學的確定性間有著天壤之別，這使得我們別無選擇，而只能斷定形上學「至今仍只在任意摸索當中」（Bxv）。

在這個背景之下，康德宣告了他在哲學上著名的哥白尼式革命：「人們向來以爲，我們的一切知識必須符合對象」，但由於這個假定顯然無法產生任何形上學的知識，我們「因此必須嘗試，如果假定對象必須符合我們知識的話，形上學的任務是否不會更有進展……。於是，我們應該要完全依照哥白尼原本假說的方向來進行」，這個假說就是太陽中心說（Bxvi）。

本章將追溯康德的思路歷程，藉由這條歷程，康德形成了「他認爲形上學構成了一個問題，以及形上學的問題究竟是什麼」的觀點。下一章則將概述在康德看來提供唯一可能矯正之道的哥白尼式革命。

歷史背景：啟蒙運動及其問題

在對觀的哲學史中，康德哲學最受到重視的特點是，它與理性論和經驗論——尤其是與萊布尼茲和休謨兩大哲學傳統的綜合關係。我們可以說，康德以讓這兩大哲學傳統各自的缺失暴露出來的方式來面對它們，接著康德再顯示出他自己「批判的」或「先驗的」哲學，如何能夠提供一個更好的替代方案。由於康德經常描述他自己正是那麼做的，這是一種對康德哲學富有成效的看待方式。然而，廣泛看來，克服理性論和經驗論的對立只是康德哲學中一個附帶的主題罷了：康德主要所要回應的是那些與十八世紀占有主要地位的啟蒙運動計畫密切相關的種種深刻問題。

正如同觀念史中所有漫長的時期一樣，唯有當個別思想家的精闢學說變得有些失焦時，我們才能看出啟蒙運動或理性時代的統一性：這個時代的確完全是不同質的，與其說當時的思想家都認同某一套信念，不如說他們採取了共通的進路。在那樣的描述之下，或許我們可以說，啟蒙運動是從十六與十七世紀科學革命的成就中獲得主要靈感的，它關注於捍衛那些現在西方思想視爲是理所當然的東西：每個人都擁有自己決定理論或實踐的實質事務之權利，而不用訴諸既定的權威或傳統。當時的啟蒙思想家認爲，人性之內存在著相同的理性，我們需要做的只是藉由適當的教育方式使理性重見天日。啟蒙思想家試圖提倡那種能尊重個人自主性，並促進知識、幸福和品德增長的公民制度與政治制度。在智識方面獲得解放之後，政治方面的解放自然就會跟進。就如同康德在一篇試圖定義啟蒙概念的論文中所說，啟蒙是「**人從其自我招致的未成年狀態中解放出來**」；它的格言是「*Sapere aude!*」（「大膽使用你自己的理性！」）。這個觀點所指示的方案就是要發展休謨所謂的「人的科學」，並且將所有已獲得的知識和既有的習慣提交到理性的監督之下。如康德所言：

在特殊的程度上來說，我們的時代是一個批判的時代，一切事物都必須受到批判。宗教憑藉其神聖性，而立法則倚仗其權威試圖使自身免於受到批判。但這麼一來，它們就喚起正當的懷疑，而無法要求理性給予真誠的尊重，理性只尊重那些能經得起自由且公開檢驗的事物。

（Axi[n]）

啟蒙思想家另一個無可仿效的典型樂觀信念是，人類自我啟迪的過程已是根深柢固的：自然科學的進步，尤其是牛頓令人驚歎的成就，宗教信仰逐漸自由而教會權威日趨式微，加上受到中產階級興起影響的社會和政治轉變，在在都宣告了中世紀的暴政和非理性的遺產即將終結——這一切似乎都表明了歷史可以說是開始漸入佳境，而不能不繼續走在進步的軌道上。

德國並沒有參與啟蒙思想的最初階段。恰好位於那個階段背後的，是洛克和牛頓的思想，而蘇格蘭啟蒙運動的領導人物則是休謨和亞當·斯密。十八世紀中期，啟蒙運動的中心肯定是在法國，聚集在狄德羅和亞藍貝特所編撰的《百科全書》周圍，包括孟德斯鳩、伏爾泰、孔狄亞客、霍爾巴哈、盧梭，以及孔多賽等在內的哲學家都是其撰稿者。由於不利的（大部分仍是封建的）社會和政治環境，德國的啟蒙運動較晚才位居主導地位，而和當地哲學的理性論息息相關。由於吳爾夫和其擁護者的傳播，具有代表性且舉足輕重的德國啟蒙哲學乃是萊布尼茲的哲學。吳爾夫以系統性的形式重新修訂了萊布尼茲的哲學，而在十八世紀前半，所謂的「萊布尼茲－吳爾夫哲學」就成爲德國的大學標準教材。即便在萊布尼茲－吳爾夫哲學的鼎盛時期，它也不是毫無批評者，且在德國的哲學景觀中當然也包含了其他潮流。克魯修斯就激烈批評過吳爾夫學派，而吳爾夫學派後來也將陣地讓給了通俗哲學，這種哲學是一種兼容並蓄、智識上軟弱無力的，並且對吳爾夫學派的祕傳主義抱著敵意的運動（康德駁斥它為「虛偽做作的自由思考方式」，Bxliii）。但是直到康德的批判哲學在那個世紀遽然登場之前，還未有高水準的哲學足以與萊布尼茲—吳爾夫的體系相提並論。到了那個時候，啟蒙運動的聲望業已黯淡，整個十八世紀期間對人性的理性重建計畫逐漸顯露出一些缺失和隨之而來的代價。

根據士林哲學的世界觀，關於上帝的知識和關於自然的知識是互補的；多瑪斯的思想就是將基督教神學和亞里斯多德式的自然科學整合在一個論述之中。在新科學中就不再是如此了；機械論、數學和個別物體取代了亞里斯多德的實體形式和最終因，新科學的自然圖像完全缺少內在的神學面向。不是所有人都認為這種情況會為宗教產生出一個無法克服的問題，或者會對宗教構成一個深切的反駁。只有極少數的啟蒙思想家是名副其實的唯物論者，儘管有些啟蒙思想家試圖將道德置於獨立的基礎之上，大部分的啟蒙思想家仍認為道德與上帝的存在是密不可分的，換言之，除了一些例外，啟蒙思想家並沒有打算要採納無神論，也沒有貿然地批評教會。雖然啟蒙運動表面上看來有能力侵蝕宗教信仰，我們同樣也可以認為啟蒙運動證明了必須使宗教成為一項合理的事務，而大多數的啟蒙思想家都把這當成他們的行動方針。在德國尤其是如此，相較於激烈反神職人員的哲學家陣營，德國的哲學家並未強烈反抗既有的宗教權威。自然的知識和上帝的知識要如何相互協調這個問題依然存在。啟蒙運動所支持的解答是自然神學，自然神學以推崇自然秩序取代頌揚天啟，並把它當作上帝存在的證明，使理性成為宗教的基礎，因為認識到自然秩序的正是理性。然而，自然神學最終並不令人感到滿意，因爲它實際上除去了《聖經》的權威，而且它所擁護的自然神論（上帝是「神聖的鐘錶匠」，也就是至高無上的技師）就人們需要的是一種活生生的信仰而言，也太過於簡樸。隨著道德仍然懸而未決，科學和宗教間發生衝突的可能性日益浮現。形上學作爲理性和人類整體知識的守護者，便發現自己不知該對何者效忠。

宗教和自然科學兩者要求間的緊張關係是一七一七年所出版的《萊布尼茲——克拉克通信集》中具體討論的主題之一。在這個極爲重要且廣泛的爭論中，眞正的主角是萊布尼茲和牛頓，而克拉克則是扮演牛頓的發言人。他們各自主張不同的自然理論化模式：萊布尼茲使用源自於笛卡兒的演繹法，並且以數學爲模範，從抽象的一般觀念出發，而逐漸向下推展至具體的自然；反之，牛頓則從對現象數量的測量上溯到第一原理。萊布尼茲在通信中攻擊牛頓那些關於空間和時間，以及其他問題的主要學說，理由是那些學說與神學和充足理由律並不相容；克拉克則從科學的基礎以及那些學說與神學的相容性來爲之辯護。結果在許多基本論點上，萊布尼茲從充足理由律所推導出的那些關於實在結構的結論，與牛頓藉由「從現象推論」所得到的那些結論針鋒相對。這個情況令人深感擔憂，不只是因爲無法達成共識可能會使新科學知識所宣稱的自明權威蒙塵：自然科學和形上學都宣稱是對於實在的合理描述，而兩者竟然相互牴觸的這個事實產生了全然的矛盾，這意味著理性在科學研究中的自主運用，對理性宗教造成了威脅。形上學再次發現自己妥協了。

當然，對那個年代的教義抨擊最力的要屬休謨懷疑論式的經驗論，儘管它標榜的是人的自我知識，且在那方面無疑地堪稱是啟蒙思想的功績。在十八世紀的思想中，理性是與自然密切相關的。對理性不利的是，休謨將兩者分離開來。按照休謨的說法，我們關於外在世界的信念基礎不在於理性，而全然依賴於「嗜好」或「習慣」，即心靈之聯想式的和其他機械式傾向的運作。自然也只有在這些運作中才是我們信念的基礎。此外，自然對我們信念所提供的非理性支持，也僅限於那些關於經驗事物的信念。宗教信仰，以及形上思辨的整個雄偉建築則是毫無根基可言的：我們應該將「神學或學院形上學的」所有書籍「付諸一炬」，「因爲其中除了詭辯和幻想外，什麼都沒有」。我們可以駁斥休謨這些結論只是自相矛盾的，但說其結論是錯誤的則全然是另一回事。而我們逐漸清楚的是，休謨需要一個回應。

盧梭像休謨一樣，也躋身啟蒙運動的巨人之列，雖然他在標準啟蒙的意義下也很難說曾頌揚過理性。從他早年刻薄地與狄德羅和其他哲學家決裂，便顯示出他與那個時代精神有所疏離。就盧梭早就聲稱人有善良本性與洗心革面的潛能而言，他的洞察符合啟蒙運動的看法。其觀點的核心是自律的構想，根據這個構想，個人只有在他遵守良心的指示，以一種同時表達他眞實自我和他人意願的方式爲他自己立法時，才能得到完全的實現。這個構想傾向於展現出盛行的那些啟蒙道德觀是膚淺的，但它跟那些想法並不全然對立。盧梭與眾不同的是，他不把人性、道德意識、宗教信仰與人類理性的獨立能力連結在一起，而是將這三者與感受，也就是內在的情感相繫：他否定理性具有優越性。更重要的是，盧梭將他的道德洞見建立在對文明成就的苛責上，有時把人類敗壞和悲苦的全部責任歸咎於社會的狡詐。包括藝術、自然科學和一般的理論探究在內，都是這項攻擊的對象。盧梭哲學最終的結果是創造出一種質疑：理性的種種行動，也許包括哲學家的形上學在內，是否扮演了腐化和荼毒人類的角色，並扭曲了人對世界的道德理解？

在那個世紀後半，面對啟蒙運動而增添其內在困境的那些聲浪，構成了所謂的反啟蒙運動。這個與啟蒙運動斷然決裂的行動，在某種程度上是由盧梭所預示的。主要有三個名字是與德國反啟蒙運動特別明顯地聯想在一起的，他們是哈曼、赫德以及雅可比。儘管哈曼和雅可比有很大的差別，他們都致力於替那些在他們看來由於理性極其有限而無法掌握的事物辯護：他們將那些因爲與理性相悖而被啟蒙運動宣告爲毫無價值的事物，當作是對理性至高無上宣稱的反駁。對雅可比來說，這是指直接展現出一神論上帝的感受力量；對哈曼而言，這些事物則是指詩、天才和基督教《聖經》的天啟，以及語言和歷史中的特殊事物。雅可比和哈曼藉由支持理性統治下的犧牲者，致力於一種徹底的反智主義，如果不說成是非理性主義的話；他們被描述成 *Glaubensphilosophen* 或 *Gefuhlsphilosophen*，即「信仰或感受的哲學家」。赫德受到哈曼影響，他比較溫和，且提出一個替代啟蒙的理智方案：一幅人類自然主義和歷史主義的圖像，否定理性的自主性，而肯定它依賴於特定具體的體現形式，其中最重要的是語言。因此赫德至少懷疑理性具有普遍性。哈曼、赫德與歌德構成了爲德國浪漫主義鋪路的文學運動，即狂飆運動的智識源頭。

反啟蒙運動從哲學之外的一個力量──虔敬派獲得靈感，虔敬派是一個發源於德國，直到十七世紀末成爲對新教獨斷主義進行反動的路德教派福音運動。虔敬派一經建立之後，便趨向腐敗並變得獨斷，但它起初是一個注重內在精神大於外在形式的宗教，重視個人的皈依經驗、內心虔誠生活的教養以及在慈善工作中道德上善良意志的表現。反啟蒙運動的反智主義反應了這個宗教的情感。虔敬派正如過往那樣，預見了啟蒙將帶領宗教走入的危機，而已提出一個解決之道：將宗教從理性獨立出來。這個運動提供了一個對啟蒙運動持續反抗的源頭（首位理性論者吳爾夫曾因爲被他虔敬派的同事指控爲不信上帝，而短暫被驅逐出普魯士）。哈曼、赫德和雅可比深受虔敬派的影響，就像克魯修斯一樣。在目前的脈絡中，虔敬派的重要性在於，它是康德受教於其中的宗教。

啟蒙運動和其貶抑者的對立在萊辛——這位曾高舉啟蒙大纛的偉大文化人去世之後，便藉由所謂的「泛神論論戰」在德國迅速擴大。起初它發生在好辯的雅可比和理性論哲學家孟德爾頌間激烈的魚雁往返中。在雅可比相關的文章出版後，接著是一場公開的爭論，包括康德在內的許多其他人都被牽扯進去。表面上看來，這場爭論的主題在於一個事實性的問題，即萊辛是否有悄悄成為一位「史賓諾莎主義者」，也就是一位無神論者和宿命論者。但真正的問題卻是一個哲學性的問題，即理性在宗教的主題上立場是什麼：孟德爾頌堅持理性支持著信仰這樣的正統啟蒙立場；雅可比則主張無限制地運用理性必然會導致以史賓諾莎泛神論為代表的毫無信仰。雖然直到一七八〇年代才發生了泛神論論戰，但它顯現出了長久以來的關注。

最後，自然本身似乎對啟蒙運動的擁護者提出了一個問題。一七七五年發生了一個摧毀里斯本的驚人地震。這個事件似乎與啟蒙運動那種自然是具有合理目的的認定大相逕庭，使得整個歐洲在精神上分道揚鑣，且為關於萊布尼茲神義論（他宣稱這個世界是所有可能世界中最好的）這個既有的爭論火上加油。

這些爭議——啟蒙運動內逐漸興起且似乎無解的張力，以及啟蒙與那些拒絕接受理性權威者間高漲的衝突——普遍瀰漫於康德所身處的智識世界；在他早期的著作中有些還被拿來討論。因此康德見證和參與了啟蒙運動在該世紀使自身準備好進行新發展的過程，像是它顯然造成了太多爭論和混亂，而無法以其原初形式續存；要嘛它必須被重新考量，要嘛它必須使自身降格為失勢者。康德的成就在於創造出一個成熟的啟蒙哲學，以說明它所面對到的困境，並將它帶到一個高峰。事實上，啟蒙運動並沒有以統一的和舉足輕重的文化力量這樣的顯明形式倖存；在文化史中是由浪漫主義取而代之。但康德提供它決定性的大關大節，並使它具有最強壯的可能抵禦力，亦即使它向來所具有的基礎概念能夠清晰明確。

康德的生平

眾所周知，康德生平的特點顯然是平靜無奇的。伊曼紐・康德在一七二四年出生於東普魯士的科尼斯堡城，他幾乎一生都待在那裡。康德的父親是一個工匠，而其家境貧窮。康德家庭和學校所受的教育都是虔敬派式的。康德從來不曾失去對這個信仰的認同：儘管他曾譴責使學生時期充斥黯淡的那些空洞、呆板的宗教儀式，他仍稱讚那些真誠信仰虔敬派的人，其中他把他的父母當作是「傑出的」，「具有人所能擁有的最高情況，鎮靜、沉著、內心平靜、不受任何激情所困擾」。

康德在科尼斯堡大學研究自然科學、數學、哲學和神學，並受到萊布尼茲—吳爾夫體系和牛頓理論的薰陶。畢業之後，他如同那些沒有個人收入者般開始擔任家教，這使他能繼續他的研究。憑著一篇論形上學的論文（一篇堅守理性主義的作品）的發表，康德升到講師，這使他有資格能在大學講課，但除了直接從他的聽眾獲得學費外，這並未帶給他任何收入。財務的需求迫使康德致力於驚人範圍的授課，每週多達二十個小時，有時還更多，除了許多的哲學科目外，還包括：純粹數學、物理學、機械論、物理幾何學、人類學、法學和教育學。普魯士當局要求所有的講師講解一個特定的文本，因爲教形上學，康德採用鮑姆嘉通的《形上學》（一七三九）一書，這本書闡述了萊布尼茲—吳爾夫體系。後來康德第一份有給的職位則是一位卑微的助理圖書館管理員。

在一七七〇年康德四十六歲之前，康德從未獲得哲學教授的職位，而仍待在科尼斯堡。在前幾年中，康德出版了一些主要是有關科學與形上學主題的著作，這使他在德國贏得有力的獨立思想家的穩固名聲。他擔任教授那年也發表了其就職論文，這是一篇雄心勃勃且創新的著作，卻是在理性論界限之內的著作。若康德的生命或生涯在一七七〇年終止的話，他的名字大概只會在有關理性論的歷史著作中以及（由於他的宇宙理論）在科學史中出現。

然而，康德在科尼斯堡任職之前，漫長且艱困的期間使他大幅拓展了他的哲學範域。在一七五〇年代的某些時候，康德肯定幾乎熟稔休謨的《人類悟性探究》（一七四八），了解到其重要性；一七六二年盧梭的《愛彌兒》問世並立刻啟發了康德；一七六五年康德徹底研究了萊布尼茲之前未出版的《人類理智新論》（一七〇五），使他直接接觸到萊布尼茲知識論與形上學的整個力量與精細複雜，而這是由吳爾夫居中所淬煉出來的。這三個遭遇都顯示出對康德的發展十分重要。康德後來說，休謨的「提醒」首次打斷了他「獨斷的迷夢」，並爲他對形上學的探究提供一個「嶄新的方向」（*Proleg* 260）；盧梭則提供給他道德哲學的模範，且康德會稱頌他對人性所做的與牛頓對物質性所做相同之事，亦即將其潛在本質揭露出來；至於萊布尼茲則是《批判》中兩大傑出主角之一，另一個是休謨。

不過在就職論文之後，康德提出任何進一步的哲學創造性的公開徵兆之前，有很長一段間隔。

康德在隨後「十年沉寂」間的重要發展證據主要是得自於他的手稿和通信，他在那段期間幾乎什麼都沒發表。這些證據顯示出康德很快察覺到他在就職論文所採取的立場有所缺失，而他也逐漸意識到他所發掘的新形上學問題的深度、重要性和困境。最後，一七八一年在他朋友的鼓勵之下，康德終於出版了《純粹理性批判》。他當時五十七歲。他說他在幾個月期間就彙整了手稿，「有如行雲流水那般」。

構成康德哲學體系的其他文本從那時迅速接踵而來。《批判》的第二版在一七八七年問世，其中加入了很大的改變。在《批判》兩個版本之間，康德提出了他的《未來形上學序論》（一七八三），一本試圖使《批判》的觀念更容易理解的小書，以及他第一本有關倫理學的著作，《道德形上學的基礎》（一七八五）。康德接著在他第二批判，即《實踐理性批判》（一七八八）重新修訂他的道德理論，在那也呈現出他對宗教信仰基礎的說明。第三批判，即《判斷力批判》在一七九〇年問世，它包含了康德的美學理論和目的論理論，他宣稱那本書總結了他的批判事業（*CJ* 170）。

批判的三部曲構成了康德哲學體系的核心，但要掌握其全貌需要提及幾篇其他著作。這些著作包括《自然科學的形上學基礎》（一七八六），它補充了《批判》對自然科學的說明；《單純理性限度內的宗教》（一七八六），它依照第二批判開始的方向對宗教作了更完整的論述；還有一些政治哲學和歷史哲學的著作，包括《論永久和平》（一七九五）；以及《道德形上學》（一七九七），它是對康德道德體系最爲全面的闡述。

在康德生平的背景中，有一連串偉大的政治和歷史事件。康德居住的普魯士從一七四〇年到一七八六年是由腓特烈二世（一七一二—八六）所統治，他是一位分享啟蒙運動目標的著名統治者，賦予國家憲政形式，並促進學術和宗教自由。經過美國獨立戰爭（一七五五—八三），美國的創建也帶有啟蒙運動的印記，成爲一個獨立的共和形式政體；同樣的歷史走向最初似乎也展現在法國大革命（一七八九）。然而，在康德的一生間，進步的行列並未持續暢通無阻：腓特烈二世的繼承者部分修正了他的自由化措施，當康德論宗教的書被宣稱背離基督教教義時，他也遭遇到審查制度的復甦勢力。

康德在一八〇四年去世。那時候他的哲學儘管不是唯一得到贊同的，對之的接受（程度）已足以在史上顯示其永恆地位。康德的墓上立了一個銘牌，上面刻著他自己的話：「有兩種東西，我們越是經常與持續加以反思，對它們的讚歎和敬畏就會越來越充溢我們的心靈，那就是：**我頭上繁星閃爍的蒼穹，和我心中的道德法則**」。（*CPracR* 161）

我們對於康德的內心生活所知甚少，只能從他的朋友和熟人的回憶，以及大部分只是早期傳記作者偶然累積的軼事材料中，得知他是個什麼樣的人。那些描寫仍是令人印象深刻的，且使我們回想到康德自己對一個眞的虔敬派教徒的描述。康德是簡樸和自制的，不願有親密關係而終生未婚。但他既不缺乏感情，也未鄙視社會。直到了他生命的最後幾年，他固定的生活模式都還包括了延長午餐時間聚會，在其中他引導從科尼斯堡世界性的社群邀來的客人，熱烈地談論世界性的話題。從這些認識他的人之敘述傳達出尊敬、正直和人道。年輕時曾參加康德的講演（雖然後來批評他的哲學）的赫德是這樣寫他的：

我很高興能有認識一位哲學家的好運，他是我的老師……。他天生用來思考的開闊額頭是泰然知足和喜悅之所在；從他的口中湧出豐富思想的言談；他總是任意揮灑著詼諧機智以及幽默……。對他來說，任何值得認識的事物都不是無關緊要的；沒有任何陰謀、黨派、偏見，與對名聲的渴望，能使他從對真理的拓展和闡明有絲毫的分心。他鼓勵並溫和地驅使他人為自己思考；專制和他的個性格格不入。這位我以最大感激和敬愛來述說的人，就是康德；令我高興的是，他的形象就站在我眼前。

康德前批判時期的猶豫不決：無法放棄的形上學之夢

相較於康德缺乏意外的生平，他的哲學發展可以說是經常且出乎預料變動不已的。康德起初的哲學取向肯定可以被描述成是理性論式的，但是他早期的，「前批判」的著作，整體看來並未呈現出一個統一的哲學觀點，也沒有顯示出朝向一體的累積進步，它們所呈現的印象，反而是持續的不滿意和試驗。然而，康德前批判著作的不確定性使之從《純粹理性批判》的觀點來看，特別對我們有很大的啟發，因為那些著作讓我們確認形成它的具體材料和力量。康德當然沒有發現他自己起初提出了重建啟蒙運動的重大任務：他所面對到的哲學環境是針對特定作家，尤其是牛頓、萊布尼茲，以及其承繼者吳爾夫和鮑姆嘉通、盧梭和（年代稍晚的）休謨所提出的一套更爲局限的理論問題。

康德從未毫無保留地同意萊布尼茲—吳爾夫哲學，他從一開始就熟悉克魯修斯的著作，其中包含對理性論將邏輯等同於知識論的有力批評。儘管如此，他首篇形上學著作〈形上學認知之第一原理新解〉或〈新解〉包括了其基本進路：康德認同萊布尼茲—吳爾夫那種世界完全是由充足理由律所決定的合理性整體構想，對此他提出了一個新的證明。在這個階段，康德清楚意識到並認眞看待萊布尼茲—吳爾夫形上學與牛頓科學的不一致，相信兩者的差異能得到解消。康德自己全心全意投入牛頓那種自然作爲一套機械系統的構想，這可從他《自然通史與天體理論》（一七五五）中清楚看出，在其中，康德藉由假定太陽系的星雲起源，顯示出與牛頓相反的看法，那就是我們不需要爲了解釋太陽系的秩序這樣相對有限的目的而假定有上帝。康德因此將機械論的解釋推得比牛頓還遠。但對康德來說，這並不是說牛頓式的科學對實在提出了一套完整的描述。康德主張，科學解釋不能以犧牲神學的代價來得到興盛，因爲牛頓那些原則的無限上綱正是對世界源自於一個神性智能的最佳證明。康德也贊成萊布尼茲理性論所特有的那個原則，即自然科學不是自足的，而需要形上學予以支持。因此，理性論形上學除了是神學所需，對自然的知識也是必需的。正如康德早期科學——形上學著作所顯示的，他也在更專門的方面從事於調和萊布尼茲哲學和牛頓科學的任務。在《關於活力正確估測之思索》（一七四七）中，他試圖指出牛頓和理性論者對於有關物理力量推測的自然概念之爭論，是可以藉由區分其應用的範圍而得到解消的；而在《物理單子論》（一七五六）中，他則對萊布尼茲—牛頓之爭提出一個有關空間無限可分性的調解之道。

然而，康德並未一直認定萊布尼茲—吳爾夫主義基本上是恰當的，他在一七六〇年代的發展軌道就遠離了理性論，儘管其軌道並不是始終如一的。在《上帝存在證明唯一可能的論證基礎》（一七六三）中，康德否定了整套萊布尼茲—吳爾夫學說，並且攻擊理性神學對於上帝存在的一切傳統論證。更重要的是，調和萊布尼茲形上學與牛頓科學的計畫，讓康德得以反思形上學的正確方法為何之問題，而自此質疑理性論進路的基本有效性。有關哲學方法的那個更為基本的問題，壓倒並涵括了萊布尼茲—牛頓問題。在《負量概念的哲學嘗試》（一七六三）中，康德以一種破壞萊布尼茲—吳爾夫宣稱根基的方式，區分了實在的和邏輯的關係，以藉由純粹理性去把握經驗世界，包括它所展現出的因果性。而在《自然神學與道德原理的明晰性探究》（即「《得獎論文》」）（一七六四）中，他對理性論的懷疑有了正面的轉變：康德概述了他認為有需要對形上學進行方法論的轉變。康德說，數學建構了他所處理的對象，而形上學則否；因此我們能夠容易替數學的概念下清晰的定義，而形上學的概念卻不能如法炮製，在展示過數學和形上學各自方法的一些天壤之別後，康德得到的結論是，形上學的未來在於重複自然科學中牛頓式的方法。這就是說，形上學應從既有的概念（像是自由或時間）出發，以作為其最初的材料，並找出與那些概念相連的（不可證明的）命題，藉由分析進入到概念的定義，以當作其最終的產品；而不是像吳爾夫那樣模仿一種數學的系統，試圖從定義著手。雖然康德說「到目前為止還沒有形上學被寫出」（〈第一個思考〉，§4; *Ak* II, 283），藉由採取這種非理性論的牛頓式路線，形上學在原則上可以具有等同於數學的確定性。

然而，〈探究〉一文的期待並沒有實現。康德了解到，方法問題的關鍵之處正在於形上學知識的可能性，因爲無法證實自身方法論的一個研究領域是無法證實其結果的。在〈探究〉中，康德否定形上學知識的現實性，但肯定了它的可能性。但在他的下一部著作《從形上學之夢來闡釋的通靈者之夢》（一七六六）中，卻發生了戲劇性的轉變：康德決定反對形上學知識的可能性。他當時爲形上學提出一個新的（且更爲適合的）目標，而不再是一個新方法。

《通靈者之夢》是以證明購買和花時間閱讀一本由神祕主義者史威登堡所撰的冗長又「全然空洞」著作的古怪藉口而寫的。不同於他早期著作中的觀點，康德藉此機會提出形上學或許是一種想像的荒唐虛構，就像史威登堡的幻想那樣，其內容很類似於形上學的體系：兩者在典型上都設定了一個不同於感覺世界，卻以某種方式屬於並能影響感覺世界的精神世界。康德否認我們能使這樣的概念成爲對我們是可恰當理解的。《通靈者之夢》接著的結論是，形上學的任務被限制在研究人類理性的界線。因此，康德放棄了在《探究》中所表達出對形上學知識的渴望。

與《通靈者之夢》的懷疑論和休謨（或任何實證論者）的反形上學立場仍有明確區別的是，康德仍把形上學思辨看成是全然富有意義的，因爲眾所皆知，那些思辨**或許**是存在的。此外，康德還主張形上學的種種概念和道德之間是有連結的。康德說，道德意識給我們最大的理由去相信精神世界的存在：義務和善意的動機，包括一種像是對於異己意志的感情，它限制我們朝向對立於自利的方向，因而引導我們服從於源自另一個非感性世界的法則，我們存在於作爲一個道德社群的那個世界。這所形成的假設是我們有一種雙重存在方式：作爲感性世界的成員，我們服從牛頓式的法則；而作爲精神世界的成員，則遵守道德法則。同樣地，康德承認一種精神世界的宗教構想之正當性：他說，一個有道德的人將不會支持死後一切終結的想法，而會期望有來世。如果形上學知識是不可能的話，這種希望如何能得到支持呢？關於這個問題，康德在《通靈者之夢》的回答是，道德固有的信念實際上是建立在個人的道德性格上，並不需要一套形上學的理論。《通靈者之夢》沒有包含一種確定的形上學觀點；它的立場是過渡性的。康德在《通靈者之夢》中承認他已經與形上學「陷入愛河」，但吹噓得到「只有一些善意」的回報，這暴露出康德對形上學的猶豫不決，後來他在寫完《通靈者之夢》出版後不久的一封有關該書的信（給孟德爾頌，一七六六年四月八日）就說：

就我對一般形上學的價值所表示之意見而言，或許有時我的措詞不夠謹慎而放縱不拘。但我不能不對現今流行的那種驕傲自大的見解感到厭惡，甚至感到有些憎恨；因為我深信，人們所選擇的道路完全是錯的，流行的方法必定會使愚行和錯誤無止盡增加下去，即使是全面檢驗這些妄想的見解，也不會比這種具有迷惑人心、有感染力的夢想和科學本身更為有害。

然而，康德隨即對此加以補充：

就客觀上來考量，我絕不認為形上學本身是不重要或多餘的；事實上，我這段期間以來一直相信，我已經理解它的本性和它在人類知識中的適當位置，且人類真正長久的幸福也取決於它。

這些言談所提出的重要問題確實區分出傳染性的、「空想的」形上學，和有益的、「客觀上深思熟慮的」形上學。在《通靈者之夢》的時期，康德對於這個問題尚未有具體的回答，直到他的批判時期才提出具體的答案。然而，《通靈者之夢》確實建立的重要影響是，在康德的哲學發展中已開始提出道德宣稱：形上學正是藉由和道德的連結而與人性的興趣密不可分，因而如他所聲稱的那樣成爲不可或缺的。使康德產生這種觀點的關鍵是他對盧梭的反思。康德對盧梭如下的觀點深感贊同，那就是：當理性是爲了徒勞追求理論的知識時，就是被誤用；唯有被用來促成人性的基本目標時，才算是適當運用。康德在《通靈者之夢》中的宣稱，直接反應了一種宗教並不預設形上學證明的學說，但是《通靈者之夢》也顯示康德同時理解到，若沒有進一步加以系統性的哲學闡述，盧梭自己的道德起源構想是無法成功的。康德特別了解到，基於盧梭所揭露的理由，道德意識涉及超感性的世界，牛頓那種獨立自存的世界圖像是與道德秩序的實在相悖。因此，形上學要求正面建立一種道德所涉及的非牛頓式實在的存在，或至少是在負面上顛覆那種質疑道德行動者有權接受這樣世界的可能性之哲學學說。因此在康德對形上學失去信心的這個時機，他開始計畫對於形上學在道德中的角色提出新的說明，賦予形上學前所未有的高度重要性。

在看過《通靈者之夢》那種全然懷疑的論調後，令人驚訝的是，我們竟然發現康德四年後在他的就職論文〈論感性世界與智性世界的形式與原理〉（一七七〇）中宣稱，我們的理性使我們再現「事物**如其所是**」，相對於「事物**如呈現那樣**」。康德相信，在就職論文中對認知所作的新分析，使他得以再次接受理性能夠接近實在的理性論學說。康德當時將認知分成感性和知性兩種能力。它們作爲認知的獨立來源而運作，而有著十分迴異的對象：感性再現於空間和時間中種種感性對象的世界，這些只是主觀的「感性形式」（康德的一個新學說）；知性則再現非感性的「可理解」對象。萊布尼茲－牛頓對立一下子得到解消，因爲根據康德的新說明，理性論形上學處理的不是與牛頓科學所關心的同一個世界；讓兩者彼此競爭只是混淆了它們各自管轄的領域。雖然康德當時反對感官知覺是較低等的（雜亂的）知性認知理性論的觀點，而強調至今大部分所認定的形上學乃是建立在一種對感性認知和知性認知的混淆上（他說，現在形上學的一個主要任務就是要去加以防範），他仍堅持我們的知性使我們至少領會到上帝的存在，因此他再次肯定源自於純粹知性的種種觀念具有眞實性這個基本的理性論信念。

一七七〇年，康德確信就職論文就是他最終的立場。在這點上康德錯了，這是由於就職論文有一個致命的缺失，因爲它將感性和知性截然二分。如果不是經驗世界提供知性其觀念爲眞的對象，我們有什麼理由認爲有任何這樣的對象存在？又如果知性的觀念完全獨立於感性世界，牛頓式科學所預設的，而肯定必須被賦予客觀性的，像是因果律這樣的知性原則要如何能有效應用到具有空間和時間的世界？就職論文對科學和形上學的調解因此是付出災難性的代價達成的，而最終不得要領：知性概念（像是實體、原因、存在、必然性）懸而未決，而沒有眞的、保證會應用到任何什麼對象。康德在一封一七七二年的信（給赫茲，二月二十一日）中，表達了他認識到這個嚴重的困境，這是他首次發現著名的批判問題，他無疑地隨即想起休謨對他的「提醒」，這爲就職論文復甦的理性論，無論它如何謹慎，卻未提供進一步的確認。康德在一七七〇年代寫的一篇筆記中表示：「我之前形上學著作的價值已經完全毀壞了」（*Ak* XVIII, 42; Reflexion 4964）。因此，就職論文只不過是對形上學知識的另一個夢想。

《通靈者之夢》和就職論文的對比，戲劇性地顯示了康德前批判著作中所呈現的那種對於形上學在系統上搖擺不定的態度。由於他在那個時期的研究展現給他的都是形上學的錯誤和幻想，除了他關於空間和時間的新學說之外，並沒有讓他得到名副其實的正面結論。從康德後來批判哲學的觀點，我們就可能理解到《通靈者之夢》和就職論文的立場其實沒有像它們看來那樣南轅北轍，《純粹理性批判》在某種程度上嘗試使《通靈者之夢》的反形上學目標，與就職論文對純粹知性觀念的有效性要求相一致，以及他對形上學的嚴格質疑是如何引導他到一種新的哲學知識邊緣。但在一七七〇年代早期，這種觀點尚未成形，形上學之謎仍然是零碎的。牛頓依然與萊布尼茲爭論不休；康德新構思出的道德，和他以盧梭、虔敬派的方式與道德加以聯繫的宗教信念，仍然與牛頓格格不入，而沒有適當的哲學基礎；接著又加上休謨的問題，其懷疑論涵蓋了使就職論文形上學陷落的反駁，並與牛頓的宣稱以及道德和宗教的那些宣稱相牴觸。

形上學是可能的嗎？（〈序言〉）

牛頓式科學與萊布尼茲式形上學的爭論，理性論式獨斷論與懷疑論式經驗論的爭論，以及道德和宗教與科學世界觀的爭論都是形上學自我分歧的例子，它們使啟蒙運動猶疑不定，也為康德的前批判努力地指引方向，而直接使康德將形上學描述為一個「戰場」。康德知道歷史經驗引導我們作出形上學是不可能的那種懷疑的推論，或是對形上學問題漠不關心。但是根據康德的看法，對形上學的懷疑論和漠不關心並非眞正的選項。

首先，形上學存在的事實就排除了漠不關心，正如康德所說，「若不是作爲科學，卻仍是自然的傾向」：人的理性是受到「一種內在的需求」，而不只是「無來由的欲望」所推動，而提出形上學的問題（B21-2）。冷淡主義對我們理智的不安所提出的處方實際上終究是不可能的，人的理性在哲學上是焦慮的，只能依賴更多哲學來得到平靜。

使其對於形上學的懷疑論站不住腳的是，形上學不能被駁斥爲孤立於一般的認知。形上學的探究所運用的是與常識中，和對經驗世界的科學判斷中相同的認知能力：運用在關於桌子和原子的經驗判斷，與以純粹化的形式，運用在關於上帝和靈魂的形上學判斷的，正是相同的推論原則。形上學的種種原則「似乎是如此地不容置疑，以至於就連普通人類理性都欣然接受它們」（Aviii）；形上學只不過將那些原則擴展得更遠，以尋求完整的解釋（正如康德稱作是「無條件的」，Bxx）。當理性進行形上學思辨時所陷入的「困境」乃「不是由於其自身有什麼錯」，因爲它只「從那些在經驗的過程中別無選擇要去運用的、同時又由經驗充分證成其使用的原則開始」（Avii）。如果那個同樣的理性能力在經驗判斷和形上學判斷中被運用，且理性的經驗運用是合法的，那麼其形上學的應用也應該是合法的；而如果形上學會造成矛盾，那麼整個理性也就是自相矛盾的。容許形上學矛盾成立，也就是允許理性對自身做出反證；而去駁斥形上學也就是去駁斥作爲合理現象的認知。

康德共用了休謨那種形上學和一般認知相互依賴的觀點，休謨描述自己跟隨這樣的一條路，且達到如是的結論。他在《人性論》的第一卷中所作的結論是：

人類理性中的種種矛盾和不完美的這個強烈觀點如此造就我……使我準備拒絕一切信仰和推論……幸好碰巧的是，由於理性無法驅散這些烏雲，自然她自身足以達到那個目的，並且治癒我的哲學疾病和胡思亂想。

姑且不論休謨的結論所暗示的悖論，亦即理性能提出理據，以證明它自己是毫無根據的，康德有一種不同的理由不允許他自己倒向自然援救的懷抱。如果康德是對的，形上學的關鍵是人性的道德福祉，那麼我們就不能被**允許**駁斥形上學。形上學所構成的難題必須由其他的辦法來解決，而不是以否絕它的方式來解決。同理，某種形式的形上學必須是可能的。

所以當康德藉由指出《批判》試圖回答這個問題：「形上學是否可能？（作爲科學，亦即作爲不只是自然傾向）」（B22），來訂出解決形上學問題的任務時，這需要正確加以理解。如萊布尼茲—吳爾夫體系所期望的那樣，在形上學作爲關於上帝和靈魂知識的意義上，形上學的可能性在《批判》中還懸而未決。但在形上學是認知的合理性和道德所需的意義上，康德不像休謨，而認爲其可能性是毋庸置疑的：問題不在於形上學是否可能，而在於**如何**可能（因此，我們可以理解到，康德對形上學這個術語的用法是有歧義的：他不確定到底是批判哲學終結了形上學，還是批判哲學顯示了新形式的形上學是可能的，哪一種說法會比較好）。

既然要決定的是合法性的問題，而非關於事實的問題，這個問題便無法在經驗上得到答覆，而既然這個問題關乎形上學的可能性，其答案本身就不能是某個形上學的宣稱，也不能固守任何形上學的預設。因爲形上學的問題最終是理性與其自身的關係，康德主張，它的解決途徑必須也是反思性的。也就是說，理性必須檢驗其自身。這樣做即是先不去尋找關於實在的知識，而去認識到自身是哲學探究的一個對象。於是，康德要求理性「再次進行其最困難的任務，那就是自我認識的任務，並設立一個會爲理性確定其合法要求的法庭」。這個法庭要以法庭的合理性取代戰場的不合理性，而「正是對純粹理性的批判」（Axi）。

這個聽來奇怪的，當作康德著作的標題用語具有複雜的意義。對康德而言，「批判」不意味著對於其對象的負面評價：它僅是意味著一個批判性的探究，其結果也可能是正面的（Bxxv-xxvi）。「純粹」是康德的一個術語，意味著不包含任何源自於感官經驗的東西。「理性」在此也是在術語的意義上來使用，指的是認知中的概念性要素，我們將之帶到經驗而不源自於經驗，用康德的話來說，「先天的」概念性要素（這是康德對「理性」這個術語較寬廣的使用，他也有較狹義的使用，如下所示）。所以對純粹理性的批判就是，以單獨運用我們的理性，亦即不結合理性和感官經驗的方式，來對我們認知的能力進行批判性的探究；更確切地說，它探究我們那種認識超越感官經驗界限的事物，像是上帝和靈魂的能力（Axii）。在康德對一般知識之所以可能的條件提出詳細說明後，《批判》的下半部繼續在形式上對我們認知這種對象的能力作出裁判。

我們似乎會感到迷惑的是，康德竟然賦予他的探究這個特別的看法，亦即認知中有先天的要素此看法具高度爭議，反經驗論式的設想，這顯然是內嵌在他對哲學任務的陳述中。我們將會看到，這個宣稱並非毫無證據，而是得到一系列論證支持的：康德花很多時間證明唯有認知有一個先天基礎，它才是可能的。對康德的設想暫時證成方式是，如果這樣的要素不存在，那麼不可能避免會有一個結論：對經驗背後的事物之形上學知識是不可能的。

往前看，康德在〈前言〉提出了一些堅定的指示，那就是這個法庭將會達到這個結果，形上學問題藉由其方法將會被解決（Bxix-xxi, Bxxvi-xxx）。裁決將會是，理性有能力認識那些經驗界線之內的事物，而不能認識那界線之外的任何事物。康德解決形上學問題的對策是去找出區分理性合法或不合法的運用基礎，並在各種的形上學之間作出有原則的區別。這個基礎是由經驗提供的：當理性應用到經驗所提供的材料時，它就是合法的；理性與經驗分離之處，也就是它與自身相衝突而成爲不合法之處。因此，知識的限制與經驗的限制相一致：能被知道的事物就是能被經驗到的事物，不能被經驗到的事物就不能被認識。因此康德在《批判》中提出一個反對休謨的答辯，主張形上學必然與經驗架構連結在一起，我們對於日常經驗判斷所預設的那些原則，像是事出必有因，「除了運用之外別無選擇」；但是他不以同樣的方式證明理性在形上學思辨中、經驗界線之外的運用，例如，去規定上帝的存在，在那種程度上，他仍同意休謨。康德所攻擊的形上學是思辨性的或是超驗的（超出經驗），這是理性論的特徵，而他所捍衛的則是內在的（經驗之內的），或是一種**經驗的形上學**。經驗形上學是可能的，超驗形上學則是不可能的。

藉由自我檢驗，理性同時免於其矛盾，並受到其經驗運用的保護：超驗形上學的野心受到抑制，而（休謨式的）懷疑論則遭受挫敗，我們得以離開了獨斷論和懷疑論的翹翹板。這個批判的正面和負面結果是牢靠地相互依賴：理性在經驗內的應用之所以是合法的理由，正是理性在經驗外應用之所以會產生矛盾和不合法的理由。保證經驗知識要付的代價是我們超驗形上學知識的欲望受挫。康德堅持這樁認知上的交易是我們別無選擇的：形上學問題必須得到解決；其解決需要哥白尼式的革命；於是形上學的涵義就是剛才所描述的那些。

之後我們會討論康德策略的最後部分，是在於顯示出哥白尼式革命提供了道德它一切所需的形上學支援，因此，也提供了對形上學難題一個完整的解決之道。

《批判》的架構

瀏覽《批判》的目錄，它呈現出一個複雜的、密集堆積而絕不淺顯易懂的組織，章節晦澀難解的標題幾乎不能提供我們什麼關於其內容的想法。康德文本的巴洛克式建築與他的哲學體系密切相繫，但我們毋需知之甚詳就能夠把握關於這著作架構最重要的重點，如下圖所示：

- 純粹理性批判
  - 先驗成素論
    - 感性論
      - 感性（數學和幾何學）
      - 直觀（空間和時間）
    - 分析論
      - 知性（經驗形上學、自然科學的原理）
      - 概念和原理（實體、因果性等）
    - 辯證論
      - 理性（超驗形上學）
      - 理念（靈魂、宇宙、上帝）
  - 先驗方法論

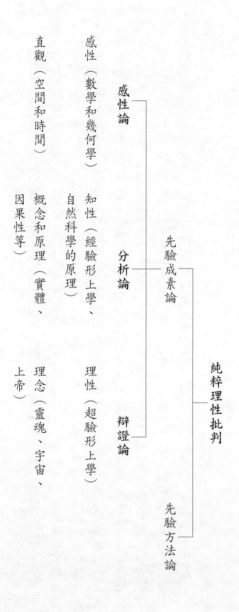

三個主要部分分別是「先驗感性論」、「先驗分析論」，以及「先驗辯證論」。每個都對應到一個不同的認知能力或機能，以及一個不同的推定知識領域。〈感性論〉是關於康德在就職論文所稱的感性能力，包含幾何學在內的數學。它也涵蓋了若干關於空間和時間的前科學基礎預設，例如：涉及其維度的數目。〈分析論〉是關於知性能力，以及關於經驗形上學和自然科學。〈辯證論〉是關於理性（在此是比《批判》標題更狹義上使用）的能力，以及關於超驗形上學，後者又分成三個主要學說：關於靈魂（理性心理學）的形上學、關於整體世界（理性宇宙論）的形上學，以及關於上帝（理性神學）的形上學。

〈感性論〉、〈分析論〉，以及〈辯證論〉都在「先驗成素論」的標題之下，因爲它們各自處理不同的認知「成素」（要素）：〈感性論〉處理康德所稱的直觀，〈分析論〉處理概念及其相關原則，而〈辯證論〉則處理康德所稱的理念（一種概念）。我們一般所指的理智因此被康德分成兩種不同的能力，即知性和理性。

這個著作另一個較短的正式部分，即「先驗方法論」替《批判》的知識論和形上學的論證補充了對其方法論的反思。它也包括一個稱作〈純粹理性的法規〉的部分，其中包含了康德批判體系其他部分的重要指示。

按照康德在《批判》所達到的結論，我們能更清楚掌握其組織架構。眞正的區分一方面是〈感性論〉和〈分析論〉，它們共同關於知識對象；另一方面是〈辯證論〉，它是關於不能被認識的對象（的概念）。〈感性論〉和〈分析論〉是正面的：它們試圖證明我們能有對於我們能經驗到的事物的知識。〈感性論〉處理可知對象的感性方面，特別是空間—時間方面，〈分析論〉處理其概念方面，包括實體和因果性的概念。它們共同證明了一種形上學，即經驗形上學。〈辯證論〉是負面的：試圖證明我們不能有對於任何經驗之外的事物之知識。它否定其他種類的形上學，即超驗形上學的合法性。

第二章　對象的可能性

在〈序言〉中簡述了作爲對形上學問題的大致解答，而被提出的哥白尼式革命之後，康德讓讀者從《批判》的具體學說去推斷其哲學革命的確切本性。然而，藉由事先獲得一些比從〈序言〉所蒐集到更爲豐富的哥白尼式革命的思想，了解《批判》的論證就更加輕而易舉了。因此，本章試圖展現康德的哥白尼式學說的思想理路，在用語上盡可能避免其哲學的專業術語。

批判的問題：康德寫給赫茲的信

此處的出發點是一封信，其中提到康德之前承認他就職論文失敗了，並且首度陳述批判的難題。康德談到他先前已經計畫好的工作時，用了「感性和理性的界線」這個預定的標題：

當我對理論部分的整體及其各部分的相互關係詳加思索時，我發現自己還欠缺某種基本的東西，在我對形上學的長期研究中，我和其他人都未曾注意到的這種東西，事實上構成了揭示出至今仍隱晦難解的整個形上學祕密之關鍵。我自問：我們內在所謂的「表象」與對象關係的基礎是什麼？如果表象僅僅是主體受對象刺激的方式，那麼我們就很容易了解到表象是如何與此對象相一致的，換句話說，就如同結果與其原因相一致那樣，我們很容易了解，我們心靈的這種變型是如何再現某物的，亦即是如何擁有一個對象的。因此，被動的或感性的諸表象與諸對象具有一種可理解的關係，就那些事物被認為是感官的對象來說，從我們靈魂本性所產生的種種原理對一切事物有一種可理解的有效性。同樣地，如果我們所謂的「表象」對於對象來說是主動的，也就是說，如果對象本身是由表象所創造出來的（就像神性的認知被當作是一切事物的原型那樣），那麼這些表象和其對象的一致性便是可理解的了。於是，無論是原型的理智（其直觀是事物自身的基礎）或是衍生的理智（從對事物的感性直觀中得到進行邏輯程序的材料），其可能性至少都是可了解的。然而，不能說我們的知性憑藉著其表象而作為對象的原因（除非是在有道德目的的情況下），也不能說對象在心靈中是諸智性表象的原因。因此，純粹知性的種種概念必然不能從感官的知覺中抽離出來，它們也必然不能表達出藉由感官接受表象；儘管純粹知性概念源自於靈魂的本性，它們既非由對象所引起，也不使對象本身得以存在。在我的論文中，我只滿足於以否定的方式來說明智性表象的本性，也就是說，說明它們不是由對象所產生的靈魂之種種變型。不過，對於沒有以某種方式受到對象刺激，卻又與對象發生關係的表象是如何可能的這個問題，我不予置評。我說過：感性的表象是如事物所顯現來再現事物的，而智性的表象則是如事物所是來再現事物的。但是，如果這些事物不是按照它們刺激我們的方式而被給予我們的話，那是以什麼方式被給予我們的呢？如果這種智性的表象是建立在我們的內在活動上的，那麼，這些表象與對象間受到認定的一致性從何而來？既然無法藉經驗之助達到此一致性，那些表象是如何與這些對象相一致的？……[1]

柏拉圖假定了一個先前的神性直觀來作為純粹知性概念和第一原理的原初起源。馬勒布朗謝則相信這種原初存有的一種持續不斷的直觀。各種道德學者都接受了這種與基本道德法則相關的看法。克魯修斯相信某些用以形成判斷與現成概念的被植入的規則，上帝為了使它們與事物協調而按照概念必須要存在的方式，將之植入人的靈魂中。在這些體系中，我們可以稱前者（柏拉圖和馬勒布朗謝）為**超自然影響說**，後者（克魯修斯；或許康德也指萊布尼茲）為理智的**預定和諧說**。不過，在決定我們知識的起源和有效性時，這種急救神是人們所能想到最荒謬的東西。除了在關於我們認知的結論中造成欺騙的循環外，它還有一種弊病：它鼓勵各種怪念頭以及所有不可能實現的、不切實際的靈感。

給赫茲的信，一七七二年二月二十一日

表象是康德指稱認知成分或要素的一般術語，類似於理性論者和經驗論者著作中的「觀念」：對康德來說，任何能在一個判斷或知識宣稱的構成中起作用的主觀事物都可算是表象（因此它的意義是哲學上的，而非心理學上的）。康德宣稱，要理解一個表象是如何能與其對象相關，一般來說是有可能的，表象要嘛引起其對象，不然就是被其對象所引起。這麼一來，要理解感性表象如何能與對象相關就不成問題了，因為心靈直接被動地與感官對象相關，（我們自然會認為）感官對象在我們之中產生它們自身的表象。但我們仍不太容易理解智性表象，那種就職論文宣稱可單獨再現「事物**如其所是**」的「純粹知性的概念」是如何與對象相關的，因為它們不是經由我們受對象刺激而產生的（康德認為經驗論對於概念形成的說明是錯的），它們也不產生它們的對象（如果認為會產生的話，就會混淆人的智性和上帝創造性的智性），所以產生這個難題。康德指出，先前對它的種種解決方式顯然是有瑕疵的。

在那封信中，儘管康德繼續宣稱他有辦法解決那個難題，且說他將在「三個月內」出版一本名爲「純粹理性批判」的著作。事實上，十年中有大部分的時間，表象和對象關係的基礎這個批判問題都縈繞於康德心中，而在這段試圖解決難題的期間，他對它的觀點有兩方面重要的改變：他不再認爲從對象通往主體的因果關係足以使得主體能夠再現對象這件事成爲可理解的；也因此他開始不限於智性的種種表象，而擴大到我們所有的表象來思考表象與對象一致的問題。因此，激發《批判》中的哥白尼式革命的批判問題，在給赫茲的信中被確認爲一個更廣泛深入的問題。此外，康德發現批判問題不能在那種他給赫茲的信中仍支持的理性論的假定下獲得解答：《批判》告訴我們，對於純粹知性表象如何能應用到「**如其所顯現**」事物的這個問題是有答案的，但是那些表象如何應用到「**如其所是**」事物的問題則是無解的。

對康德哲學的詮釋：分析式的和觀念論式的

現在正是介紹對康德《批判》策略的兩種閱讀方式之適當時機。這兩種詮釋可被稱作是分析式的和觀念論式的。兩者皆可在現今的英語評論中見到。下列引文提供了它們各自的想法：

我們有可能想像與我們所知的世界截然不同的各種世界。我們也有可能描述與我們實際具有的經驗迥異的各種經驗。但並非所有對於可能經驗種類的可能為真的，與合乎語法的描述都是一個真正可理解的描述。我們所能設想的或者能使自身了解的東西是有界限的，可能經驗的一般結構也是如此。對於這些界限的探究，以及對於形成我們思考世界和世界經驗的有限架構之觀念的探究，顯然是一個重要且有趣的哲學工作。沒有哲學家比康德更拚命嘗試這麼做。

P. F. Strawson

這樣（對世界構成）的說明需要涉及心靈的種種運作，否則所談論的世界便不對我們顯露，也不可能接納其樣貌。康德以這種方式，藉由那些引導綜合活動的種種規則來解釋自然及自然世界，而我們必須運用綜合活動在感受中被給予我們的東西。但一個世界產生的來源同樣依賴於那個世界。起初我們能藉以說明一個世界的原則似乎仍然獨立於它的說明。然而在進一步探究後，我們會發現除非它實行了產生一個世界的活動，否則原則本身是不可理解的。這種探究是康德稱為「先驗的」知識論方法所特有的：它顯示出，除非統一的機能正是構成對象所屬世界的出發點，否則自我意識的統一性絕不能加以設想。由此可知，我們不只能了解這個世界的起源，也能了解這個世界為什麼對我們來說是自然的且不可或缺的，以及為什麼我們關於它的知識宣稱能得到證成。

Dieter Henrich

史卓森所陳述的分析式詮釋是著名的，因爲它確認了康德哲學的任務即是對我們經驗概念的涵義進行分析。它試圖在康德，或由對康德所提供材料重建中發現著名的先驗論證。這些論證試圖證明經驗必然有某些特性，且那些特性與常識的實在論相一致。拿史卓森的重要例子來說，《批判》被認爲包含了一個論證，大致是，如果我們沒有對於獨立於我們經驗而存在的、在空間─時間中的個別事物之世界經驗，我們就不能把自身當作經驗的主體。根據分析式的詮釋，對經驗結構加以揭露的重點是，它讓懷疑論遭到反駁。因此分析式的詮釋認爲康德採取了一個新的方法，以追求要證成我們知識宣稱的那個傳統知識論目標，這種方法即先驗論證，並且認爲在康德哲學中，重要的部分都是與先驗論證有關，都在那個中途失敗的哥白尼式革命的標題下。

引自亨利希的文章所呈現的觀念論式詮釋當然贊同康德有意爲我們的知識宣稱提供證成，但也主張他正確地打算使這個證成得自於，一個對主體如何構成世界更爲基本的探究。根據觀念論式的看法，這個康德的主要探究是從一個與傳統知識論不同的層級出發的。觀念論式詮釋同意康德的探究是爲了揭露經驗結構，但它對於這個概念有著不同的理解。根據分析式的詮釋，經驗的結構最終化約到被經驗到的**事物**結構：說經驗有結構就是說那個結構必然**屬於**某種事物（像是客觀的具有空間─時間的特殊事物）。根據觀念論式的詮釋，經驗**自身**，即經驗的活動有一個固有的結構，經驗加諸該結構於其對象。如亨利希所言，先驗探究顯示出心靈的種種運作賦予世界樣貌。

因此，這兩種詮釋對於在康德哲學中要尋求何種哲學的解釋是意見分歧的。分析式的詮釋認爲關於經驗的概念性預設之種種陳述是自足的，而一旦經驗結構變得明確，批判問題就能獲得解決。它把所有關於經驗結構的宣稱都奠基在我們不可能形成任何其他經驗概念的這個訴求之上。它主張經驗的結構只不過是世界之上的那個必要窗口，而不能說會賦予世界樣貌：經驗具有結構，最終就是我們有如此這般的種種概念，而不能設想任何它們之外的選擇，且它認爲嘗試去賦予這個情況，一種超出對經驗是必要的、整體最小意義之外的形上意涵，是不必要的和錯誤的。

反之，觀念論式的詮釋理解到進一步對經驗結構加以解釋的需要，且把此結構與我們心靈的運作牽連在一起。接下來就會說明，爲什麼它要採取這種觀點，爲什麼它會認爲康德正確地宣稱批判問題的解決之道需要那個哥白尼式的革命。

關於實在的問題

根據觀念論式的詮釋，康德所關注的最主要議題是對象的可能性。爲了接近康德，把對象的可能性當作需要解釋的那個特定意義，我們有必要思考康德對於可被稱作實在問題的觀點。這個問題是在給赫茲的信中所確認的那個批判問題的概略版本。

我們自然地會認定，有一個眞實的世界存在。有一種實在的東西存在著的這種主張幾乎不會遭到懷疑。此外，我們還認爲實在是已知的，或者在原則上是我們可認識的，就算只有一部分是可認識的。於是，我們自然而然會認爲，實在基本上解釋了對我們而言，經驗對象和思想是如何可能的。

現在，為了使實在或它的任何部分成為我們可以認識的，必須得到某種使得實在成為我們對象的條件。正如它也被提出的那樣，某種事物必須使那些組成實在的對象**顯現**給我們。但問題是：使實在成為我們的對象的是什麼？它之所以是我們的對象，並不是僅由其存在而建立的。無論是什麼使實在變成我們的對象，都不能僅是被設定為，或者理所當然是一個原始的事實——它仍需要哲學的解釋，如果有任何這樣的東西的話。

無論是什麼使實在成為我們的對象，都是自然而然且或許無可避免地被當作是某種實在和我們自身之間的基本連結關係。接下來的問題就是，這種關係是什麼。它不能只在於，實在在我們的心靈上的自我壓印，因為這種方式要能產生關於實在的知識，必須要有某種關於我們、使我們適當接受它的事物：我們的心靈必須能夠將實在的印記轉變成對它的表象。也就是說，我們將必須已在、內在與實在相關聯。這種方式也不能有助於反轉上述說法，並將我們與實在的聯繫當作是我們自身活動的結果，因為為了使我們的心靈延伸到且解讀出實在的特性，我們必須知道如何對實在加以定位和解讀，除非實在已經是對我們而言的內在對象，否則這個條件還是無法實現。

循環或無限後退的跡象就隱約出現了。情況似乎是這樣，如果對象本來就獨立於主體，正如自然的看法所要求的那樣，那麼，任何對於連結我們和實在的關係所作的描述，要嘛將要預設需要被解釋的東西，要嘛得要求設定更進一步的、一連串無止盡的、更原始的連結關係。想藉由訴諸某種獨立於我們和實在的第三方（例如上帝），或者想藉由假定我們再現實在的能力，在某種程度上是出自於我們內含在第三方之中，去破壞這個循環或阻擋後退的任何意圖都是不成功的。這麼做就是訴諸康德所說的「預成系統」（B167），即一種藉由我們的表象與實在的一致性，能在我們形成表象之前，就得到保證的超驗事態。但只要我們對那個系統自身有一個眞實的表象（一個關於上帝或是我們在實在中位置的眞實觀念），我們是有理由接受這樣的假設的，去假定它就是再次去預設，它的可能性需要加以解釋。因此，正如康德給赫茲的信中所說的，招換「解圍神」是徒勞無功的。於是，這裡產生了一個兩難：1.必須承認我們不能說明我們與實在的關係，這使所有關於實在本性以及我們和它的關係的聲稱成爲獨斷；2.必須放棄我們與實在具有一種可認知關係的這種想法，而是去擁抱懷疑論（第三個幾乎更不具有吸引力的選項是，把實在與我們自身的心靈內容等同起來，亦即獨我論）。

這個問題根源於我們自然傾向的思想中。依照前哲學的常識（康德稱爲「我們日常的理解」）所言，首先有構成世界的一套對象存在，主體進入其中被引入爲另一項；當主體張開眼睛且其認知功能正常運作時，世界就湧入其中而產生關於世界的知識。常識自身不能告訴我們這個說法的預設是如何得到滿足的。前康德哲學的若干知識理論提供了許多顯示，它們是如何得到滿足的不同嘗試，因而說明了我們所假定的實在知識，但由於它們仍都依常識的言說方式，康德認爲結果總是一樣的：它們都將檢驗化約爲這個赤裸裸的、非解釋性的宣稱，亦即我們會再現眞實事物是因爲它們刺激我們，以及我們有再現它們的內在能力。

我們很容易了解這些談論是如何應用到理性論和經驗論的。對理性論者而言，我們對世界的表象是源自於理智受到世界中固有的合理秩序觸動；對經驗論者來說，表象則是產生自一系列由事物撞擊我們感官而來的感覺。雙方的知識論把實在會成爲我們對象的可能性視作是理所當然的，然而，就此而言，兩者解釋的方式是相同的：在它們假定我們具有天生觀念或是由我們理性之光所揭露的觀念，且觀念的眞實與和諧係由眞實事物保證；或是，我們能夠形成感性的觀念，而從這些觀念來的概念，以這種方式來找出眞實事物的性質；或是我們在我們觀念中所發現的秩序是複製上帝心中觀念的秩序，諸如此類。對康德來說，對做這樣假定的根本反駁並不在於，它替懷疑論留了餘地——雖然眞的是這樣——而在於它意味著哲學在關鍵點上的解釋失敗了。要相信在實在和我們表象間有一個預定的和諧，或者接受任何試圖保證，實在是可認識其他基本知識論原則的唯一理由此信念，即我們再現了實在：理性論和經驗論的知識論原則沒有為這個設想提供支持，而只是再次表達出我們對它自然有信心；預定和諧給予我們再現實在的能力等類似的主張，並沒有比只主張我們有能力再現實在，更在哲學上有所進展。結果是，我們對表象對象的實在性所抱持之信念被顯示為是沒有理據的：我們被迫不能談論任何有關那些對象的情況，以及我們為何將任何實在的程度歸屬於它們。因此，前批判哲學就在懷疑論承認無法以哲學說明，實在以及我們和實在的關係，與獨斷論關於實在的本性以及我們和實在關係的兩個主張之間，持續猶豫不決。由於這些理由，我們可能會認為前期康德的知識論，甚至沒有嘗試去解決實在的問題，而未能去認清它。

關於實在的問題不依賴任何關於知識的必要條件或認知本性的特定設想。例如，這個論證並不是說，人類認知不可避免要將其標記貼在對象上，使得實在通過我們表象的中介後，不可能免於過濾。我們所預設的只是，我們具有眞實事物和表象對象的基本區分，其中兩個概念都不蘊涵另一個。重點是，正如我們缺乏相信我們的表象與實在並不相合的理由，缺乏實在不開放由我們來再現的理由，所以我們也缺乏任何相信它有開放由我們來再現，且實在是我們所表象的事物之理由。這兩個主張同樣是缺乏理據的。根本的問題是，儘管認為存在著一種使實在成為我們對象的基本連結關係之想法並無矛盾之處，正如我們與實在關係的哲學知識所要求的那樣，爲了使我們再現這種關係，我們需要站在我們再現能力之外，而這是我們做不到的。

康德同意，我們的表象和實在是符合的，假定是自然而令人深信不疑的，甚至認爲不存在這樣的關係之想法都有點不可思議。問題是，如果它是一個事實的話，我們是否能對這個事實有任何理性的洞見。上述所建議的是，爲了使主客關聯的假定得到證實，哲學反思有必要從常識所說的實在論說法著手。因此，除了懷疑論之外，常識不能設想，實在是我們可認識的任何其他選項的這個事實，是無關緊要的：在理解到實在論的哲學選擇看起來會像是什麼之前，它只意味著我們頂多能被要求去做的事就是，暫停我們天生對實在論的篤信。

我們將會了解到，康德最終並沒有反對實在論本身的解釋方式。康德同意，對於我們知識所作之解釋的一些意義上，提及事物就是如此的，這個事實是合法的，在簡單知覺知識的事例中，解釋的模式大多清楚地得到證實：就我們留在常識的範圍內而言說，由於我們知覺的對象眞正存在，因此我們確實有對它們的表象，是正確的。康德所反對的是哲學解釋層次上的實在論：存在著對我們來說的對象，亦即我們能夠經驗到和思考的事物之可能性，而提出一個實在概念，無助於加以解決的問題。

康德的哥白尼式革命

對實在問題的概述提供了一個想法，即康德的動機是再次把對象當成是符合我們認知模式的：根據康德的看法，把我們認知的對象當成獨立於我們（用康德的術語說，這是先驗實在論的預設，本書之後將再加以解釋），也就使得主體和其對象的關係成為不可知的。因此，如果除實在論之外有另一個選項支持常識反對懷疑論者的一切想法，而能解釋對象對我們來說是如何可能的話，我們就有充分理由把實在問題當作是放棄實在論的理據。康德認為，這個選項是他在哲學哥白尼式革命的標題下，所提出的那種方法論之徹底改變，它也構成了對實在問題的正確回應。

根據康德的說法，前哥白尼式的哲學體系藉由假定一個被認為是存在著的對象範域，以及其自身的構成——即眞實事物的種類來著手進行。在這個意義上，先前的哲學體系全部都是實在論（雖然聽起來很怪，這個概括包括了柏克萊那種觀念論，因為所談論的「眞實事物」是心理上的。休謨也包含在內），以這種方式進行是為了幫助自身邁入關於實在的觀念，也有助於從一開始便預設我們擁有對象的概念，它具有獨立於我們認知對象的條件之關聯性。在康德的術語中，前哥白尼式的、實在論的哲學開始於將關聯性歸屬於「一個對象一般的概念」。使這個概念發揮作用後，它接著考慮我們，如何把我們自己納入與（至少某些）眞實事物種類的成員之知識關係中。知識論的任務就是去證明事實上正是如此，它失敗的代價就是成為懷疑論。這種進行方式的後果是，對象的概念基本上獨立於任何知識論的條件：對象只是一個存在著的，具有構成的個體，而任何它與主體的知識關係在這種程度上，對它來說都是無關緊要的。因此針對同樣意義上的對象，會討論它們是否被認識或者不被認識，是可認識的或是不可認識的；是否一個對象被認識或可知乃依賴於實驗史和主體的認知能力，而基本上與它是一個什麼對象毫不相干。

這個選擇是始於，把有一種實在的東西存在的設想，與對象是我們能夠認知的想法，這兩者截然分開。我們可以承認關於一個事物構成自身，一個全然眞實事物的這種觀念，不過，由於它無助於解決批判的問題，在說明我們對象的可能性上，它是無用武之地的。準此，接受對象一般並不先假定了有關聯性，而我們也沒有在開始時就設定一種眞實事物。哲學關注的焦點反而是在對我們而言的對象這個概念加以闡明，也就是，界定可知對象種類的任務上。知識論的條件，即被認識的可能性因此併入了那種我們能假定它有關聯性的對象概念中；康德想試圖證明的是，對象的概念之所以有關聯性，以及其對象是對我們而言的可能對象，是依賴於同樣的一組條件。前哥白尼式哲學當作是兩回事的對象性和可認知性，因此被當成同一回事。

知識論和形上學的區分：「先驗轉向」

這個對象概念轉變的結果是，哥白尼式哲學修正了形上學（或本體論）和知識論之間的關係，且在某種意義上模糊了兩者之間的界限。在前哥白尼式哲學，形上學／存有論的問題（實在的構成是什麼？）和知識論的問題（我們如何獲得關於實在的知識？）的概念區分是涇渭分明的。在任何有價值的哲學體系中，這兩組所關心的事是注定要混合在一起的，但是從前哥白尼式哲學的觀點來看，它們原則上是可分離的，因爲前哥白尼式哲學深信，可認知性與對象性是可分離的。康德關於對象可能性的先驗問題與這些傳統問題不同，就像在給赫茲的信中所說的：「在我們心中稱作『表象』的東西和對象的關係之基礎是什麼？」這正是因爲它所引導的哲學探究想要取消兩者的區別。康德質疑傳統形上學／存有論問題，即完全眞實的事物並非我們可在理智上尋找關於它的知識對象，且因而質疑修正過的知識論問題之意義。因此，探問對象對我們來說是可能的條件，那個先驗問題便不等同於探問存在的條件，或者對象可被認識的條件之問題，且也不能回頭分解成它們其中之一（或它們的連結）。

這個哥白尼式革命通常等同於哲學上的「知識論轉向」，意味著它從知識論的、證成的角度來考量所有形上學的問題（如康德所提出的那樣，它以「法權問題」取代了「事實問題」（A84-5/B116-17））。此表述指出了一些在康德計畫中眞實呈現出的重點，但它並未捕捉到一個意義，即康德的計畫也試圖改變人們理解知識論問題的那個架構。它也模糊了一個重點，由於康德的先驗問題不同於傳統的知識論問題，因此對康德而言，**即使**知識論能證明我們與對象的認知關係可以避免具有懷疑論所質疑的一切類似形式，它仍不能提供哲學上最根本的所需，因爲它仍不能處理是什麼東西使眞實對象成爲我們的對象這個問題。事實上，康德認爲前批判的知識論無法爲笛卡兒所渴求的知識宣稱提供一種免於懷疑的證成，唯有先驗哲學可以矯正這種情況；但先驗哲學的動機卻在於要求一種獨立於笛卡兒追求確定性的哲學解釋。實際上知識論的轉向只是康德更爲廣泛的**先驗**轉向面向之一罷了。

觀念論

對上述對象概念那種微妙卻深遠廣泛，且位於對批判問題的哥白尼式解答根基的調整，顯然直接蘊涵了一個對實在論的反駁。若我們現在回到原本哥白尼式的宣稱，即對象應重新被當作是符合於我們的認知模式，哥白尼主義對觀念論的對象想法若是正面支持就會顯露出來。假定對象必須符合我們就是去倒轉解釋知識的習慣方向。在實在論的架構中，解釋的箭頭是從客體到主體的：如果一個主體S認識一個客體O，那麼對S再現O的解釋最終就在於，O是其所是的方式；假如O不存在或以其他方式存在，S不會再現O，或會以不同的方式再現O。康德則倒轉了這個箭頭：對表象最深的、最抽象與全面的解釋在於S如何是。因此，對象的構成是由主體在最基本的層級來規定。而此解釋方式的必然結論是，主體在認識對象的過程中是主動的。爲了使對象必須被視爲符合我們認識模式這樣的哥白尼式宣稱能得到履行，主體必須被思考爲使得對象符合其認知模式，而這又唯有它自身持續構成客體的那端，也就是在某種意義上主動產生客體，才得以實現（否則，這個說法便是不完整的：主體有如此這般的構成，而其對象如此存在以符合它，這兩者間將仍然有鴻溝）。正如亨利希所說的，說明世界的那個原則是「不可理解的」，除非它「有所作爲」，而產生出世界來。

因此，哥白尼式哲學回答對象對我們來說，如何可能這個問題的一般進路就是去說，在一種深層的哲學意義上，主體**構成**了它的對象。此外，它堅持這些主體所構成的對象組成了我們能接近的唯一一種實在：在對象領域的更強意義上，實在獨立於主體，而構成了可承認爲某種我們（或許，必須）能設想的東西，但不可能有關於它的知識。按照這種進路，懷疑論是藉由顯示出，儘管對眞實事物的知識宣稱，在強的意義上必須如懷疑論者所說那樣，被拒斥爲是獨斷的和毫無根據的，但在較弱的意義上，實在是某種我們可確切認識的東西，因爲它是我們所構成的。因此知識宣稱，在理性能有對於「它按照自己的計畫所產生的東西」（Bxiii）之洞見基礎上，得到了辯護。

藉由舉出哥白尼的類比（Bxvi, Bxxii[n]），康德不因此意味著先驗哲學要貶低人在宇宙中心的位置，如同哥白尼的發現會讓人如此認爲那樣；事實上剛好相反，它具有我們乃是位於自然世界中心的人文主義意涵。康德藉由對比是意味著，他的哲學如哥白尼的太陽中心說那樣，從主體的方面解釋了顯現爲整體客觀現象的東西：正如哥白尼從地球觀察者的運動來解釋太陽的**表面**運動，康德從我們認知的模式來解釋，我們關於**表面上**獨立受到構成對象的知識。先前被當作具有獨立實在性的現象，在兩者都被重新描述爲依賴於主體的現象。就這方面來說，康德和哥白尼都屏棄了常識。

康德的哥白尼式策略立即產生了一個問題。如果主體構成其對象，有多少客體是主體所造成的？康德的哥白尼式主張，如何確實能避免對象從其全體崩解到經驗它們的心靈之中，就像柏克萊之存在即是被感知那樣呢？

康德對這個問題有清楚且深入的回答，這也提供他一個宣稱他的觀念論表面上不同於柏克萊的主要理由。因爲對康德來說，將對象視爲依賴主體的哲學動機是源自於實在的問題，而不是出於推動柏克萊的那種考量，**只有**在從對象對我們是可能的條件這方面來說，亦即只有涉及到對象特徵所藉以符合於經驗結構的那些條件，才有將對象視爲依賴主體的理由；只有對象符合於對我們來說作爲對象的可能性，我們才能正當地認爲對象是依賴主體的。觀念論的命令沒有延伸更遠。關鍵之處在於，它因此沒有擴展到對象的存在：「表象自身就**存在**而言，並不產生其對象」（A92/B125）。而在《未來形上學序論》中，康德說他的批判式觀念論，不像柏克萊的觀念論，畢竟不是一個「名副其實的」觀念論，因爲它不關心事物的存在，而只關乎我們斷定對象的性質，我們憑藉它來認識對象（289, 293-4）。

因此說主體構成其對象，不是說對象是由我們的表象所**創造的**。由表象來產生對象事實上是一種只能歸屬於上帝的認識形式。對我們來說，表象與其對象的關係乃是參有被動性和主動性的複雜混合物，且由於我們的表象既不是其對象的單純結果也不是其單純原因，故有需要解釋對象和表象如何能相一致：由於不是以原因和結果相互呼應來關聯，它們的關係需要加以詳細說明，這就是《批判》前半部分所從事的工作。對象和我們知識的一致性並不因此由哥白尼式的假說一下子就得到保證：表象如何與其對象相關聯，這個實在論所面對到的難題，在先驗哲學中再次出現，但差別是，康德主張現在能爲它提供一個令人滿意的解答。

這樣看來，康德設想在認知中有種種先天要素，以及《批判》專一致力於那些要素就是容易理解的：認知中的那些先天要素作爲一個整體乃是使對象成爲可能的經驗結構，是使對象對我們來說成爲可能的一組條件，而對象的先天特徵則是那些對象藉之能符合於那個結構者。一旦這個先天結構是適當的，知識便成爲一種後天的事情：對象可被視爲獨立於主體，而實在論者的解釋模型則得到適用，換言之，我們的表象是由對象來解釋，而非反過來。因此康德在常識的層次上接受實在論（一個主體S因爲O如何存在，而再現了O）。我們將會了解到，這就是康德稱爲「經驗實在論」的構想，他藉之試圖調和其哥白尼式思想和常識的實在論，結果是：對象在經驗上眞實的特徵是那些，它們（在條件上依賴的）先天特徵之外所擁有的特徵，在此基礎之上，實在論者的解釋方式能正當地適用。哲學實在論可被當作混淆哲學先驗的，以及前哲學經驗的這兩種層次：實在論者將我們運用在前哲學層次的解釋形式投射到哲學解釋的層次，而未考量到最初是什麼使經驗的實在成爲可能。

剛所描述的哥白尼式革命的概念在康德的先驗觀念論中得到充實。一言以蔽之，這是說我們的知識對象「可從**雙重的意義**來看，亦即作爲顯象，以及作爲物自身」（Bxxvii），只有在第一種意義上，即對象作爲顯象才能被我們所認識（Bxx, Bxxvi）。在此出現了一個轉變，從對象要被認爲是符合於我們認知模式的這個哥白尼式準則，這是嚴格**方法論的**、形上學中立的，關於哲學探究所應以之爲基礎進行的宣稱，轉變爲一種非中立的、實體形上學的、觀念論式的關於我們認知對象是什麼的宣稱。方法論的和實體的宣稱在一個極爲基本的層次連結起來，因爲對象被設想爲顯象而言，它被設想爲某種（藉其本性）能被當作必然符合於我們認知模式的東西；就它被設想爲物自身（作爲「就其本身是眞實的」，Bxx）而言，它被設想爲某種（藉其本性）不能被當作必然符合於我們認知模式的東西，而是作爲某種我們認知模式必須符合於它的東西。哥白尼式的方法使我們同意前者，即先驗觀念論者對於對象的想法。

如同我們在前面章節所見，康德在〈前言〉所呈現的是一個進一步的論題，且在《批判》的前半部加以辯護，這個論題是，我們的知識模式是感性的，且因此只有當對象在感官經驗中被給予，它們對我們來說才是可能的。由此可知，顯象，即符合我們認知模式的對象是**感官經驗的唯一對象**。因此顯象和物自身的區分，與更早之前的兩種形上學區分相一致：經驗形上學應用於，並提供我們關於由顯象所組成之實在的知識；超驗形上學則試圖獲得關於由物自身所組成之實在的知識。

先驗的

那個沿著先驗觀念論而進行的哲學方法，與理性論對清楚和明晰觀念的審視，以及與應用充足理由律並不相似，也不像經驗論對感官經驗的解析（根據康德的說法，洛克的《人類知性論》僅是關於人類知性的「生理學」，見Aix）。它是對康德稱作「可能性條件」，或先驗條件的確認。康德對這些條件有不同的說法，如「經驗」的條件、「可能經驗」的條件、「經驗對象」的條件，或是「顯象」的條件、「關於對象之知識」的條件等。在主體能在知識論上與對象相關聯之前，這些條件必須得到實現。康德試圖證明那些條件包含了常識形上學的中心信條，像是有歷經變化而持續的實體存在，以及凡事皆有因。確認這些條件的論證被康德稱作先驗證明。每個證明都確認對象必須符合我們認知模式的不同面向，且因而使經驗形上學不同的要素具有正當性。先驗證明具有一種特質，它將可能性轉變成必然性：藉由指出在哪些條件下，對於對象的經驗是可能的，先驗證明證明了在我們要具有對於對象的經驗程度上，這些條件對我們來說是必然的。

現在康德之所以要稱他的哲學爲觀念論已昭然若揭了，而之所以稱爲「批判的」是因爲，它以對我們認知能力的先天檢驗，即批判爲前提（忽略此任務的前批判哲學便無法適當地爲其宣稱提供理據，以致於即使其結論是正確的，它也僅是獨斷地加以主張）。康德要將他的批判觀念論描述爲「先驗的」，需要進一步的注解。簡單的定義無法掌握它在《批判》的進程中所獲得的複雜意義，但其中心意義再次與哥白尼式革命密不可分。康德在〈導論〉中說：「我把與其說是關注於對象，不如說是就認知模式是先天可能的方面，關注我們對於對象認知模式的一切知識，稱爲是**先驗的**。」（A11-12/B25）而在《序論》中：「『先驗的』一詞……並非意味著某種超出一切經驗的東西，而是意味著雖然是先天先於經驗，但卻只是旨在使經驗的認知成爲可能的東西」（373n）。因此先驗不能與超驗混淆，後者正是意味著「踰越所有經驗」（此區分明顯是引自A295-6/B352-3）。因此，先驗探究是對對象必須符合的主體認知構造的探究；其產生的先驗知識與對象有一步之差，只關注是什麼使對象以及關於對象的先天知識成爲可能。

現在對康德哲學分析式的和觀念論式詮釋的對比該更有意義了。分析式的詮釋試圖從《批判》中得出，對於那些我們最基本的概念性預設的說明，以直接反駁懷疑論。反之，觀念論式的詮釋則把《批判》視爲，嘗試去回答一種位在前批判哲學中闡述的問題，而把對於對象可能性的先驗探究視爲總括證成我們知識宣稱的任務。對《批判》的分析式詮釋提供了對傳統哲學問題的新答案，觀念論式的詮釋則認爲《批判》重新構想了哲學問題在其中被提出和回答的架構。按照觀念論者的觀點，分析式詮釋所欠缺的是對經驗結構如何與實在相關聯的說明。如果我們的經驗是關於實在的經驗的話，實在必須享有經驗的結構。然而，經驗的結構不是一組邏輯的眞理。由於它對經驗是必要的，它本身也不能奠基於經驗。僅訴諸在我們的經驗概念中，所包含的東西在一個意義上是任一切事物開放的，而說一切事物符合那對象是什麼意思？是指經驗結構的各部分是相互支持的，且我們不能了解我們最基本的概念如何會被拋棄，這樣是不夠的。根據觀念論式詮釋，由於這些原因，是什麼東西作爲我們的整體概念架構保證對象的這個問題，亦即康德的批判問題，再次證明了哥白尼式主體形塑世界的構想。

對其學說的證明

康德將哥白尼式革命描述爲一個（我們可藉之「進行試驗」的）「假設」，它可給我們一個，《批判》最終是建立在未加掩飾的方法論抉擇之上的印象，是故，先驗觀念論只是一個關於對象如何可被設想的提案，而不是關於它們眞實是什麼的一門學說。如果先驗觀念論確實只依賴於一個方法論的決定，那麼康德的計畫就會在一重要意義上空洞、無價值了，因爲沒有辦法可顯示，將對象當作符合我們的認知模式會有康德所宣稱的重要性。康德頂多可以證明先驗觀念論是其他實在論立場之外的一個融貫選項，對後者本身毫髮無傷。尤有甚者，懷疑論會因此有理由指出，我們**能**提出一套關於對象的說法，它如果**是**眞的，會使我們有資格宣稱關於對象的知識，這個事實並不意味著那個說法是**眞**的，且我們**眞**有資格宣稱關於對象的知識：哥白尼的假說指導我們在彷彿對象是可認識的情況下進行，這並不證明了那些對象會**是**這樣。

因此，一個純粹方法論的哥白尼式主張自己的方式就如同康德所反對的那些形上學一樣獨斷。結果重要的是，這並非康德的論證眞實進行的方式。康德沒有只想要在最初假定先驗觀念論的眞理並追查其結果。由於認清必須要去做些正面的事情以建立其形上學，康德將它描述爲《批判》的「主要目的」，不只去陳述，而要去**證明**先驗觀念論的學說（Bxxii）。有兩種試圖的證明被提出：一是在〈先驗感性論〉和〈先驗分析論〉中「必然無疑的」證明，它關乎空間、時間以及知性的種種概念（Bxxii[n]）；而一是在純粹理性的二律背反中「間接的」證明，據之，知識對象是物自身的假定，不可避免會導致種種矛盾（Bxx）。

康德嘗試證明先驗觀念論的成果引起了高度爭論。因此，去察覺到實在的問題所形成的差異是很重要的。如果問題變得如康德相信那樣深奧，那麼禁止把對象當成本來就符合我們認知模式的事物理據就是，在唯一的替代選項基礎上，亦即把它們當作物自身時，要使認知成爲可理解是不可能的；康德可以正當地否認它的哥白尼式方法論是任意武斷的。再者，由於位於《批判》背後那個關於實在的問題，康德不必接受在他與哲學實在論者的爭論中整個證明的重擔：實在論不再算是棄權的立場。這是康德在〈前言〉所陳述的重點，形上學的歷史給我們以哥白尼式主張「進行試驗」的理由：儘管實在論具有現任的力量，其對我們思考的支配事實上是毫無疑問的，其法權上的權威卻毋需在哲學脈絡中加以承認。所以儘管《批判》不能開始於假定我們的知識對象僅是顯象，它能在無須訴諸事物獨立的實在性基礎上進行，以解釋對我們而言的對象可能性：實在論可以被合法地懸置而不假定爲錯誤的。康德在這方面的程序確實是實驗性的：它要求我們以將我們自然實在論的信念放入括弧來開始，而去接納一個不熟悉的假說，在其系統性發展之前，其內容無法適當地得到把握，更不用說得到評價。康德以這種方式調和了之前提到的困境，起初我們對於放棄實在論而不丟掉我們對世界實在性的自然信念沒有清楚的見解，這留待他證明就此信念而言，哥白尼式的主張對我們毫無損失。

我們將會看到，在涉及《批判》對先驗觀念論的兩個證明的頭一個時，這個關於證明的重擔何在的要點特別重要。結果它也使我們對於康德在《批判》中更具體論證的理解和評價有所不同，這些論證涉及了像實體和原因等概念。如果康德被認為是要在每個論點擊敗支持實在論的預設，那麼他的論證就是相當沒有說服力，甚至是難以了解的。另一方面，如果康德的論證是在被迫用一些非實在論的術語，說明對象的背景假定下而被詮釋的，那些論證便能恢復說服力和可理解性。

總之，它幫助我們概述，並且指出目前為止對康德哲學計畫和《批判》的動機所作的不同描述的相互關聯。

康德在其前批判著作中所搏鬥的啟蒙運動內的張力使他質疑形上學的可能性，康德在〈前言〉就將《批判》描述為，擔負、決定對我們來說是否有可能有形上學知識的工作。與形上學難題密切相關的是複雜的一系列關係。就職論文那個失敗的形上學是康德最後對理性論式、實在論的嘗試，導致他去闡述批判的問題，這首先是在給赫茲的信中加以陳述的，而在沉寂十年間他對這個問題的觀點改變了，他了解到將智性表象與「如其所是」的事物加以連結的困境是無法克服的，對於我們與被設想為獨立於主體的實在之間的關係是無法提出說明的（換言之，實在的問題是無解的）。取代了傳統所設想之存有論和知識論的那個先驗哲學新任務是，獨立於實在論去說明表象和對象的關係，也就是在沒有假定對象獨立構成實在的情況下，去解釋對象對我們而言是如何可能的。

因此形上學的命運取決於對先驗哲學問題的解答。因為在形上學中，思辨理性試圖掌握超越經驗的對象，如果這個（超驗）意義上的形上學要是可能，為了使它得到解決需要被規定的是，對象一般對我們是可能的那些條件。需要康德所說的理性自我檢視，以回應形上學的衝突，且因而符合要解釋對象如何可能的先驗任務。兩者皆需要探究人類認知的本性和範圍。

康德對於對象如何可能的問題回答，以及他對形上學難題的解答就是哥白尼式革命。從哥白尼假說所得出的先驗探究，以先驗證明的形式告訴我們，我們如何必須構成對象使經驗成爲可能，繼而提供我們關於對象的先天知識。但這只有在討論中的對象等同於顯象而非物自身的條件下，即在先驗觀念論的條件下才是如此。這產生了《批判》的第一個裁決，那就是形上學在經驗形上學的（內在）意義上是可能的。康德主張，所有前批判的哲學都假定我們知識的對象是物自身，而他宣稱能證明關於物自身的知識是不可能的，正是這個假定才引起形上學的種種矛盾。這又產生了第二個裁決，那就是超驗形上學是不可能的：「我們能先天認識事物，只是認識到我們放入其中的東西。」（Bxviii）

第三章　先天綜合判斷如何可能？（〈導論〉）

康德對形上學問題的邏輯表述

康德在〈導論〉中宣稱已經發現了區分種種判斷的新方式，以及理性論和經驗論皆無法說明的一種新的判斷。這個區分方式就是康德所謂的「分析的」和「綜合的」判斷之間的區分，而對理性論和經驗論造成難題的那種判斷則是「先天綜合」判斷。《批判》的任務被重新陳述為尋找先天綜合判斷是如何可能的這個問題的答案（B19）。康德認為這個問題相當重要，以至於他說形上學不幸的狀態全然是由於它之前從未被仔細地思考（B19）（康德在他後來的著作中，也是從綜合先天性來闡述倫理學和美學的基本問題）。因此，〈導論〉包含了康德反對理性論和經驗論的第一步行動。它打算釐清形上學的問題，乃至於提出支持其可能性的理據。

康德所攻擊的目標

康德特定的攻擊目標是萊布尼茲和休謨所共有的一種關於知識來源的觀點。由於那些來源的天差地別，萊布尼茲和休謨都把我們的知識分成兩種基本類型：必然的和先天的知識，以及偶然的和後天的知識，各個類型都以單一的方式來加以說明，他們對各類型的說明基本上是類似的。萊布尼茲將所有我們的知識區分成他所謂的理性眞理以及事實眞理：理性眞理是必然的，而必然眞理憑藉著種種邏輯原則被認爲是眞的（它們可被分析爲具有同一性的若干陳述或其反面蘊涵著矛盾的若干陳述）；事實眞理是偶然的且通過經驗被認識。形上學知識當然與數學和幾何學一道，皆屬於理性眞理那邊；它被認爲是可從邏輯原則導出的。休謨以類似的方式，將知識分成他所謂的觀念關係和事實：觀念關係是必然的且「僅藉由思想的運作就可發現，毋需依賴於存在宇宙中任何地方的東西」，而也包含了數學和幾何學在內；事實則是偶然的，且藉由其矛盾是可設想的來加以區別（對於任何事實「X是F」，我們可以設想「X不是F」）。休謨對因果關係的批評，以及對形上學的整體否定便是建立在這個區分之上：他主張，因果關係的知識沒有被當作具有必然產生性的餘地，因爲因果關係並非觀念關係（任何因果判斷的反面總是可設想的），且亦無法出自於經驗（不存在對於必然性的「印象」）。因此萊布尼茲和休謨都同意將人類知識分成兩類，至於涉及其範圍則意見分歧。

先天知識

康德對這種根深柢固立場的反駁論證是藉由討論先天的東西來進行的，此討論顯示了他接受萊布尼茲和休謨所聲稱的，必然性和獨立於經驗之間的連結。康德首先對經驗論作了一個讓步：他聲稱所有我們的知識在「時間的次序」中「始於」經驗，並問道還有什麼其他東西能喚醒我們的認知機能（A1, B1）。但他從這裡觀察到，不能就此推斷所有我們的知識「產生於」（亦即得自於或奠基於）經驗，因爲有可能經驗的開始只是促成知識宣稱，而這些宣稱並不是得自於或是藉由經驗來證成，也就是說，這些宣稱對立於經驗知識是先天的（相對於先天，康德喜歡用的術語是「經驗的」，而不是「後天的」）。為了確定我們是否有先天知識，康德提出了兩個判準：若一個判斷是必然的，或者若它具有他所謂的「嚴格的普遍性」（B3-4），則它就是先天的。若一個判斷對其對象的斷言沒有例外，亦即若它關於其對象必然為真，則它具有嚴格的普遍性（因此這些判準在邏輯上是等價的）。經由歸納所達到的普遍化可具有「相較之下的」或「相對的」普遍性，但不具有嚴格的普遍性。康德使必然性成為先天性的判準是因為，他認為經驗能教導我們「一個事物是如此這般的，但不能教我們它不能是別的樣子」（B3, A1），這點是他不費心力就能辯護的，因為它已被萊布尼茲所接受，且在休謨對因果關係的批判中強而有力地得到充分認識（要挑戰這點就要假定我們能夠經驗到，事物僅是如此這般以及它們必須是如此這般之間的差別）。

康德指出，現在這些判準有得到滿足的跡象，或者至少有我們認為自己有先天知識的跡象：數學判斷被認為是必然的，而若因果關係原則為真，即凡事必有因為真，則它具有嚴格的普遍性（B4-5）。康德從討論全部的判斷轉到討論其種種要素，並且預先考慮到之後在〈感性論〉所進行的一系列論證，還舉出了一些先天概念的例子：他宣稱物體的概念包含了擴延和實體這兩個先天概念；當一個物體的經驗特性（顏色、硬度、重量、不可穿透性）被除去之後，這些概念仍然存在（B5-6）。其次，有一種我們在其中渴望按照定義是先天知識的領域，那就是超驗形上學，它使用了上帝、自由和不朽這些非經驗性的概念（A2-3/B6-7）。

分析／綜合的區分

康德所引介的這個對知識宣稱的新區分方式，即分析／綜合的區分，獨立於必然／偶然以及先天／後天這些較舊的區分（A6-7/B10-11, *Proleg* 266-7）。若一個判斷的述詞是在主詞的概念中「被包含」且「被思考」，則它是分析的。主詞和述詞的連結因此是「經由同一性來思考的」。一個分析判斷僅表現出主詞概念的組成要素，而藉由矛盾律為眞：「一個三角形有三個邊」是分析的，因為三邊的概念包含在三角形的概念中，且其反面是矛盾的（「一個三角形沒有三個邊」，就是說某種有三個邊的東西不是三個邊的）。同樣地，「一切物體都有擴延」：擴延這個概念是包含在物體的概念中（B11-12）。因此，所有分析判斷的形式是「（在 A=B+C 時）滿足概念 A 的都滿足概念 B」。康德說，分析判斷並未擴展我們的知識，而只是「闡明」我們的概念。

若一個判斷的述詞不被包含在主詞的概念中或在其中「被思考」，而與主詞的概念相連結，它就是綜合的。主詞和述詞的連結「不靠同一性來思考」。這種判斷由於某種矛盾律之外的東西而必然為眞：它依賴於「綜合」，即一種將先前未結合的要素帶入連結的活動。例如，「所有的物體都是重的〔有重量的〕」是綜合的，因為重量的概念沒有包含在物體的概念中，而是經由經驗附加給它的（B11-12）。因此，所有綜合判斷的形式是「（在 A=B+C 時）滿足概念 A 的都滿足概念 D」。基於這個理由，綜合判斷增加認知的內容，並且**擴展**了我們的知識，而分析判斷則否。

康德說矛盾律是「一切分析判斷的最高原則」，且它解釋了那些判斷是如何可能的（A150-3/B189-93）。分析判斷是唯一其眞理，可藉助此原則而得到確定的判斷：至於其他一切的判斷，也就是綜合判斷，矛盾律的角色被限制在確定那些判斷要嘛是矛盾的，因而不能爲眞；要嘛是不矛盾的，因而可爲眞。綜合判斷的眞理除了預設了主詞和述詞外，還預設一個第三要素——「別的某物（X）」，以顯示兩者是相連結的（A8）。在經驗判斷的情況中，當然必須都是綜合的，因爲它們是偶然的，這個「X」即是「對對象的完整經驗」（在判斷一隻特定的貓是黑色的過程中，「X」就是貓被知覺爲黑色這整件事）。如康德所解釋的那樣，我發現在經驗中我的判斷主詞和述詞概念是「偶然地，作爲一個整體的各部分」而被結合的（B12）。

因此，當「綜合」這個術語應用在判斷時，就具有連結一個述詞與一個它沒有包含的概念，以及預設一個使「兩者」相符的綜合活動或主體這方面，將之組合在一起的動作（用康德的話來說是先驗綜合，這個概念最後將會在先驗推證中來探討）之雙重意義。這兩個意義是聯繫在一起的，因爲只有綜合的活動能使非分析的判斷成爲可能。

先天綜合知識：數學、幾何學和形上學

我們現在可以問，康德的新區分方式與必然的和先天的，以及偶然的和經驗的知識那種舊的區分是如何關聯起來的。在萊布尼茲與休謨的觀點中，我們可期待一切必然的和先天的判斷都是分析的，而一切偶然的和經驗的判斷都是綜合的。任何其他的結果都會是無法解釋的。

但康德指出，萊布尼茲與休謨的期待並沒有實現：一切偶然的和經驗的判斷確實是綜合的，但不是所有必然的和先天的判斷都是分析的。形上學的判斷，儘管是先天的，卻是綜合的（A9-10/

B13-14）。康德同意在形上學著作中可找到一些命題，像是「上帝是一個完美存有者」，它僅是分析的。但那些眞正引起我們興趣的是有意擴展我們知識、告訴我們一些新鮮事的命題，因此必須是綜合的。想想「凡事皆有因」。因爲它是必然的，它必須是先天的。但它並不是分析的，因爲其述詞的概念沒有包含在其主詞的概念中：事件（某事發生）的概念並不包含成爲一個結果的概念。這就是爲什麼那種判斷是提供資訊的，而這使它是綜合的。所以形上學的判斷是先天且綜合的。這意味著它們不能源自於邏輯（因爲它們是綜合的）或是經驗（因爲它們是先天的）。

說形上學是先天綜合的就是說，萊布尼茲在關於形上學知識的來源這點上錯了，但這還沒提到來源是什麼，更沒有證明它的存在。反之，康德至此似乎只是引導我們經由新的路線，回到休謨那個形上學知識是不可能的的結論，我們還不知道形上學的判斷，設若具有先天綜合性的話，是如何可能的：如果它們的綜合所依賴的「X」存在，也不能被我們認識（A9/B13）。如康德隨即承認的，形上學的判斷圍繞著一個眞正的謎團。如果它們是先天的，它們如何有可能擴展我們的知識呢？知識的任何擴展似乎都要求經驗。當然這是休謨的論點，即由於這個理由，形上學不能擴展我們的知識。相對於一切源自於邏輯或經驗的知識這個假定，休謨主張形上學判斷的異常是已間接得到承認的：這是由他的因果關係既不是觀念關係，也不是事實的這個宣稱所表明的。假如連休謨也不否認其他種類的先天綜合判斷不存在的話，康德允許我們可跟隨休謨去駁斥形上學。這些判斷是數學的和幾何學的判斷（B14-18）。

數學的判斷是必然的和先天的乃是顯而易見的，但它們是綜合的則不是如此。康德的這個宣稱（B14-17/ *Proleg* 268-9）與萊布尼茲的觀點相矛盾，後者主張由於矛盾律數學的判斷爲眞，因此按照康德的判準它們是分析的。萊布尼茲認爲「7+5=12」與「一個三角形有三個邊」爲眞的方式是同樣的；換言之，其眞理可藉由純粹邏輯的諸原則來建立。然而，康德主張「7和5的總和」的概念並不包含「數目12」的概念。它確實包含一個7和5結合的數目概念，但它沒有告訴我們那是**哪個**數目；爲了決定它是哪個數目，便需要「直觀」（一個在〈感性論〉中將會加以說明的概念）。唯若我們增加了其他前提，像是「7+5=4+8」和「4+8=12」，矛盾律才能顯示「7+5 ≠ 12」是矛盾的：這些前提本身不是邏輯的，而是數學的（康德在《批判》中並沒有詳細說明這點，但他在《序論》二百六十八頁有加以澄清，且在一七八八年十一月二十一日一封給舒爾茲的信中有更完整的說明）。因此，需要綜合以連結主詞「7和5的總和」和述詞「12」。所以萊布尼茲認爲數學能來自於邏輯原則的看法是錯的。

同樣的綜合地位也被康德賦予幾何學的判斷。「直線是兩點之間最短的距離」是綜合的，因爲直的概念不包含任何有關連結兩點的不同線段之相對長度的訊息。在此也需要綜合以連結「直線」和「兩點間最短距離」間的間隙。我們的空間有三度，而不多於三度這樣知識（*Proleg* 284-5）亦是如此（康德也聲稱牛頓物理學的原理，例如質量守恆定律，以及作用與反作用力相等定律，是先天綜合的（B17-18）。然而這預告了分析論，而不是爲了達到他現在論證的目的）。

由此可知，如果數學和幾何學是可能的，我們必須否定萊布尼茲和休謨對知識來源的觀點。而形上學現在有機可乘。雖形上學仍不保證是可能的，但康德已指出形上學的判斷不能因爲休謨的理由而被否定，也就是說，不能僅基於它們不源自於邏輯或經驗的理由而加以否定：休謨未懷疑的數學和幾何學顯示我們有可能擁有非邏輯上必然的必然知識，所以我們有理由認爲，要求相同地位的形上學知識同樣是可能的。形上學判斷的綜合原因「X」截至目前對我們來說是未知的，它必須是屬於哲學上不熟悉的種類，因爲它既不是邏輯，也不是經驗所支持的，而是我們仍嘗試去發現的。康德認爲，如果休謨正確了解到數學和幾何學的判斷（亦即不把它們貶抑爲僅是觀念關係），他就會認識到我們有需要探究一般先天綜合判斷，像是因果律（B19-20, *Proleg* 272）。

因此，〈導論〉削弱了萊布尼茲關於實在的知識是可得自於邏輯原則的宣稱，並對立於休謨，爲證明形上學的可能性開了一扇門。在康德新的區分方式之下，萊布尼茲似乎隱然將形上學等同於分析判斷，儘管休謨敏銳地到達先天綜合判斷難題的邊緣，卻似乎無法提供其解答，因爲他沒能掌握到形上學充分的一般性。

綜合先天性：幾個反駁與其回應

由於康德如此重視先天綜合判斷的觀念，且由於這個觀念受到許多批評，故決定《批判》的整個論證在何種程度上依賴於〈導論〉的宣稱是很重要的。

數學和幾何學：康德的幾個假定

康德對數學和幾何學的處理方式引起了一系列的議題。康德宣稱數學是綜合的、是可辯護的，它與之後若干關於數學的思想學派相符。然而，幾何學是先天的這個宣稱卻難以藉由該主題的後續發展來辯護：現在的幾何學分成純粹幾何學，它包含了建立在不要求眞理之公理的形式系統，因而不是綜合的，以及應用幾何學，它乃是物理學的一支，其眞理是由經驗所決定的，而不是先天的。

問題是，如果康德關於數學或幾何學的宣稱被否定的話，那麼與〈導論〉的宣稱有什麼差別。這產生了一個有關詮釋康德在《批判》論證更廣泛的重要議題。如果康德在〈導論〉中假定數學和幾何學不可否認，這可能意味著在這個脈絡或整個《批判》中它們的眞理乃是前提。這個文本（儘管未強迫）允許這樣的解讀：舉例來說，康德說數學和幾何學的科學，相對於形上學的科學，是「眞實存在的」（B20）。同樣地，也有一種觀點認爲，康德在《批判》有意從他假定數學科學與或許也包括自然科學的有效性，回到它們的必要預設，並因而顯示出我們如何從這些預設進展到形上學的結論。按照這種解讀，康德有意讓經驗形上學在知識論上依賴於數學和幾何學，如果不包括自然科學的話。

然而，在《實踐理性批判》（52-4）中有一個清楚的陳述，即康德沒有認爲幾何學和數學的眞理是超脫出懷疑論質疑的，所以沒有採取這個策略。他在那說休謨僅未能將懷疑論的懷疑延伸到數學的和幾何學的眞理，因爲他錯誤地把它們的命題當作是分析的，一旦了解到它們是綜合的，我們就可能懷疑它們所聲稱的必然性，而確實經驗論要求這樣的懷疑論。其次，康德繼續把他自己描述爲採取在《批判》中的策略，即首先捨棄在休謨對因果關係的批判所證明的經驗論，繼而推翻「其不可避免的結果，首先是在自然科學中的，其次是在數學中的懷疑論」（53）（這個有關數學的論點較不明顯的陳述可以在《批判》自身中發現，A149/B188-9, A160/B199）。

因此，《批判》有意保證而非假定幾何學和數學的眞理。康德對經驗形上學的證成應被當成獨立自主的：它屬於附加在爲數學和幾何學辯護的同個計畫，但它沒有利用它們的知識論聲望，而《批判》也沒有受康德對數學和幾何學（或自然科學）說明的任何缺點所損傷。這個詮釋是由我們在《序論》（274-6）中發現對方法論的討論所證實的。康德說他這個闡述性著作的進行乃是奠定於數學、幾何學，甚至是自然科學是客觀有效的基礎上，因爲他依循不同於《批判》的方法論，是一種「分析的」或回溯的，而不是「綜合的」或順推的。分析的探究依賴於「已被認識爲可靠的事物，我們可從之有把握地出發，且追溯到尚未認識到的來源，對它的發現」將「爲我們解釋我們已經知道什麼」。他在《批判》中所採取的綜合方法則只立基在「理性自身」這種資料。

因此，康德在〈導論〉中訴諸數學和幾何學的力量被限制在，提醒我們先天綜合問題的「普遍性」（B20），且創造出支持先天綜合判斷是可能設想的一個義務。如果這個訴求得到辯護，那麼康德就失去他在〈導論〉中所提出之形上學可能性的理據宣稱，但他仍宣稱已澄清形上學所出的問題，而在《批判》中的論證中心路線仍未被提及。

概念性的包含

對於分析/綜合區分本身的一個不同路線的批評：特別是，一個概念「包含」另一個概念是什麼意思，以及這個關係是如何被規定的。如果包含的隱喻是在「屬於對某事物的定義」方面來拆解的話，那麼康德的說明似乎預設了一種對概念的確定定義是可能的素樸觀點。我們可以認爲，對一個語詞的**那個**定義並不存在：所有的定義在某種程度上是規約性的和名目的。如果正如康德所說，包含是由我們「思考」述詞在主詞概念之內或外來理解的，那麼分析／綜合的測試似乎變成僅是內省的或現象的。這將使康德面對到（將邏輯的規範化約為心理事實的）心理主義的指控。這有可能對一個人來說是分析的，但對另一個人卻是綜合的，且有可能一個概念包含在另一個概念，但檢查卻無法加以揭露。分析／綜合的區分再次成為善變和任意的。

康德事實上並沒有主張一種素樸定義的觀點：他堅持「數學是唯一有定義的科學」（A727-30/B755-8），且分析判斷是提供建構定義的材料，而非預設定義。為了替康德包含的概念辯護，我們可以說儘管概念的界線經常是模糊不清的，在概念中必然會有可辨認的核心要素，即概念同一性的判準，否則我們就不能知道概念的內容，甚或是有這樣的事物存在（在某種意義上，這是蒯因和其他攻擊分析／綜合區分的人，以及相關之意義的內涵式看法所希望堅守的）。然而，它們的立場假定一幅與康德差距甚遠的根本形上學圖像，以至於在現在的脈絡中，它只有一個側面是有效的）。康德對概念的觀點是主體主義式的，而不是在任何經驗意義上心理主義式的，在《批判》中這是越來越清楚的，隨著圍繞著康德包含概念的認知理論浮現，康德沒有投身於心理主義，而是加以反對。在這個階段康德唯一需要提出的論點是，任何對概念的說明必須與我們相信它們包含的內容相關聯，而這些信念必須實質上是正確的。他對分析／綜合區分的說明完全只預設了那點。

兩種版本的區分方式

在不同的方向上，有人主張康德得出先天綜合判斷的概念，只因他混淆了兩種分析/綜合的區分方式。康德對分析性的說明據稱是有歧義的，因爲它提出兩個不等價的判準：一個判斷被稱爲是分析的，若1.其眞理能被矛盾律決定，用現代的說法是，建立在純粹概念性的考量，或所涉語詞的意義的基礎上；2.它是自我明證爲眞的，而非能擴展我們知識的。這些判準不需產生相同的結果，因爲一個判斷可能因爲概念性的理由爲眞，而不是自明地爲眞：許多哲學工作可能需要證明主詞和述詞間的概念性關聯。由康德的第一個判準，所謂的先天綜合判斷就是分析的，它們因爲概念性的理由而爲眞。有人宣稱，它們最好被描述爲「不明顯的分析判斷」。

康德知識論式的區分

我們並不清楚這個混淆的指控能夠成立，或者對先天綜合判斷的有意採納頗具重要性，因爲它沒有回答這個問題，即一般說來概念性的考量如何能支持康德稱爲先天綜合的那種判斷，或使我們先天知識眞正得到擴展。無論如何，這個論點使我們清楚的是，康德對先天綜合這種判斷的特性刻畫的最初力量不是尋常意義下邏輯的，而是**知識論的**，亦即關於判斷的根據或證成。這符合康德在《序論》（266）中的陳述，分析/綜合的區分是關乎判斷的「內容」而非「邏輯形式」。若是如此，綜合先天性的概念需要按照前章節中所描述的先驗哲學的概念來理解。在這個觀點中，先天綜合判斷乃是那種界定經驗結構的判斷，這結構顯現於我們接受這種判斷是非邏輯上必然性的，並藉之可加以辨認：說先天綜合判斷如何可能就是去說明經驗的結構。這解釋了爲什麼綜合先天性對於經驗論和理性論來說是異常的，因爲這些哲學傳統要嘛不承認經驗必須有一結構（經驗論），要嘛錯誤地認爲該結構是源自於邏輯的原理（理性論）。

循著這條路線，先天綜合判斷的問題能在對象之可能性的問題上被重新加以表述。分析和綜合判斷間的差異在於，前者是由於概念與其他概念的關係而爲眞，綜合判斷則是由於它們與某種概念範圍之外的「X」的關係而爲眞。關於經驗綜合判斷，即在對象的可能性業已被假定的層次上，要理解這超出概念性的關係是可能的並不難：X是經驗中既與的對象。但涉及到先天綜合判斷，即在對象的可能性爲被假定的層次上，判斷如何能與對象相關聯就是未得到理解的，因爲這種關係不從經驗或判斷的邏輯特性所產生。因此，要解決先天綜合判斷的問題就是要解釋判斷與其對象的關係，這是一種無法以邏輯原則說明，而經驗判斷所預設的關係。康德在 A154-8/B193-7 明確地表述了對這個先天綜合判斷問題的觀點，其解答與他稱爲先驗邏輯的任務如出一轍，後者處理的是思想與對象的關係。分析／綜合的區分因而在康德的先驗邏輯，而非形式（康德稱爲「一般」）邏輯的意義上是邏輯的。

這種對先天綜合的理解方式化解了許多上述的反駁，雖然它也對康德的評論者隱藏了一些東西，那些評論者帶有若干理由假定，康德在〈導論〉中有意把先驗事業的動力繫於一純粹邏輯問題的存在。

在〈導論〉中開始反理性論和反經驗論的策略在《批判》中以如下方式詳述。康德站在經驗論那邊否定理性論所宣稱的知識只能從概念產生：他會宣稱，概念只足夠分析判斷所需，而無法為關於對象的眞理提供什麼。但他也會同意理性論，反對經驗論所宣稱的，關於對象的知識能從經驗論所預設的非概念化的那種經驗獲得：康德會試圖證明「經驗本身是一種涉及知性的知識」（Bxvii）。根據康德的觀點，概念或感官經驗個別上皆不足以成為知識：它們共同對知識來說是必要的（且充分的）；需要感官經驗提供知識的內容，概念則提供其形式。在這個圖像中，康德稱為先天綜合的判斷獨挑大梁，因為正如之後將會看到的那樣，它們決定了感官經驗和概念結合的方式。

第四章　對象的感性條件（〈感性論〉）

〈先驗感性論〉是關於感性的，且因而是關於那些被感覺到的對象（希臘文字根「aesthesis」，意思是感官知覺的能力）。然而，它的焦點主要是空間和時間。就此而言，其第一個重要宣稱是，空間和時間提供經驗的感性形式，且據此，在使對象成爲可能的方面扮演著一個根本的角色。這使時間和空間與其他在感官經驗中的要素有所不同。康德以極其專業的術語來說明此宣稱：空間和時間被稱作是「純粹先天的直觀」、「直觀形式」和「顯象形式」。〈感性論〉第二個重要宣稱是，空間和時間不是絕對實在的特性，而只是「感性的形式」，即我們主體認知構成的要素，所有具有空間和時間性質的事物（所有我們經驗的對象）只是與物自身相對的顯象。這是康德所允諾要提出的兩個先驗觀念論證明的頭一個，將在下一章討論。

康德對認知的分析

〈感性論〉對於空間和時間的討論是以康德對認知的分析開始的，這個分析提出了一個不常見的哲學術語（§1：A19-22/B33-6；亦見A15-16/B29-30, A50-2/B74-6）。

直觀和概念

康德主張，如果我們清除掉我們的心中理性論和經驗論的學說，並試著用最普遍的語詞來說明我們的認知能力是如何構成對象，並與對象相關聯的話，我們會發現要在一個對象被給予我們，以及它被思考之間作出相當大的區別。直觀是藉由對象被給予我們的那些表象，而概念是藉由我們思考對象的那些表象。康德把在我們心靈中使對象被給予的認知能力稱爲感性，而把使對象能被思考的能力稱爲知性。

直觀直接與對象相關聯：一個直觀「是藉之〔一個對象〕直接與我們相關聯的東西」（A19/B33）。德文的直觀是 *Anschauung*，意味著「觀看」（不帶任何特殊洞見的意涵），而康德對這個語詞的專門使用還包含了一個對象現象學呈現給主體的意義（*Proleg* 282）。反之，當概念與對象相關聯時，是透過中介地，即「藉由幾個事物具有的一個共同特徵」（A320/B377）。因此擁有一個概念並不蘊涵一種與對象的關係：一旦一個對象被給予，它就能被思考，但首先讓它被給予的是某種思考活動之外的東西；如果要擁有對象，概念必須「最終關聯到直觀」（A19/B33）。因此直觀和概念間的區別是相應於特殊者和普遍者間的區別。直觀是「個別表象」（B136n）：亦即一個直觀是一特定個別事物、「一單一對象」（A32/B47）的一個表象。康德將此直觀的特性當成其與對象關係的直接性相一致。反之，概念則本來就是普遍的：一個概念必然可應用到超過一個個殊事物，因爲應用一個概念到一個對象即是說，它屬於一種有其他事例或可以有其他事例的事物。

我們擁有的那種直觀是感性的，而相對於智性的（智性直觀的概念將在後面來思考）。感性是那種引起直觀的認知能力，且它是「接受性」的能力：經由被「影響」（A50-1/B74-5），主體被動地形成其感性表象。而那種產生概念和將它們應用到對象的知性能力，反之，是主動的且「自發的」，意思是它所做的工作不是被引起的。像我們自己這樣的主體需要被影響，以使對象被給予我們，而影響的標記即是感覺。感覺和被影響，完全是偶然的、後天的：我們不必然會有任何感覺。由於同意經驗論所主張的，感覺是後天的，經由主體以某種方式從外被影響而產生，康德只會多說感覺自身構成了一種「雜多」（多樣性）。與洛克關於感覺觀念的一絲不苟類型學相反，康德關於感官經驗繼續要說的事都是關乎心靈怎麼了解複雜的感覺。

直觀和感性的概念刻意特別地抽象。正如之後會看到的，感性的概念是從視、聽、觸等人所眞實擁有的特定感官樣態抽離出來的。直觀的概念與知覺的概念不同，康德認爲後者預設了種種概念和直觀，且比感性概念更爲抽象，感性概念只是直觀在像我們自己這樣的主體所採取的特定形式。

知識論的涵義

康德從將我們的認知能力分成直觀和思維這兩種異質的且不可相互化約的機能，得出了一個重要的涵義。直觀自己產生不了任何一種關於它們僅給出的對象之認知；直觀不藉由認識任何（甚至是「內」感官對象的）事物來組成知識。正如〈分析論〉將會澄清的那樣，直觀嚴格上只能在它被帶到一個概念的條件下，才能被說是與一個對象相關聯：一旦我從經驗移除「所有思想」，「關於對象的知識將不復存在」，因爲「僅透過直觀沒有東西會被思考」，且只有「感性的影響」，「無法產生這種表象與任何對象的關係」（A253/B 309）。而概念自己缺乏對象。由此可知，關於對象的知識需要直觀和概念的連結。需要直觀是爲了應該要有概念可資應用的對象。需要概念是提供直觀一個與對象的關係：形成概念的活動將直觀本質上擁有的原初對象—直接性轉化爲一個表象的眞實關係。直觀和概念的相互依賴是康德知識論一個絕對根本的主張：

> 沒有感性就不會有對象被給予我們，沒有知性則對象不能被思考。思維不具內容是空洞的，直觀沒有概念是盲目的。因此，使我們的概念成為感性的，即把直觀中的對象加給概念，並使我們的直觀成為是可理解的，即將它們置於概念之下，這兩者都是必要的。這兩種力量或能力不能互換其功能。知性不能進行直觀，感性也不能從事思考。只有透過它們的結合才能產生知識。
>
> （A51/B75）

康德這個不可化約地不同表象實行了給出與思考對象的機能之宣稱，對理性論者和經驗論者關於知識的說明是不利的。康德控訴這些說明各以不同的方向，錯誤地將直觀和概念彼此等同：理性論將感覺表象和智性表象間的差異，這事實上是一種「起源和內容」的差別，化約爲僅是模糊和清晰間之「邏輯的」差別；而經驗論則試圖從感覺與料導出思想的材料，犯了相反的錯誤（A43-4/B60-2, A271/B327）。

智性直觀

由於康德對認知的分析並不是藉由任何哲學上中立的方法，我們大可問說，它是否不願接受理性論或經驗論，而只是加以否定。康德在〈感性論〉的一開始似乎放棄了在純粹術語基礎上的知識理論，但我們可以找到一個支持他分析的論證。它挑起了我們認知模式的類型和其他邏輯上可能類型之間的對立。我們應該要思考的是，沒有康德在直觀和概念間作出的這種區分會怎樣。根據康德的說法，我們可以形成一些關於一種主體的觀念，這個主體認知模式不像我們是被分離的。這對它來說會是一種思想行爲，以及被呈現一個對象是同樣一件事的主體；在該主體中同樣表象將表現兩種功能。這樣一種主體擁有康德所稱的**智性直觀**（或者等同於一種直觀的智性或直觀的知性）（B68, B71, A252），這麼稱呼是因爲在這樣的主體中，思考對象的同樣機能也直觀對象。現在顯然我們沒有智性直觀。對一個擁有智性直觀的主體來說，沒有感覺經驗的空間，因爲僅是去思考一個對象就會是將它呈現出來；它也毋需應用概念到對象，因爲每個既與對象都是在其完全的個體性中直接得到把握；對這樣的主體來說，現實事物和可能事物間的區分也不存在，因爲當對象僅由於被思考而變成現實的，這種區分便不復存在（*CJ* 401-3, 406-7）。康德注意到，在智性直觀中認識一個對象和創造一個對象的區別也會消失。康德認爲，我們能有意義地將智性直觀歸之於它的唯一主體是上帝。

我們的直觀相較之下是感性的，或者也可以說，我們的知性是辯解性的（A230）。對我們而言，直觀和思考的功能並不倒向彼此：去思考某事物不是以知覺抓取其對象的方式去直接把握它；我們的思想只能藉由將對象帶到概念之下來把握它們；藉由思考事物像是什麼來認識它們（我們的知識採取了判斷形式）；現實事物仍然與可能事物有所區別。仔細思考智性直觀這個概念使它顯得突出，且揭露出我們自身認知模式的結構，這是理性論和經驗論所沒有領會到的。

從先驗探究的觀點來看，我們認知的基本模式最終是件偶然的事，而不容進一步加以解釋。為了強調這點，康德說我們可以認為感性和知性起源於一個共同的根源，但若是如此，那根源就是不可知的（A15/B29）。其次，他也肯定我們人類之外的感性直觀形式在邏輯上是可能的（A27/B43, B72）：康德幾乎要主張，人的直觀是由其空間——時間性來界定的，但我們能對於使用其他事物取代空間和時間的感覺形成觀念；儘管我們不能對於這會是什麼形成有內容的或明確的觀念，沒有理由宣告那種非人類的感性直觀是不可能的。

經驗的感性形式：空間和時間

現在我們要談論到康德必須賦予空間和時間一種獨特和特有地位的宣稱。他討論的背景中有其他兩個關於空間和時間的哲學觀點：牛頓的「絕對論者」觀點，以及萊布尼茲的「關係的」（化約論者）觀點。康德分別提到這些觀點認為空間和時間是「真實存在物」，且它們「只是事物的種種規定或關係」（A23/B37）。兩者間的對立是在萊布尼茲——克拉克通信中爭論的主題。

簡言之，牛頓關於空間的看法是視之為一絕對真實的，獨立自存的「容器」，即使沒有物理對象容納在其中，它仍然存在。在這種程度上，時間類似於一個實體，因為它自足地存在著。時間亦是如此。反之，萊布尼茲是將空間視為來自對象間關係的邏輯建構：對象在空間中就是指它們與其他對象處於某種關係；關於空間的陳述能被化約爲關於對象及其互動的陳述。另一種表達這兩者差異的方式是說，根據牛頓的看法，空間點和時間剎那這樣的東西是存在的，它們是存有論上不可化約的，且獨立於與之一致對象而存在；對萊布尼茲而言，這樣的存有物並不存在。這個差異顯示出每個看法能支持的各種可能性。按照絕對論者的觀點，宇宙會在空間中轉變其位置（開始往一個方向飄移），且可以在一個不同於它眞實開始存在的時刻被創造；關係論者必然否定這些假定是可理解的。絕對論者承認空洞空間和空洞時間的單純可能性；如果眞有這些可能性的話，關係論者唯有在附帶條件的情況下，能就對象間關係的種種可能性來加以理解。

康德表達自己對空間和時間的看法是說它們是先天直觀。它們是先天的指它們不源自於經驗。而說它們是直觀，則是說我們對它們的意識是直接的與非概念性的，空間和時間在某種意義上各是一「單一對象」。由於康德的看法（與萊布尼茲相反）蘊涵了空間和時間是不可化約的，且也（與牛頓相反）蘊涵了它們在絕對意義上並不眞實，是以不同於牛頓和萊布尼茲。空間和時間的不可化約性是本章所要討論的，而其非絕對實在性則是下一章所要討論的。

康德是在空間和時間各自的形上學闡釋中，提出它們滿足對先天直觀之描述的論證（在接下來的部分將加以討論）。但在〈感性論〉開頭幾頁的討論也包含了一些論點，有意以一種預備的方式爲先天直觀的概念留個位置，這表示康德對空間和時間的看法是如何與關於經驗的一般先驗理論相符。

純粹直觀

在直觀中，有一些先天東西存在的概念與我們的感官經驗完全是與後天的想法相牴觸；常識會認定，單由經驗便能決定呈現給我們的是什麼。但康德有一些理由主張，直觀必須包含先天的成素。首先，先天直觀的存在是由先天綜合判斷的概念所透露出的。綜合判斷是由對象，而不是概念使之爲眞的，而直觀是對象藉之被給予的表象；先天判斷需要先天的根基；因此如果有先天綜合判斷可奠基於其上的先天直觀存在，那先天綜合判斷就是可能的。

先天直觀的存在也由康德提出的，將顯象分析爲「質料」和「形式」所蘊涵。「顯象」被定義爲「未受規定的經驗直觀對象」（A20/B34），是故在現在的脈絡中，顯象可被理解爲就是作爲被感覺到的經驗對象（與物自身的對立在這個時機並不扮演任何角色）。因此在感官經驗中被給予我的桌子就被當作一個顯象。一個顯象的內容是在其中符應於感覺，基於這個理由它必然是後天被給予我們（因爲感覺是後天的）。但一個顯象不僅是感覺複雜：它預設了感覺以某種方式得到安排，亦即具有形式。康德突出的觀點是經驗無法是「所有內容」：無論它如何微小和碎裂，它必須具有形式，因爲一個主體只能在認識上將其經驗意識爲，以某種方式得到組織的某事物。不具形式的經驗只會是嘈雜雜亂的東西，而這種經驗的主體在認識上無法意識到它；形式是統一的結構，使經驗內容如其顯示自身。無論顯象的形式是什麼，都存在於一個各種關係的結構，且據康德所言，它必須由我們直觀的力量先天加以支持，因爲賦予感覺秩序者自身不能在感覺中或源自於感覺——感覺不能帶來它，或引起在我們對它的理解中所具有的形式。這形式必須也是直觀性的而非概念性的，因爲它是關於感覺就其提供思想內容所具有的形體。顯象的形式因此位於感覺和思想之間：像是感覺，它先於任何概念的應用，又像是思想，它不產生自感覺（此處所略述的論證路線將會在〈先驗推證〉中得到更完全的解釋與辯護）。

如果直觀包含形式的、先天的要素，那麼我們就有一種獨立於感覺和我們心靈被刺激的直觀。康德稱此「純粹直觀」，純粹被界定爲「不包含任何屬於感覺的東西」（A20-2/B34-6）。反之是經驗直觀，它包含了感覺且其對象是顯象。康德說，純粹直觀和顯象的形式是〈感性論〉的適當主題，〈感性論〉的任務是藉由孤立感性與知性來分析經驗的形式，並接著分離出所有屬於感覺的東西。康德宣稱，我們空間的純粹直觀是以在物體表象中的形狀和擴延的種種表象爲例示（A20-1/B35，之前在B5-6的〈導言〉中曾討論過），而我們另一個純粹直觀是時間（A22/B36）。

空間的純粹直觀學說使康德作出關於幾何學的宣稱（B40-1）。〈感性論〉包含三個不同關於幾何學的宣稱，第一個是空間的純粹直觀使幾何學的先天綜合判斷如何可能能夠得到解釋。在所有先天綜合判斷的事例中，我們需要發現綜合主詞和述詞的「某物X」，且我們知道這個X不能是經驗，因爲該判斷是先天的。我們空間的純粹直觀適合於扮演在幾何學判斷中，綜合主詞和述詞的非經驗性「X」的角色：幾何學可被視爲從空間的純粹直觀得出的知識。這與下面這個事實相符合，幾何學眞理的必然性只能在直線、三角形等心靈建構的基礎上被把握，也就是說，藉由再現不具表象的空間，我們的心靈不受到任何方式的刺激。空間的純粹直觀不只允許獨立於物理對象來研究空間：它也使關於外在對象之空間性質的先天綜合知識成爲可能，因爲空間中的顯象當然必須符合於幾何學的種種法則。

按照康德的看法，時間的純粹直觀也產生了屬於先天綜合知識的物體。它包含了一些「必然確定的原則」，像是時間只有一維，以及「不同的時間不是同時的，而是相繼的」（A31/B47），而且關於「變化」或一般改變的判斷與「運動」或位置的改變。康德在此所想的是這樣的初步的形上學判斷，即一事物可在不同時間有不同的性質（只對事物的概念分析不能證明是可能的），且更爲重要的是，牛頓力學所組成的「運動的一般學說」（A32/B48-9），康德對時間論述中的立場和他對空間論述中的幾何學相對稱。康德在《序論》（283）中也將算術與時間的純粹直觀相關聯，他的宣稱是數字的概念預設了「在時間中將單位連續累積起來」（亦見A142-3/B182）。

內感官和外感官

在空間和時間構成感官經驗形式的基礎上，康德藉由將空間描述爲「外感官形式」與將時間描述爲「內感官形式」來闡明他的理論（A22-3/B37）。康德以感官來表示直觀對象模式，亦即在直觀中某種對象能爲一個主體可使用的方式。於是外感官是使外在對象，即與我們自身有所不同的對象在直觀中對我們可使用的方式；說空間是外感官形式意味著，我們發覺到事物是不同於我們自身的方式，藉由再現它們爲在空間中存在著。內感官是內在對象，即我們的心靈狀態在直觀中對我們可使用的方式，而相應的宣稱是我們發覺到，我們心靈狀態的方式是藉由再現它們爲在時間中存在著的。康德補充說，事物不能是其他方式，因爲時間「不能外在被直觀」，且空間不能「被直觀爲在我們中的某種東西」（A23/B37）：它們的角色不能顛倒，對我們來說，除了空間和時間也沒有任何東西能扮演內感官和外感官的角色。

時間「不能在外被直觀」不意味著外在對象是在空間中，而不是在時間中。它首先意味著時間沒有在內被直觀，就不能在外被直觀：如果我們的心靈狀態不在時間中，我們就無法將外在對象經驗爲是在時間中的。康德進一步的涵義是，外在對象在時間中是因爲，且只因爲它們是由我們在時間中的心靈狀態所表象的：外在對象的時間性乃是源自於我們心靈狀態的時間性。

空間和時間作爲先天直觀：康德的幾個論證

空間和時間是先天直觀的論題，因而與先驗哲學的那些原則相一致，但康德也明顯提出支持該論題的主張。首先最容易著手的是康德對空間的說明，他處理時間的方式大部分對應到對空間的說明。所有關於空間的先天與直觀特性的六個論證可以在康德的著作中找到，其中四個是在空間的形上學闡釋中被成套提出的。其中第一個和第二個有意去證明空間是先天的，第三個和第四個則試圖證明它是直觀。

空間的形上闡釋，第一個和第二個論證：空間是先天的

第一個論證是空間的表象必須是先天的，而「不是源自於外在經驗的經驗表象」，因爲他是這

樣的外在經驗所預設的：「外在經驗只有經由〔空間的〕表象才有可能」（A23/B38）（「外在」不意味著在空間意義上的外在，這會把外在對象必須在空間中被再現的宣稱，化約爲同義反覆，而是不同於我自身）。我的感覺不能「指涉到外在於我的某種東西」，亦即不同於我的，除非我預設空間的表象。康德補充說，沒有空間的表象，我的感官也不能被再現爲「外在於與在彼此旁邊」，意思是說規定外在對象彼此間數值上的不同也預設了空間。

康德對此論證的陳述是精煉過的，且我們不立即明顯看出它想要採取的是什麼形式。它不能依賴爲了將對象表象爲F，表象F必須是先天的這樣單調的前提，因爲這會產生的荒謬結果是，顏色的表象必須是先天的；且無論如何康德並不主張空間是對象空間性的經驗，而是對象外在的經驗，即不同於我們自身（以及不同於彼此）所預設的。康德的論證確切來說必須如下。如果空間的表象不是先天的，那麼它就是經驗的；但如果它是經驗上形成的，那麼它會從對外在對象的經驗獲得。但這是不可能的，因爲沒有空間的表象，外在經驗是不可能的。所以空間的表象必須是先天的。簡言之，因爲空間的表象是，在再現外在對象的世界這種活動中被喚起的，它無法建立在對外在對象的經驗之上。

第二個論證是說，儘管我們能思考沒有對象的空間，卻不可能再現空間不存在。空間「因此必須被當作種種顯象的可能性條件，而不是依賴於它們的規定」（A24/B38-9）。由此可知，空間是必然的且因而再次是一種先天的表象。

第二個論證的重點是排除第一個論證留下的一個可能性，也就是儘管空間沒有受到再現，外在對象就無法受到再現，反過來也是眞的，亦即（如萊布尼茲的觀點所表示的）外在對象的世界沒有受到再現，空間就無法受到再現。如果空間和外在世界的表象互相是必須的，那麼空間的表象就不先於外在世界的表象，這意味著空間終究是一種經驗的表象。

第二個論證於是有意藉由建立其他對象的表象，對空間來說並非是必然的，確保空間的先天性，而它又是藉由指出這兩種表象的特性差異來建立的。我們可以藉由再現沒有對象的空間來再現外在對象不存在：空的空間是可設想的，無論我們能否認知到它（基於一些獨立的理由，康德事實上是否定這種東西的）。但我們在同樣客觀意義上無法再現空間不存在，因爲爲了做到這點，必須再現一個丟失空間的外在世界，而這是第一個論證已指出我們無法做到的事情。空間的表象能在扣除所有外在對象後繼續存在，但反之不然。因此康德的論證與僅是主觀的、心理學的不可能，使我們擺脫空間的觀念毫無關聯。

兩個論證一同建立了空間的表象和外在對象世界的表象間不對稱的獨立關係：前者是後者所預設的，但反之卻不然。且康德將此當作足以證明我們空間的表象，在不從經驗得出的意義上是先天的。康德的論證最終依賴的眞理，即我們無法再現一個非空間性的外在世界，不能被認定爲只是反省我們想像力的偶然界線而加以拋棄，因爲我們不能開始解釋我們的表象能力如何會是其他方式；這會意味著描述它所表達的必然性只不過是心理學的。要注意的是，康德宣稱空間的表象那種必然性雖不是心理學的，也不是邏輯上的：他的宣稱是說，空間在作爲（對外在對象的經驗的）先驗預設的特定意義上是必然的。

空間的形上闡釋，第三個和第四個論證：空間是一種直觀

形上學闡釋的第三和第四個論證有意證明空間的表象滿足對一個直觀的判準，而非對一個概念的判準。藉由將空間的表象描述爲一種直觀，康德並不是要去否認我們擁有一個一般空間的概念與許多空間的概念，顯然我們確實有「一個空間」、「具有一立方公尺空間」等等的概念，這些可一般地加以應用，也就是應用到無限數目的種種空間範圍；且我們也有「在空間中」的概念，它可以應用到無限數量的對象。康德的宣稱確切地說是，空間的直觀是所有我們空間性概念的**根基**（A25/B39）。

第三個論證宣稱「我們只能再現給我們自己一個空間，亦即空間是一致的、單一的和獨特的」（A24-5/B39）。康德給出兩個如此思考的理由，都與空間和其部分的關係有關：第一，談論「不同的諸空間」即是談論不同的「部分，它們屬於一個且同樣的特有空間」；第二，這些部分「不能先於那個無所不包的空間」，而「只可被思想爲**在它之中**的」。

空間的諸部分，諸如「此處和牆之間的空間」之特殊空間，並不以一個概念的種種示例與概念相關聯的方式（一棵樹的概念的種種示例不類似於「樹的諸部分」）關聯到空間，即空間的維度。如康德所說，特殊空間是經由無所不包的空間「界線」得出的：只有藉由所謂的將它們從空間切割出來，我們才可以辨認它們（亦見 A169-79/B211）。使某事物成爲空間示例的東西只有它和空間的關係（這是藉由界線所定義的，超越界線它就無法擴展），而將空間的不同示例與彼此區分開來，唯有它們與彼此在空間中的關係。由於它與空間的關係乃是將同一性賦予特殊空間的唯一特性，空

間是使特殊空間成爲可能的東西。同樣地，意識到空間必須先於意識到特殊空間。且意識到空間是必然不藉由任何空間與其他事物共同具有的特性所中介的。

由此可知，空間的表象是一種直觀：它直接（獨立於任何其他表象）呈現了一個個別對象，即作爲先於其部分的整體空間。反之，個別對象之概念性的表象是必然由其他邏輯上獨立的種種表象所中介的；例如，「屬於A東西的整體性」這個表象使用了「A」這個中介的表象。

康德曾遭到反駁說，非一致空間的經驗全然是可想像的，正如像小說《獅子、女巫和魔衣櫥》所證明的，其中主角們在空間上分離的世界間來回遊走。誠然思想實驗能夠提出對經驗的成套描述，我們可被引導去思考，包括「一個世界包含兩個空間」或「兩個空間的世界」之經驗，但這樣的推測無論得出了什麼，它並不切合於現在的脈絡。在小說使非一致空間的概念成爲是可理解的程度上，它們是建立在推論和概念性外推的基礎之上，而預設了我們日常對空間的直觀性掌握，這種空間是一致地被給予我們。因爲它們沒有證明我們能在相關意義上，想像不一致空間被給予我們，它們沒有爲在有關康德論證的「空間經驗」的意義上，空間不能被經驗爲一致的思考提出理由。

第四個論證說空間「被再現爲一個無限既與的量」（A25/B39-40），而這是由它作爲一個直觀來加以解釋的。

康德並不是說我們將空間知覺爲一無限的整體，我們顯然不是這樣，但空間首先是作爲無邊際的東西被給予我們（我們無法再現空間的終點或「邊緣」；在任何空間背後，存在著更多的空間）；其次，是作爲無限可分的東西（被給予我們）（分割任何時間體積的產品，總是允許繼續可能的分割；分割不隨著空間「微粒」的發現而結束）。這是因爲空間在這兩種意義上是作爲無限的空間被給予，我們再現它爲具有無限數量的部分。從第三個論證接續而來的結論是空間是一致的，因此空間無限數量部分的可能性是從屬於，且源自於空間本身的無限性。現在概念不能在同樣意義上是無限的：樹的概念有無限可能的示例，但這不是因爲它再現了某種被稱作「樹」的東西，而它本身在具有無限數量部分的意義上是無限的；如康德所說，空間的無限部分是包含在它之內的，而一個概念的無限可能示例則是在它之下。一個概念確實在包含無限數量的部分類似於空間，與具有無限數量的示例不同在於，它是帶有無限豐富內容的那種，且不能藉由有限的心靈來加以把握。因此空間不能是一個概念。

第四個論證因而藉由證明空間無限多示例的存在，（如我們可能會想的那樣）並不使空間的表象成爲概念，維護了第三個論證的結論；反之，這個事實由它作爲一種直觀而得到解釋。

不一致的對應部分

第五個論證，這個從不一致的對應部分得知，論證對空間的直觀特性提出了一個更爲生動的證明。這個論證不是出現在《批判》中而是在就職論文（403）和《序論》（285-6）中。假設（修改康德自己的例子）世界只包含兩個手套，左手的和右手的，而這些手套分享了除了其左撇和右撇之外的一切性質。它們是對應部分。現在我們思考左撇和右撇有何差別，它們不一致的方面在哪。這不是相對的，世界如所描述那樣除了兩個手套之外不包含任何東西，且它們只有在我們試著去分析的方面，才在彼此關係中有所差別。它們不同的方面是一種方向的方面。而這個差異不是相對的，而是「內在」於手套的。因此對象的空間性質是內在的，不可化約的，且非衍生出來的。這足以反駁萊布尼茲空間關係是在概念上，從對象間而非空間的關係得到建構的觀點，康德主張它也證明了空間是一種直觀，因爲手套間的內在差異，它們的不一致，「不能辯解地被描述或化約爲理智的標記」（就職論文403），且「不能藉由任何概念而成爲可理解的」（*Proleg* 286）：要解釋方向差異是什麼，我們最終有責任完全指向它。

從幾何學而來的論證

第六與最後一個要提到的論證是從幾何學來的論證（包括在第一版 A24 的〈形上學闡釋〉，以及在第二版 B40-1 重新名爲〈空間的先驗闡釋〉）。幾何學在此第二次出現。我們看到康德早期主張，如果空間是純粹直觀，那麼幾何學的綜合先天性就得到解釋。現在康德需要做的是，爲了將這點轉爲對空間是一種先天直觀的結論論證，必須加上唯若空間是先天的，且因而先天直觀能由幾何學的眞理來解釋。這在之前已經做到了。幾何學的判斷不能建立在概念的基礎上，因爲它們不是分析的，且它們不能是後天的，因爲它們是必然的。所以除非它們是建立在直觀，乃至於先天直觀的基礎上，無法說明它們的先天綜合眞理。因此從幾何學的論證提供了證明空間是先天的，與是一種直觀的雙重功能。

對康德論證的評論

要質疑康德所宣稱之空間的直觀性就有責任要去解釋，儘管空間被給予我們獨特方式，以及空間的表象幾個深層方面不同於概念，爲什麼最好還是思考爲一個概念而不是一個直觀；這實際上意味著對康德起初區分直觀與概念的判準提出異議。然而康德論證空間先天性的成果並不直截了當。我們可以認爲〈形上學闡釋〉的第一個和第二個論證證明了空間扮演了一個對我們來說特別的、不可或缺的角色，而萊布尼茲空間作爲一種建構的觀點，有一個或許是無法克服的困境，因爲這蘊涵了外在對象有超過空間的優先性；但康德的論證並沒有建立空間的表象，超過外在對象表象的優先性，因而爲建立其先天性。因爲我們可以主張，外在世界可能以這種方式牢不可破地與空間密切結合在一起，正如康德所宣稱的，沒有被再現爲在空間中的，它就不能被經驗，但世界及其空間性是後天一剎那間被給予我們的：我們沒有把世界再現爲空間性的，就不可能經驗世界這個事實，並不蘊涵空間的表象在不從經驗得出的意義上是先天的，因爲同時假定經驗能呈現一個空間的表象和沒有空間的表象是不可能有經驗的，這兩者並不矛盾。假定空間的表象一旦在經驗中形成，能享有獨立於（康德在第二個論證中所指出的）外在對象世界的表象方式，也不明顯有矛盾。因此我們可以認爲，如史卓森所說，〈形上學闡釋〉沒有確定空間和外在對象是「同時發生的」，沒有一個是先於另一個；康德最後會遭到不正當從一種「經驗所預設的」先天意義，滑動到另一種，它較早「不產生於經驗的」意義的指控（康德把該術語的兩種意義連在一起的傾向，似乎可見於 A23-4/B38-9 和 A30-1/B46）。按照一些認爲〈形上學闡釋〉的論證，因爲這些理由是不成功的人的看法，在

〈感性論〉中的空間具有先天性的論證重擔轉變為，從幾何學而來的論證。然而，這使康德在說明歐幾里得幾何學改變過的歷史命運時，會陷入嚴重的困境；康德的空間理論和他幾何學理論的明顯密切結合，確實使一些人宣稱，整個〈感性論〉隨著歐氏幾何被發現對物理對象並不正確而崩垮，因此幾何學不是先天綜合的。

根本的困境在於，只要認定在第一個例子中，空間被理解為事物的特徵，在〈形上學闡釋〉中舉出的考量便不具有說服力，因為似乎無可避免的是，假定空間是康德意義上、先天會讓它變得神祕，如果我們只假定我們空間的觀念是，以某種方式源自於世界如何存在就不會如此。然而，當〈形上學闡釋〉的論證恢復它們適當的和預期中的哥白尼脈絡時，就恢復其力量。

我們可以同意，從空間表象對外在對象表象的必然性，推到空間表象不源自於經驗的直接推論是無效的。但這只是如下事實的結果，我們表象的**起源**這個議題是與它們間預設的**種種關係**邏輯上有所不同的。問題是康德為什麼從後者移向前者：證成康德從空間對外在對象的必要性走向其先天性的東西，具有一種隱然的推論原則，即若表象R對經驗表象是必然的，則R是先天的。如果我們回到實在性的問題，並考量有關空間表象的起源看法是，與按照它是外在對象的表象所預設相一致，康德的證成就能被把握。

空間的表象不能得自於先前關於世界的經驗，因為世界沒有已經被表象為空間性的，就無法有任何關世界的經驗。然而，空間表象和外在世界表象同時產生的提議也不令人滿意。如果我們外在世界的表象作為空間性的要被看作是知識的話，空間表象和外在世界表象的同時性不能是全然相符的。如果空間表象和外在世界表象的同時性是奠基在且適當反應出的實在之上，它當然就是不相符的。爲了支持這點，不只需要宣稱我們空間上再現外在對象，因爲外在實在是空間性的，而且要宣稱，若外在實在不是空間性的，則我們能夠且會在任何其他必須是非空間性的模式中再現外在對象。也就是說，需要宣稱無論外在實在擁有什麼感性形式，我們都已經能再現它。否則我們的再現模式將缺乏與知識所需的實在非意外的一致。因此，假定空間的和外在的表象是同時的，就是去假定我們再現的能力是在再現的活動中，我們能夠規定哪種再現的模式適合於實在。這個假定儘管不矛盾，卻顯然不能回答外在對象對我們來說如何是可能的問題。它單純地假定了它們是可能的。因此同時性的看法輕率地一頭栽入實在的問題。

由此看來，我們沒有其他的選項，但康德那種空間表象既不後於、也不同時於外在表象，而是先於它的看法，藉由使空間性對我們來說是由外在性構成的，使外在世界並不偶然再現爲在空間中，且容許我們宣稱有關空間實在性的知識。這個觀念在下一章與先驗觀念論學說連結之中，將會更爲清楚。

根據這種解讀，〈形上學闡釋〉的論證需要在第二章討論的議題、更廣的脈絡中來加以理解：它們隱然涉及外在世界的表象究竟如何可能的基本問題，而康德隱然的前提是必然有一些使外在對象的表象成爲可能的表象存在，從而它不是源自於經驗。正如也曾提過的，康德假定某種東西或其他東西必然構成外感官（的形式），無論它是什麼都不能源自於外感官的對象（內感官和其對象亦然）。先天的兩種意義，即「經驗所預設」和「不產生自經驗」，因此相當適當地被連結起來。

康德關於空間的論證大部分是重複它關於時間論證的結構，加以適當調整以考慮到唯有外在對象是被再現爲在空間中的，所有直觀對象都被再現爲在時間中的這個事實。因此康德在時間的〈形上學闡釋〉中（〈感性論〉的§4），主張時間的表象是對象的表象預設爲共存的或相繼的，時間可被表象爲「顯象的空隙」，不同時間是一個和同樣時間的數個部分，且時間在被給予爲無界線的意義上是無限的。取代幾何學在時間先天性直觀的論證中的是關於時間的若干原則，參考更早的變化和運動（A31/B47）。上述關於空間的批判性評論作了必要修正後，應用到康德所宣稱的時間是一種先天直觀。

在〈分析論〉中的空間和時間

〈感性論〉絕非康德論述空間和時間的最後定論，它顯然在《批判》到處出現，且康德在〈分析論〉中還對它詳細說明。康德空間和時間的論點需要補充說明，因爲在基本方面它到目前爲止還不完整。〈感性論〉描述空間和時間爲直觀，根據康德的認知理論，這不足以說明關於空間和時間的知識（見A77/B102, B137-8）。因此它沒有解釋我們如何能認知空間的規定範域與時間的綿延。在〈先驗推證〉中（B160-1），康德解釋說，當空間和時間被認爲是認知對象，而非僅是感官經驗的形式，即「形式的直觀」而非「直觀的形式」，在〈感性論〉中僅被假定的空間和時間的統一（這是合法地，如果其任務被限制在孤立出純粹直觀），需要一個感性自身無法支持的基礎，而這預設了〈分析論〉所描述的複雜概念性機制。此基礎是由概念上受推動的認知運作（綜合）統一空間和時間的雜多來支持。這些綜合活動建立了無所不包的空間和時間的一些「界線」，特殊空間和時間藉之成爲可能。

關於〈分析論〉中，空間和時間理論的複雜化表面上給出與〈感性論〉不一致的顯象。空間和時間認知的觀念預設了雜多的綜合，似乎蘊涵了空間和時間的整體終究並非先於其部分的。況且在分析論中，康德否認空間和時間在任何意義上是知覺對象，它們除了沒有經驗上直觀的顯象的時空關係（因此空的空間和時間是不可認知的），有任何種類的存在。因此根據康德的說法，經驗的形式是與其內容不可分的：唯有空間和時間持續的、特殊的、規定的、被對象占據的範圍是可認知的，空間和時間自身唯有在微弱的意義上，即它們被給予爲在所有憑藉其形式的經驗直觀中未被知覺的背景，對我們而言才是對象。與此相關地，康德被對象占據的空間和時間的規定，這個學說預設了對象間的某些關係（像是因果關係），此學說預示了〈感性論〉所反對的那種關係性的、化約的空間和時間理論。

於是，由於這些明顯的不一致之處，重要的是要記住〈分析論〉是有關經驗知識的種種條件，而不是空間和時間僅作爲被直觀者：康德（一貫）的立場是空間和時間確實先於其部分，且不可化約爲顯象間的種種關係，但純粹直觀未規定的空間性和時間性經由受到概念性綜合成爲是規定的，必然始於顯象的空間性和時間性的種種狀態。再次，位在概念性條件之下需要直觀以作出它對認知獨特的、非概念性的貢獻。

第五章　先驗觀念論

目前為止，康德在〈感性論〉已主張空間和時間，不同於任何直觀中的其他事物，它們是關於對象的經驗所預設的，所以不源自於經驗。

正如之前章節所提到的，康德在〈感性論〉關於空間和時間作了另一個更強的宣稱。就在〈感性論〉的一開始，他問道：

> 那麼，空間和時間是什麼？它們是真實的存在物嗎？或者它們只是諸事物的規定或關係，卻是事物即使未被直觀，仍要歸屬於事物的東西？抑或空間和時間只屬於直觀形式，因而歸屬於我們內心的主觀構成，一旦離開了主觀構成，它們就不能被歸於任何事物？（A23/B37-8）

此處描述的三個看法中，第一個是牛頓的，第二個是萊布尼茲的，而第三個則是康德自己的。牛頓和萊布尼茲在實體性與空間和時間的可化約性的議題是對立的，但他們皆同意空間和時間的**實體性**：對牛頓來說，空間和時間本身是「眞實的存在物」；而對萊布尼茲來說，即使這些事物不被直觀，它們至少「屬於事物」。因此，他們都堅持空間和時間是包含在獨立於主體覺察的世界中，且因為我們有關於實在性的知識，我們有空間和時間的表象。這是康德所要否定的。

康德的否定首先似乎羞於與常識相矛盾，常識將對象的大小和形狀，以及在空間和時間中的位置思考為它們固有的、獨立於我們經驗的客觀特性，相對於它們的顏色、氣味和滋味等是在某種主觀意義上被接受的，這符合於洛克初性和次性的區分。事實上，康德沒有不同意在常識層次上來理解這種圖像。康德主張空間和時間特性是主觀的意義全然不同於，也更複雜於次性是主觀的意義，它有意與常識關於經驗世界所主張的一切相一致。康德藉由說空間和時間，以及帶有空間和時間性質的對象在**先驗上是觀念的**來加以陳述這點。本章的前兩個部分旨在解釋康德這個宣稱的用意是什麼，以及考量他對它的辯護得出什麼論點。

先驗觀念論的學說

正如我們在第二章所見，先驗觀念論學說的基礎是顯象和物自身的區分。這個區分在〈前言〉被引入時，它就依照對象與我們認知模式關係的哥白尼式之倒轉來得到解釋：被認爲是必然符合於我們認知模式的東西即是一個顯象（先驗上觀念的），而我們認知必須與之符合的東西則是物自身（先驗上實在的）。

〈感性論〉按照康德的感性理論重新改寫顯象與物自身的區分。現在它表達了經由人類感性之鏡片被理解的事物，與離開從那裡而得到認知（A26-7/B42-3）間更爲明確的區分。人類感性中被給予的對象是顯象（先驗上觀念的），離開它來加以思考的對象則是物自身（先驗上實在的）。康德現在主張，人類的感性是由空間—時間性來辨別的：我們直觀的一切對象要嘛是在時間中的（內在對象），要嘛是在空間和時間中的（外在對象）（爲了方便，後面「在空間—時間中的」會用來涵蓋兩種情況）。因此一切在空間－時間中的對象是顯象（先驗上觀念的），而由於它們是唯一被給予我們的對象，一切對我們而言的對象都是顯象（先驗上觀念的）。

這兩種版本區分方式的關係是直截了當的：一旦說我們的認知模式是由在空間－時間中的直觀所構成的，我們就從在〈前言〉中較廣的一種版本移到在〈感性論〉中較狹窄的一種版本。因此哥白尼意義的「顯象」就趨向其作爲「經驗直觀對象」的意義，這是在〈感性論〉A20/B34 中所給出的定義。

先驗觀念性和經驗實在性：經驗/先驗的區分

要進一步闡明先驗觀念論，必須要引介康德經驗實在論的觀念，它是該學說的一個根本要素。根據康德的說法，我們認知對象是先驗上觀念的這點，爲了它們同時是經驗上實在的這個宣稱提供了基礎（A27-8/B43-4, A35-6/B52-3, A42-3/B59-60）。經驗的一詞在更早是與先天的對立，而被使用的。經驗/先驗的區分始自於康德，而最好從事物在哲學反思中被考量的不同觀點來加以掌握。經驗/先驗的區分不同於可感對象和不可感對象（內在的和超越的）的區分，我們不應將兩者混淆，經驗/先驗的區分的原初力量並不是將對象分成好幾種；同樣的對象可由經驗和先驗方面來思考。（後面將會發現康德談論對立於經驗對象的「先驗對象」，但這樣的談論是建立在思考對象超驗和經驗模式的區分之上。）

如康德所說，在經驗的方面思考事物即是「從人類的立場」（A26/B42）來思考它們，因而那些事物乃是顯象。在此經驗的一詞保留了其與感覺的原始連結。說空間和時間和在空間—時間中的對象是經驗實在的，就是說當從人類的立場來思考時，它們是實在的。反之，是經驗上觀念的對象，即「感覺與料」、心靈影像、幻覺以及其他純粹現象的存有物。空間和時間的經驗實在性是由下列這個事實所保證的，即它們是人類直觀的形式，對我們有任何關於對象的經驗來說是必要的。現象的經驗實在性是由下列事實所保證的，即空間和時間是人類感性的形式，表象因此必然是具時空性的：如果人類一切經驗對象必是在空間—時間中的，那麼在空間—時間中的對象確實必須從我們的立場被思考爲實在的。

在先驗方面思考事物，即是從探究對象對我們而言是可能的那些條件立場來思考它們（與康德對「先驗的」定義相一致）。先驗立場與人類的立場不同之處在於，它是從事物與我們認知模式的關係來思考事物，而不是只從它們經由我們認知模式呈現給我們來加以思考，就像常識那樣。先驗立場允許對象依賴於我們要被定的認知模式。當從先驗立場來思考時，爲了使一對象成爲實在的，它需要有其獨立於人類立場的構成，那種我們表象爲屬於它的構成，因此無關乎人類的感性。在這種情況下，它就是先驗上眞實的一種物自身。反之，如果事物的構成在相關方面依賴於人類的感性，或者依賴於任何人類立場的其他限制，那麼該事物就是先驗上觀念的一種顯象。「相關方面」是關於對象基本可能性，即先驗的依賴性，對立於像是彩虹那樣的事物所展示的那種依賴性，後者在經驗上來思考時，僅是顯象（見A45-6/B62-3）。

因此，爲了認識物自身，必須要把事物再現爲它們是「被什麼樣的主體直觀，或是它們是否被直觀」（A27/B43），也就是說，要嘛是它們在直觀中會被給予任何可能的主體，不然就是它們獨立於任何直觀，從而獨立於關於它們的任何知識。所以，如果空間和時間不只是我們感性的「特殊條件」，而是一般「事物的可能性條件」（A27/B43），我們經驗的對象就會是物自身，且若空間和時間被認識爲1.任何可能直觀的形式，或2.屬於事物的獨立構成，我們有理由將它們思考爲「事物的可能性條件」。但康德主張我們無法認識這點。因此：

> 我們對於對象在其自身，離開了我們感性的一切接受性情況完全不得而知。我們只能知道我們知覺它們的模式，這種模式是我們特有的……即使我們能把我們的直觀提高到最清晰的程度，我們也不能因此進一步接近對象在其自身的構成。
>
> （A42-3/B59-60）

此外，獨立於爲有關經驗實在的想法留下餘地的方式，就無法適當理解這裡所聲稱的我們知識的限制。儘管空間和時間以及對象的空間－時間形式並非絕對實在的特徵，它們卻享有有條件的實在性，這是從它們對任何我們經驗對象的構成來說是必要的事實所導出的。儘管從先驗立場來看是主觀的，從人的立場它們完全滿足了客觀性的條件。因此康德所宣稱的將其知識宣稱的對象描述爲僅是顯象，一切事物皆未離開常識：「然而，空間和時間的觀念性離開了不受影響的經驗知識之確定性，因爲無論是在物自身或只在我們對它們的直觀中必然固有的這些形式，我們都同樣確定」（A39/B56）。於是，眼睛（鏡片）類比於人類感性是一種誤導，就它所提的，首先，一些其他中介物可取代人的感性給出同樣的對象，其次，人的感性在某種程度上歪曲了（顏色）對象。根據康德的說法，我們空間時間直觀的對象不能以其他模式被給予，因為沒有我們的感性形式它們就不存在：「如果主體……被移除，整個構成與一切在時空中對象的關係，甚至空間和時間本身就會消逝」（A42/B59）。人類感性的構成功能意味著，感性扭曲了它所呈現東西的想法並無意義。

從人的立場來思考事物的實在性，從先驗立場來思考其觀念性時，它們因此是直接相關的：經驗對象之所以在先驗上是觀念的（它們不能獨立於經驗的結構而與實在一致）之理由提供了它們經驗實在性（它們是由經驗結構所構成）基礎。先驗觀念性和經驗實在性是相互關聯的。

幾點澄清

在繼續得出一些先驗觀念論的結論之前，其他哲學立場有一些論點需要加以澄清。

第一，要強調的是，在獨立於人類立場的意義上，先驗立場並不在人類立場之外，那種是與超驗形上學試圖採取的立場一致，即上帝非觀點式的立場。按照康德的說法，我們不可能採取那樣的立場，但也不需為了進行先驗反思而如此。雖然我們不能踰越人類的立場，但我們可以踩在其邊緣；我們在反思中使用只在先驗立場內可利用的資源，我們能夠試著談一些**有關**該立場，而不是關於呈現給我們世界的事情。因此先驗立場位於人類知識的邊界。

第二，物自身的不可知不只是有關定義或方法論的事。雖然康德所宣稱的物自身不可知的意義確實是依賴於他賦予「物自身」一詞的意義，物自身的不可知不直接來自於原始哥白尼式的定義。它也不僅來自於，我們認知對象並非物自身的這個先驗立場的概念。物自身的定義和先驗反思的概念使我們能知道物自身，因爲如果我們能假定，1.對象如其必然被給予任何主體那樣顯現給我們，或2.人類感性如對象被構成的任何方式來再現它們，我們就能擁有這種知識。這點的重要性在於，如果先驗觀念論僅劃定了就我們無法認識對象來說，我們無法認識爲由對象組成的實在，它顯然就缺乏意義。事實上，它是在感性的形上學理論之基礎上所獲得的結果，也是其哲學興趣之所在。

第三，值得注意的是，康德的先天一詞聚集了幾個討論過程中的不同意義。它本來意味著「不由經驗產生」，接著也意指「經驗所預設的」。現在它則納入了第三種意義：「只屬於我們心靈的主體的、先驗的，使對象可能的構成」。一般來說，當康德使用這個術語時，他是以之爲帶有三個意義的，這些意義按照先驗觀念論是彼此聯繫在一起的（先天在康德是這樣一個具有許多意義的術語這個事實，使得爲了理解和評價他的論證而去區分那些不同的意義確實變得更爲重要）。

第四，在康德關於作爲物自身不可知的宣稱中，包括了自我：我只有經由內感官認識我自己，因此必然是在時間中，因而只作爲我顯現的那樣（A37-8/B54-5, B67-9）。自我和其表象的非空間性，它們從屬於一個而非兩個直觀形式的事實，使它們與外在對象不同，但這並沒有使它們在先驗上更不是觀念的。認識我自己爲物自身，我不需要感性來直觀我自己，而需要智性直觀。

康德顯象和物自身區分的存有論宣稱應用到自我和它應用到外在對象一樣，與他對笛卡兒和許多他人的知識論觀點的反對密不可分，他認爲自我的實在性乃是直接明證的，外在對象則否：對康德來說，由於自我和外在對象同樣都是顯象，所以我們與它們的知識關係是「相同的」（A38/B55）（在下一章我們將會看到康德對於外在和內在事物之知識論同等性的論證，他所宣稱的自我是先驗上觀念所涉及的特殊困境，此將會在第八章再探討）。

第五，要補充的是，經驗實在性的圖像有一個困難。一般來說，純粹現象的存有物像是心靈影像那樣經驗上觀念的；但它們在時間這種感性形式中被給予，於是它們被說成是經驗實在的（見A35/B52）。只要康德同意純粹現象的存有物存在或可能存在，經驗觀念性和經驗實在性就是互斥的，這產生了一個不一致的情況。

藉由觀察經驗觀念性在康德說明中所出現的兩種方式，就能釐清這種情況。一方面，經驗的觀念性涉及有關經驗對象一**般**地位的特殊想法，也就是「經驗觀念論」的構想，它將經驗世界化約爲僅是似眞的，而對立於康德自己的經驗實在論（見A361, A491/B519）。另一方面，經驗觀念性涉及經驗對象的**特定子集**地位，亦即諸如心靈影像、幻覺和感覺純粹現象之對象，以及像是海市蜃樓和彩虹這種公共對象。因爲康德相信否定經驗實在論就是將經驗對象等同於心靈影像，這兩種意義是連結在一起的。但它們也需要加以區分。於是我們可以說，儘管在第二種意義上，心靈影像之類的純粹現象之對象在經驗上是觀念的，仍屬於經驗上實在的、統一的空間－時間世界。我們可以說，它們是一個經驗上眞實世界經驗上觀念的內容。

這意味著康德關於純粹現象對象的觀點不全等於古典經驗論的觀點，對後者來說，純粹現象對象的實在性只在於它僅呈現給一個個別感受的心靈。對康德來說，即使是最轉瞬即逝的感覺，本質上也是時間性的，時間具有經驗實在性。康德在這個意義上比經驗論賦予純粹現象的對象更大的實在性：他承認它們的存在即是它們被感知，但對於後者意味著什麼有一種更強的想法。

最後，強調目前爲止關於經驗實在性的談論是重要的，特別是剛才強調的關於經驗世界的統一性的想法，它預見了康德其他的經驗理論，相較於它，現階段的探究十分受限。恰當地說，經驗實在不能獨立於一切認知對象都被要求滿足的概念性條件而被賦予對象，所以康德在〈感性論〉中所有關於經驗實在的談論僅是一種簡化的說法；在整體圖像中，分析論中所聲明的那些概念性條件（〈感性論〉的感性條件收攝在其下）加入，才將經驗實在性賦予空間—時間中的對象。

先驗觀念論對上先驗實在論

簡言之，先驗觀念論可被界定爲我們認知對象僅是顯象的論點：那些對象在經驗上是實在的，但在先驗上是觀念的。說它們先驗上是觀念的是說它們本身，亦即獨立於我們認知模式不具有我們再現它們所具有的構成；而是我們認知模式規定了此構成。先驗觀念論蘊涵著事物作爲物自身無法被認識。

一切其他哲學的立場都認爲我們的認知對象在先驗上是實在的，也就是它們有我們再現它們爲具有獨立於我們認知模式（不由之來規定）的構成，因此事物作爲物自身原則上可被認識。康德稱此宣稱爲**先驗實在論**。

先驗觀念論表達了對象要被認爲是必然符合我們認知模式這個哥白尼式的準則；先驗實在論則同意前哥白尼式的想法，認爲我們的認知模式符合於對象。因爲一切前批判的哲學或隱或顯都預設了物自身可被認識，它們是許多不同形式的先驗實在論。康德在《批判》的意圖是藉由顯示它們對哲學的種種中心難題針鋒相對的涵義，來證明哲學立場間的最大差別是在先驗觀念論和先驗實在論之不同面貌間得出的。

先驗觀念論的特性

先驗觀念論與休謨的懷疑論式經驗論，以及萊布尼茲的「獨斷論式」理性論的差異是直截了當且無可非議的，但現在它有助於澄清康德的說法是如何異於某些其他鄰近的哲學立場。

首先，先驗觀念論不同於洛克的實在論：康德如洛克那樣，主張對象被設想爲實體且按照其初性不構成獨立的實在。洛克認爲是實在的層次，以及認爲儘管有一些困難，但在原則上是可認識的東西，康德將它轉化爲僅是顯象，且獨立實在本身被向後推到我們的掌握之外。

其次，先驗觀念論不同於柏克萊的觀念論。康德強調先驗觀念論不將外在世界降級爲僅是「幻想」，就像他指控柏克萊所做的那樣，因爲後者沒有說物體只**似乎**是外在於我，但卻說它們眞的是外在於我（B69）。如前所述，康德藉由稱外在對象爲顯象，並不意味著外在對象在日常經驗意義上是顯象，如海市蜃樓或彩虹僅是顯象那樣。空間和時間以及空間─時間中的對象，儘管不是物自身的方式存在，不能化約爲我們心中的觀念，這表明了與柏克萊有天壤之別，後者認爲桌子和椅子和它們所占據的空間分享了心靈影像的純粹現象的存在。用康德的術語來說，柏克萊是一個經驗觀念論者。對康德而言，空間和時間以及空間─時間中的對象在經驗意義上並非觀念的，它們應用到與對象的次性、愉悅和痛苦，以及純粹現象的種種項目一般相聯繫的種種感性觀念（A28/B45）：它們是「在主體中」，而非在客體中的意義完全是先驗的（「在我們之內」的先驗意義是與A373的經驗意義仔細區分的）。像是空間這種表象的先驗觀念性是由下列事實所標明的，即它產生了先天知識，而經驗上是觀念的表象則否（A28-9/B44）。這反應了顏色和其他純然現象的種種性質所缺少的先驗角色，不同樣使外在經驗成爲可能。這就是爲什麼如第二章所見，柏克萊的觀念論不像康德的那樣，它擴張了事物的存在。然而，康德與柏克萊的關係牽涉到一些錯綜複雜的事物，之後將會重新加以檢視。

因爲康德的立場並非柏克萊那種，他有可能會贊成洛克初性和次性的區分：將經驗領域描述爲一個整體現象，是與在其中區分在不同程度上，或以不同方式依賴主體的對象的種種性質相一致的（B69-70）。康德承認初性比次性有更大（經驗）的實在性（*Proleg* 289）：初性／次性的區分「不過是經驗的」（A45/B62），但它仍是眞的。康德因此肯定在某種意義上，諸感官表象「對象**如它們所顯現**」，而知性〔表象〕對象「**如它們所是**」（A258/B313-14），這相應於洛克對象以其次性或不以其次性表象間的區分。但經由理智關於實在的知識對立於在此經驗的，非先驗意義上的現象確實不蘊涵關於物自身的知識。

康德提出，洛克初性和次性的區分，也可提供作物自身和顯象區分的部分類比：康德將經驗對象描述爲顯象的那些理據，帶有一些類比於洛克將次性描述爲主觀的而被廣泛接受的理由。康德式的顯象依賴主體並不比次性更蘊涵虛幻不實，現象存在和事物有顏色一樣都不是幻覺（B70n, *Proleg* 289）。這個類比也使康德去比較誤認顯象爲物自身的錯誤和誤認次性爲初性的錯誤（B70n）。

第三，先驗觀念論不同於懷疑論。它在兩種立場都否認我們可認識絕對實在這方面，同意懷疑論，但先驗觀念論者所持的理由並非懷疑論式的。懷疑論因爲我們知識對象的基本概念性**可能性**是物自身而取得成功，它說我們缺少對假定被滿足的證成。它假定物自身的知識對我們來說是一種形上學的可能性，同時否定其知識的現實性。然而，康德不只懷疑且實際上取消了這種可能性：他物自身不可知的說法不是一種對於我們知識論能力之不確定性的表達。對康德而言，物自身不能成爲我們的對象並是確定不可疑的：關於物自身的知識對我們來說是形上學上不可能的。因此知識的界線，亦即可以與不可以被我們認識間的分界本身十分明確是被認識到的。先驗觀念論反懷疑論的力量將在下一章加以討論，它不同於我們向來所期待的那種對懷疑論的反駁。

關於先驗觀念論仍有一些重要的問題。一個是關於康德式顯象的確切本性：雖然關於康德與柏克萊的差異已經言之鑿鑿，顯象似乎仍有可能是心靈事物，儘管是一種複雜的心靈事物。另一個是關於物自身的存在，康德目前爲止未表達任何支持。還有另一個是關於顯象與物自身的關係：康德似乎不很明確地說顯象與物自身，既是兩組不同的對象，也是以兩種不同方式思考的一組對象。這三個問題將會在第八章繼續加以處理。

康德的存有論否定

先驗觀念論已呈現爲一種關於我們認知對象地位的學說，且論及物自身只不過是我們無法對它有任何知識的東西。然而，康德這個學說的構想還有另一個面向。只有當我們了解到康德不只主張我們無法認識物自身爲在空間和時間中的，也主張我們可以認識物自身不是在空間和時間中時，才能得到掌握康德先驗觀念論的完整效力。此宣稱可以在本章的開頭看到：它直接由上文所引的A23/B37-8的段落意味著，康德指出空間和時間只屬於直觀形式，而不能被歸於離開我們心靈的主觀構成之外的任何事物（康德在A26-8/B42-4和A30/B45再次明確地提到這點）。

換言之，按照康德的說法，我們能認識到在絕對的、無限制的意義上的實在，並不相應於我們經驗到的在空間和時間中的世界。康德似乎是如此推論的：因爲空間和時間不能等同於任何我們的感性形式之外的東西（因爲唯有在人類立場限制之下，事物才能在空間和時間中），空間和時間不可能也是事物在其自身的方式；因爲物自身不可能是在空間和時間中的，我們能知道它們不是（無論物自身眞的存在與否，這點都成立，如前所述，康德在〈感性論〉對此保持沉默；我們可以說，按照康德的說法，我們知道如果物自身存在，那麼它們不在空間和時間中）。

這似乎令人感到困惑：康德告訴我們物自身是不可知的，但也說我們可知道它們不在空間和時間中。我們豈不因此擁有關於物自身的知識呢？

藉由區分無內容的反面知識以及內容豐富的正面知識，便不再有矛盾的現象。康德的宣稱是，我們不能有關於物自身內容豐富的正面知識，因爲它們不能成爲我們的對象；但我們可以有關於它們無內容的反面知識，假如空間和時間僅是感性形式的話。

雖然康德的立場並不矛盾，它明顯產生了一個問題：康德是否授予空間和時間僅是感性形式這個重要宣稱特權？

要嘗試去決定此問題我們需要檢查康德對先驗觀念論的論證，但在進入討論之前，根本的是要很清楚什麼是回答此問題所需要的，且先驗觀念論的實際內容又是什麼。

到現在爲止，先驗觀念論等同於一種專門關於我們認知對象的論點。康德所主張的那種較強的先驗觀念論構想包含了其他的論點，包括關於我們認知範圍外之對象的否定的存有論宣稱。因此，相應於每種版本的先驗觀念論的是不同的論證需求。對康德來說，要建立較弱版本的先驗觀念論，證明空間和時間的知識論，亦即我們關於我們空間和時間表象的知識，就足以給我們理由只得出它們是感性形式。如果康德能做到這點，那麼他就將會證明我們不能認識物自身是在空間和時間中的。假定有這個原則，p這個知識預設了至少知道我們知道p的可能性（這依賴於一個觀念，即知識是對一個主體來說必須可能使它自身擁有的某種東西），他也將會證明即使物自身是在空間和時間中的，我們也沒有關於它們的知識，亦即無論物自身的構成爲何，都不是我們知識的對象。

然而，這不足以證明物自身不能是在空間和時間中的。要建立這個較強版本的先驗觀念論，需要另一個論證，且唯有提供那個論證，康德的存有論否定才能完成。如其不然，那麼康德頂多只能被稱作是一個關於物自身的空間性和時間性的不可知論，唯有較弱版本的先驗觀念論才能得到建立。

康德沒有明顯區分較弱和較強版本的先驗觀念論，但在思考他對該學說的論證時，這是重要的工作。如將會在下個部分所提出的那樣，〈感性論〉爲較弱版本的先驗觀念論提出強而有力的理由。接下來的部分將會證明較強的版本是困難重重的。

〈感性論〉中對先驗觀念論的論證

我們可以認為，認為時間和空間是先驗上觀念的一些不重要的理由已經被給出了：康德指出，我們沒有理由認為我們的感性形式是唯一的一種，而可以在某種方式下被當作是智性直觀。但先驗觀念論還未得到任何證明，因為或許實在是在空間和時間中的，且我們空間和時間的純粹直觀是使我們再現實在的東西。

四個顯著的論證

〈感性論〉中首先映入我們眼簾的是對空間和時間的先驗觀念性的四個論證。其中第一個，受到最多批評的那個是從幾何學來的論證（A46-9/B64-6）。幾何學在〈感性論〉的論證中第三次出現。康德主張它證明空間和外在對象是先驗上觀念的。幾何學不只告訴我們我們經驗的對象的空間特性恰好是什麼，也告訴我們它們必須是什麼，例如，對我們來說不可能有看到兩條直線圍成一個空間的經驗。現在如果幾何學所描述的對象是物自身的話，那麼它們不是憑藉著我們的感性，而是藉由它們如何獨立於我們而有幾何學的性質，在這種情況下，康德問說什麼可以解釋，我們如何能知道兩條直線必然不能圍成一個空間：因為物自身固有的必然性無法僅是牽移到我們心靈中，我們只能經由某種與物自身的接觸來知道它們，亦即經由經驗；但康德像休謨一樣，主張經驗無法提供我們有關必然性的知識。因此，經驗可以讓我們有資格去說的是，我們還沒有知覺過一對直線圍成一個空間，這僅是以帶有相較之下的，而非嚴格的普遍性歸納的判斷來保證的，且不排除有一天一對直線將會確實被看到圍成一個空間。

因爲幾何學的眞理是偶然的，如果它們是關於獨立於我們認知模式而構成的對象（物自身）的眞理的話，康德推論它們必須是關於從我們認知模式而構成的對象（顯象）的眞理。其必然性能在空間是主觀直觀條件的基礎上得到說明，因爲這點，也唯有這點能解釋我們如何能先天，並因此必然認識它們。幾何學的對象，即在空間中的對象，因此必須被視爲是抽離了我們主觀的直觀條件就不具有實在性：它們是先驗上觀念的。

根據第二個論證，將空間和時間視爲是「必須在物自身中發現的種種性質，如果這些性質是可能的話」，就是將一切我們經驗中的東西轉變爲「僅是幻覺」（B70-1；亦見 *Proleg* 291）。也就是說，如果我們採取先驗實在論的觀點，將空間和時間當作絕對眞實的對象，那麼我們就不得不假定我們的認知能力能夠認識到兩種無限的但卻非實體的東西，康德認爲這個荒謬的看法將會驅使我們走向柏克萊的結論，亦即空間和時間的概念眞實指涉到在經驗中直接被給予我們的東西，也就是說指涉到的只是外表。因此先驗觀念論摧毀了經驗的實在。

第三個論證說空間和時間只在於關係，而物自身不能僅在構成上是合理的，從而空間和時間，以及在時空中的對象不能是物自身（B66-8）。

第四個論證是關於神學的（B71-2）。康德主張如果上帝至少是可設想的（無論上帝是否存在），那麼空間和時間必須被視爲是先驗上觀念的；因爲如果它們是先驗上實在的，它們就會是上帝存在的條件，使（其直觀是非感性的）上帝不可能知道祂自身，這與上帝作為全知存有者的概念相牴觸。空間—時間的實在需要被設想為先驗上觀念的，以使上帝的概念相融貫。

第二個論證是有條件的：它說如果我們希望避免將經驗實在化約為僅是外表，那麼空間和時間必須被當成是先驗上觀念的。但它依賴於這個前提，即把關於無限、非實體存有物的知識歸功於我們是荒謬的，關於知識能力的限制的假定儘管不是不可能的，卻肯定是有待商榷的，而不受康德所支持；所以其效力仍是不確定的。

第三和第四個論證依賴的前提是，物自身不能在於關係，以及上帝的概念是融貫的，這顯然是有爭議的，而康德很難用來試圖替《批判》的這點作辯護；康德自己似乎打算把物自身當作只是確定的。

幾何學的一個問題

一般大多為人所接受的觀點是，唯有從幾何學來的論證有成功的機會。然而，我們很快便會指出，即使康德證成了宣稱先驗實在論是與幾何學的必然性不一致，幾何學的發展已破壞了論證的前提：如第四章所提到的，現代物理學證明歐氏幾何儘管近乎為眞，嚴格上卻是錯的，對空間的正確描述是由非歐氏幾何所給出的，因為它產生一個經驗的問題，什麼幾何學最適合於物理的空間，康德錯誤地假定幾何學是先天的和必然的，它事實上是後天的和偶然的。

在考量〈感性論〉是否具有建立先驗觀念論的其他方式之前，需要證明先驗觀念論不意味著空間必然是歐幾里得式的，這是一個顯然造成它相當大難堪的承諾。先驗觀念論可免於任何其他區分兩種空間概念的涵義：先驗的空間概念，以及構成外在經驗實在的空間概念。前者是康德主張為一種先天直觀且是先驗上觀念的空間的表象，它是未規定的。後者是規定的，在此意義上空間的種種性質只能後天的被認識，這是幾何學所研究的。由於空間形式作為未規定的先驗表象是先天探究所關心的，〈感性論〉不能篤信歐氏幾何：在〈感性論〉的基礎上關於幾何學唯一能確定的是，歐幾里得（和任何其他）的幾何學預設了空間作為先驗表象。

一個不同的論證

即使〈感性論〉為空間的先驗觀念性提出之理由能倖存於歐氏幾何的否證，如果所有的重擔都加諸於從幾何學來的論證，它仍然會崩垮，這是基於剛見到的理由：若歐氏幾何不必然為眞，則它不能提供前提給一個健全的先驗觀念論論證，無論該論證具有什麼有效性。所以問題是，是否有任何比〈感性論〉中先驗觀念論的理由多於剛才討論的那四個論證的理由存在。

一個對於該學說，獨立於任何關於幾何學假定的論證可以在空間和時間的〈形上學闡釋〉中發現。反思顯示出，這是從空間和時間的先天性到其先驗觀念性的一小步。如果空間和時間是先天表象，它們就不能被設想為也給我們有關物自身的知識，因為物自身的表象不能是先天的。這是從物自身作為我們認知模式必須符合的事物這種概念而來的：對諸如我們這樣的主體來說，直觀是感性的，這樣的符合只能後天的發生，且對我們來說，所有後天的表象是經驗的。因此康德說「物自身固有的規定或秩序不能作爲對象的條件而先於對象，而先天地被認識和直觀」（A33/B49），這意味著如果物自身是在時空中的話，它們的空間－時間性不能被先天地認識；且「『對象的』規定不能先於它們所屬事物的存在而被認識」（A26/B42），這意味著爲了認識物自身是在時空中的，必須要直觀它們，而這使空間和時間是後天的表象。

〈感性論〉中先驗觀念論的基本論證以最爲一般的話來說，因此是：

1. 必須要解釋，對象對我們而言如何是可能的。
2. 先驗實在論不能解釋對象對我們而言如何是可能的。
3. 對象對我們而言的可能性是由假定我們有構成對象的先天表象來加以解釋的。
4. 對象對我們而言的可能性需要它們被設想爲先驗上觀念的。

一個符合於這個詮釋的段落出現在《序論》§14，康德在那裡明白地說到，他認爲關於物自身的任何知識，不只是關於它們必然特性的知識對我們來說是不可能的：

> 如果自然是指物自身的存在，那麼不論以先天的方式或後天的方式，我們絕無法加以認識。無法以先天的方式認識它，因為我們如何能知道有什麼東西屬於物自身，既然我們絕無法藉由分析我們的概念（分析判斷）做到這點？……即使以天天的方式，這樣一種關於物自身本性的認知也是不可能的。因為如果經驗要教我事物存在所遵從的法則，那麼就這些法則涉及物自身而言，它們也得在我的經驗之外必然屬於物自身。但經驗教我們什麼東

西存在，以及它如何存在，但它絕不教我們，它必然如此存在，而不是以其他方式存在。因此，經驗絕無法教我們物自身的本性。

物自身是獨立於我們經驗而被構成的事物，我們的認知必須符合於它們，且要有關於它們的知識就是要有關於它們本性或構成的知識。因此在關於物自身的知識是關於事物如何獨立於其顯現給我們的可能性的知識這個意義上，它是關於一事物如何「必須必然存在」的知識；與顯象的知識相比，它沒有意指任何外在於我們經驗事物的構成。這樣的知識不能只經過概念，因為光靠概念就能滿足的分析判斷不能產生任何關於對象的知識。而經驗不能給我們關於獨立於我們認知模式事物的構成知識：只要事物被想成是一種哥白尼式的對象，亦即在涉及我們主體性的先驗架構內去解釋，對象如何具有我們所再現的構成，它能給我們關於事物構成的知識。所以如果我們要宣稱關於經驗對象（即我們宣稱構成知道其構成的事物）的知識，那麼這些對象就不能是物自身。

康德認為使先天性判準有必要性的理由在於，在最深的層次上，由於沒有那些特性，對象就不能出現在經驗的結構中，也就是根本不可能的，對象的某些特徵的必要性標示了一個它們符合於經驗結構的面向，因此有資格作為先天的特性。因此必然性蘊涵了不源自於經驗，不只是因為休謨必然性是不可感覺到的理由，也因為我們獨立地認識到，在我們關於對象的認知中必須有一些要素，它們反應在被認知對象的特性中而是先天的，這樣的要素將顯露為對象的必然特性：必然性允許它自身被詮釋為一個先驗地位的「標誌」。因此必然性和先天性間的關聯是由康德解決實在性難題所需的東西的一般構想所中介的。

這使我們注意到兩種之前檢視過的其他論證。第一，我們可以了解到對先驗觀念論所提出的「幻覺」論證的效力。現在我們可以了解康德所主張的，如果我們不採取空間和時間是外感官和內感官形式的看法，並因而是先天的和先驗上觀念的，那麼我們便無法回答對象的表象如何可能超越我們心靈的內容這問題；在這種情況下，柏克萊已證成聲稱這樣的表象是不可能的，而推論出一切存在的事物僅是外表。因此，該論證的關鍵點在於認定對象可被給予我們而沒有說明這如何可能，一般來說是不合法的。第二，從幾何學來的論證現在可被當作康德對先驗觀念論的一般論證之具體應用：對康德來說，在外在對象符合於幾何學法則而不是僅就它們未規定的空間性方面，幾何學確定地具體說明了我們關於外在對象經驗的結構，且如同任何其他經驗結構的要素，它必是奠基於主體的認知構成。因此，假使康德歐氏幾何爲必然眞理的假定是正確的，從幾何學來的論證就已成功。然而，整個〈感性論〉成敗的關鍵不在於任何幾何學的特定理論，而是在試圖證明空間先天性的那個簡短卻意味深長的段落。當這點被解讀爲依賴第二章所描述的背景時，便允許康德同時替他對先天性的種種推斷和空間的先驗觀念性作辯護。

傳德蘭堡的選項

有一個對康德的著名反駁，常被說成是「被忽略的選項」，它在歷史上與傳德蘭堡相關，他

（在一八六二年）寫道：

> 即使我們承認空間和時間被證實為是主觀的條件，它在我們之中先於知覺和經驗這個論證，仍然沒有隻字片語證明它們無法同時是客觀的形式。

根據傳德蘭堡的說法，康德認定空間和時間**要嘛是**感性形式，**不然就是**眞實存在物，但另一個選項是它們**兩者皆是**：康德並沒有排除這個選項，因爲即使他是對的，空間和時間是主觀的和先天的，他仍沒有理由說它們不能也是事物眞正存在的方式；他排除此可能性就是獨斷的且非批判的。我們要注意到此處討論的僅是概念性的**可能性**，即空間和時間都屬於我們主觀構成且是物自身的特徵。就這兩個事實的連結來說，如果它存在的話，並沒有說出什麼東西。基於這個理由，傳德蘭堡的選項不等於先驗實在論，因爲先驗實在論是事物可作爲物自身被**認識**的論點，對它來說，兩事實被連結起來確實是必然的（事物的獨立構成須提供對我們再現它們爲具有該構成的**解釋**）。

因此，傳德蘭堡的選項與先驗觀念論並不矛盾，後者被理解爲一種專門關於我們認知對象的論點。它所抵觸的是康德的存有論否定，即他宣稱物自身不能是在時空中的。如果傳德蘭堡的選項是令人信服的，那麼，儘管康德的論證證明空間和時間當作感性形式，這是因爲它們如此以至於經驗對象是在時空中，那些論證沒有證明在時間和空間**排除**物自身也存在的意義上，空間和時間是感性形式。因此傳德蘭堡的選項強調較弱和較強版本的先驗觀念論之間的差異，並提供我們一個思考康德離建立後者有多接近的機會。這就是傳德蘭堡的反駁關鍵之所在。

如前所述，僅是證明關於我們空間和時間表象的一些事，還不足以達到康德的存有論否定的目的：即使關於空間和時間的知識論帶我們達到唯有它們是感性形式的結論，物自身在時空中的剩餘、非知識的可能性仍然存在。我們應很清楚，目前在〈感性論〉對先驗觀念論的論證所見到任何可算是成功的事，乃是有關我們空間和時間表象的：以康德存有論否定有邏輯關係來檢驗過的那些論證僅是從關係和從神學來的論證，一般而言它們都無法成功得到判定。那麼，有沒有任何從較弱版本的先驗觀念論前進到較強的版本的方法呢？

傳德蘭堡選項所設想之同一性的可理解性乃是重要的議題。傳德蘭堡同意空間和時間是主觀條件。現在主觀條件是否也是客觀形式乃依賴於我們如何理解「主觀條件」。如果主觀條件只是對象的表象的一個預設，也就是對象如何必須被再現以被我們認識的一種不特別的條件，那麼將主觀條件等同於客觀形式便沒有不融貫。在此非規定意義上的主觀條件顯然不排除是客觀形式。然而，康德「主觀條件」指的是更確定的某種東西。他將主觀條件等同於構成其對象形式的那些表象，並相信他已證明了空間和時間需要以這種方式來設想，如果它們被承認爲經驗的種種預設的話。假定這種意義的主觀條件，康德否定了認定某事物同時是主觀條件和客觀形式是融貫的，理由是對象被**帶向顯現**的方式不也是它們**在其自身構成**的方式。這兩種情況全然是異質的。一種是主體爲其自身使客體成爲可能，用康德的術語來說是一種主觀的功能或「意義」，另一種是事物獨立於任何主體而被構成。康德可以補充說，空間和時間能被描述爲主觀條件和客觀形式的唯一方式是他自己肯定的那種方式：也就是在對象的「客觀形式」被理解爲**源自**於主體的表象形式的條件下，亦即如果談論中的對象被認爲是先驗上觀念的；它將空間和時間當作是對象在一種**經驗**意義上的「客觀形式」。

這不足以證明康德的存有論否定。即使假定空間和時間作爲感性形式與空間和時間作爲物自身形式並非同一件事。認爲物自身是「同形的」且與現象「共享一個形式」似乎仍是融貫的。我們可以補充說，這個共享的形式至少有部分權利要求「在時空中」的資格。所以已經得到證明的是，物自身不能在與現象完全相同的（特定）意義上在時空中；沒有得到證明的是，不能有一個（一般）的意義上，兩者都在時空中。我們似乎回到了原點。

康德在《序論》中明確思考了「共享形式」的可能性。他訴諸於空間和時間的感性特性來加以回應。他宣稱時空中的顯象類似於非時空中物自身的假定缺乏意義，就像「紅的感覺類似於對我引起這種感覺的朱砂的性質」（*Proleg* 290）的觀念一樣。康德的評論可以發揮如下：設若空間和時間是感性直觀，除了空間和時間本身之外，有什麼東西可以「像空間」或「像時間」？或許其他感性形式可以，但它們並非此處所討論的東西。空間—時間形式在於像是相鄰和接續的種種關係。如果物自身沒有這些關係，就沒有什麼可以構成其相似性了。例如，一個非時空中的關係如何「類似」於接續的關係？假定的相似性不是我們可以在我們時間表象的基礎上，融貫地陳述的一個可能性。

康德所強調的重點是，我們無法考慮比較我們感性形式與其他非感性的形式，因爲我們無法站在我們認知模式之外：我們不知道我們的感性是什麼，除了在感性使我們可能有的經驗對象的世界；我們無法以一種超越我們能辨認出直觀的認知能力乃是我們的條件的方式而去客觀化直觀的認知能力。我們關於空間和時間的知識是從它們自身內部的觀點式知識：我們能「全然」知道我們感性，但總是在空間和時間的條件之下（A43/B60）。既然我們無法將我們的感性設想爲是有在其自身的構成，我們只能將空間和時間設想爲是感性形式：所以認爲非感性的某種東西可以像空間和時間對我們是無意義的，如果我們的感性被去除的話，認爲剩下某種空間和時間存在亦是無意義的。

無論其效力是什麼，這些論點仍都一點都不確定。剛所說到的都是關於**我們**能達成什麼關於空間和時間的認知。但問題是，這是否窮盡了對於空間和時間認知上所**能**達成的，例如由上帝所獲得的認知。如果我們能從我們空間和時間的表象的內部知道我們無法知道更多關於它們的事，也就是它們沒有外部的、沒有非觀點的存在，在它們自身沒有構成。我們可以知道這點嗎？

康德或許可主張在空間和時間是直觀表象的基礎上，我們可以知道。他會說，這樣的空間和時間主客間建立了前概念的關係，在此關係中它們的內容是窮盡的；所以認爲空間和時間能以傳德蘭堡所要求的方式來客觀化是無意義的。

康德最多能說到這裡。但我們仍可懷疑康德沒有再次竊取論點。現在熟悉的反駁會回應說：在我們對直觀表象的觀點中，我們實際上能知道我們直觀表象的內容嗎？康德要得出關於物自身的存有論結論的任何嘗試似乎都可被化約爲一個關於我們表象的結論，因此傳德蘭堡的選項在邏輯上毫髮無傷。

雖然這個討論沒有得出結論，我們無法確定傳德蘭堡的選項要以這種或另一種方式來理解，它卻暗示我們康德的存有論否定無法得到證明。康德的立場依然看起來要比最初時要好。在傳德蘭堡所預設的同一性似乎不再顯而易見的程度上，較弱和較強的先驗觀念論的邏輯鴻溝被拉近了；由於康德論證的赤字比當初看來的要少，現在我們至少可以了解，康德應把從我們空間和時間表象而來的對先驗觀念論的證明當作是蘊涵了他的存有論否定。

即使我們不能證明先驗觀念論較強的版本，也不能歸咎於那個缺失。如我們在《批判》或其他康德的批判體系中將會看到的，受到無法確定建立康德存有論否定的影響，後續並沒有下文。先驗觀念論仍然是獨樹一幟的哲學立場。我們甚至可以主張，那個較弱的版本更始終是批判的，因爲它完成了那個把我們與物自身分開的無知之幕，成就了我們的不可知論。傳德蘭堡的選項顯然不具有哲學的重要性。從我們認知的觀點，空間和時間具有雙重地位的假設只不過是個巧合，我們甚至無法確定這個假設是一個眞實的可能性，我們無法設想顯象和物自身的空間—時間性應該有任何的連結。

〈背反〉中對先驗觀念論的論證

如前面所提到的，康德在〈前言〉（Bxx）告訴我們，他在〈純粹理性的二律背反〉中，要提出對先驗觀念論第二個完全獨立的證明。康德自己十分重視這個證明：他在（一七九八年九月二十一日給 Christian Garve 的）一封信中報告說，〈二律背反〉首先使他從「獨斷論的迷夢」中驚醒，並驅使他「理性自身的批判，以終結理性與其自身表面上矛盾的醜聞」。這個論證將在第七章詳細加解釋，但在此值得一提的是，有關在康德先驗觀念論的整體理由中它的地位。

〈二律背反〉回到了康德在批判工作開始提到的理性之戰。簡言之，康德的論證是說，從先驗實在論的觀點，超驗形上學的種種矛盾是邏輯上不可避免的。他心中的特定矛盾是關於空間—時間性和經驗世界的其他基本特性。以康德所舉的第一個和第四個例子來說：康德主張如果我們認為空間和時間是物自身的特徵，那麼我們就承諾同時肯定世界在空間和時間經過是無限制的，以及它在空間中受限制且在時間中有一起點。現在這是一個歸謬論證：任何蘊涵矛盾的東西必然是假的。藉由推斷先驗實在論的虛假，我們就有一個對先驗觀念論的證明。先驗觀念論較強的形式確實可得到證明，因為該論證如果成功，就證明了物自身不可能具有時間和空間的特性。

為了使整個論證成功，康德需要證明，在經驗世界是物自身領域的假定下，他所聲稱的矛盾真的是不可避免的，他在這方面已受到了激烈批評。對康德嘗試從先驗實在論導出的矛盾所提出的廣泛負面評價將在第七章來加以描述。在此我們可以認為，康德在贊同的假定中說了什麼，如一般所咸信的，他都沒有贏得公正的勝利。

如果我們沒有嚴格證明先驗實在論蘊涵了任何矛盾，那麼康德就不能發動他所意圖的致命一擊。不過，只要〈二律背反〉仍被確信為對（那種可追溯到先驗實在論的根本假定的）形上學思辨中系統性張力無論如何都存在的證明，亦即對存在於先驗實在論者的世界圖像的特殊對立的對稱形態的證明，康德將至少創造一個反對它的推測。〈二律背反〉將成功地證明那些張力是與先驗實在論密不可分的，如果它證明了它們不是起因於哲學史中偶然的錯誤，而是努力將實在認識為是在其自身的結果。如果康德也能證明鑑於先驗實在論必須特別運用策略，以使這些張力不變成矛盾，亦即，對那些張力有不一致的和獨立動機的處理方式，那麼，他就可以宣稱先驗觀念論在解決哲學難題方面勝過先驗實在論。這是加重康德對他闡述學說涵義的負擔，但肯定是他能對付的一個挑戰。

康德藉由誇大先驗觀念論的優點能夠走多遠，顯然是有限制的，因爲先驗實在論會質疑，以放棄一切對關於實在的知識的宣稱的代價暫時解決哲學難題的價值有多大，並且會反對〈二律背反〉所證明的不過是一些關於我們與世界的認知關係那樣令人百思不解的事，或許不明確如此。證明理性之戰不是先驗實在論非任意的後果，仍然不是微不足道，在這個基礎上，〈二律背反〉可被認爲對先驗觀念論的理由作出了獨立的貢獻。比方說，認爲〈感性論〉中先驗觀念論的理由是有意義卻不確定，或是發現它關於空間和時間的具體論證不具說服力，卻接受實在的難題構成了對先驗實在論一個深刻反駁的人，可能會認爲〈二律背反〉是使康德占了優勢。第七章將說明對這種〈二律背反〉觀點的辯護。

第六章　對象的概念性條件（〈分析論〉）

〈分析論〉的論證：關於方法的種種問題

在〈感性論〉的結尾，已經分析過經驗的感性形式，且也已建立了先驗觀念論，但尚未積極對知識加以說明。描述對象要被感覺的那些條件並不是證明對象能被**思考**；所以儘管〈感性論〉提供了對象如何被直觀的說明，它並沒有在一個**認知**的意義上建立對象的既與性。〈分析論〉的工作就是去證明，藉由對知性機能的說明，直觀的對象與空間和時間本身是如何成爲思維的對象，從而經驗知識是如何可能的。

因此〈分析論〉處理思維，〈感性論〉處理直觀：它揭露了經驗結構的概念成素。然而，因爲一些現有的理由，其任務證明要遠比〈感性論〉更爲複雜。首先，〈分析論〉不能藉由將任何既與概念視爲理所當然而進行，就像〈感性論〉自身取得經驗的既與空間—時間的特性那樣，因爲（休謨式的）懷疑論提出，沒有概念能免於懷疑。〈分析論〉因而必須在概念不應用到空間和時間的意義上去**證成**概念。此外，〈分析論〉需要解釋概念的和感性的經驗結構成素間的關聯，這是一項〈感性論〉中沒有類似情況的任務，因爲直觀沒有加到任何其他先前建立的認知層級上。

〈分析論〉的內容概要

〈分析論〉的過程可被概述，其主要部分如下。在〈先驗分析論〉本身開始之前，康德解釋了他的「先驗邏輯的理念」。這個概念在第三章曾簡短提及。就〈分析論〉而言，先驗邏輯乃是關於判斷能表達關於對象的眞理之條件的理論。於是〈分析論〉分成〈概念分析論〉和〈原理分析論〉（就像許多康德文本中的區分一樣，這有一種建築學式的理由，但卻無助於顯示其論證）。〈概念分析論〉的第一章，標題是「發現所有知性純粹概念的線索」，其內容一般被認作是形上推證，康德認爲一組（十二個）特殊概念是具有特殊地位的。這些「知性的純粹概念」或「範疇」是先天的，運用在所有判斷中的，且替所有其他經驗概念的形成提供基礎。問題是，我們是否能認識這些要能正當應用到我們所直觀者的範疇。這就是〈知性純粹概念的推證〉或〈先驗推證〉所要證明的。康德在此發展了一個對於自我意識，即「統覺的先驗統一」作爲認知的基本條件的說明。康德主張，自我意識預設了根據範疇的直觀與料的「先天綜合」，從而那些範疇應用到表象是得到證成的。

接著是〈原理分析論〉。在它的第一個短章節「知性的純粹概念的圖式論」中，康德主張範疇需要變型，亦即它們需要被「圖式化」，以使它們可以應用到時間中的直觀對象。〈原理分析論〉的其他部分〈純粹知性的原理系統〉分成四個部分，占了〈分析論〉約一半的篇幅：〈直觀的公理〉、〈知覺的預期〉、〈經驗的類比〉以及〈經驗性思維一般的設準〉。每個部分提出範疇的特殊子集的必要性，或者更確切地說，運用範疇的種種原理的必要性。其中最重要的是〈類比〉的部分，康德在那裡對立於休謨，主張我們的經驗必須採取因果互動實體的形式。在設準部分則是隱藏了康德在第二版所添加的，一個簡短卻相當重要的部分，叫作〈對觀念論的駁斥〉。它試圖證明關於外在世界的懷疑論是不融貫的（當然，標題之觀念論一詞所指涉的並不是先驗觀念論）。與〈分析論〉的主要論證不太一樣的最後一章，〈把一切對象一般區分為現象與本體的根據〉，以及〈分析論〉的附錄〈反思概念的歧義〉引出了那些對先前知識分析的否定的、限制性的意涵。

〈分析論〉所產生的若干困境

這個忠於康德對個別部分的任務描述的概述，隱藏了一些在試圖理解〈分析論〉時會產生的困境。有一個基本的困境是關於對其文本不同部分間的論證分配。顯然有重疊，而在許多地方極為不清楚，是否較早和較晚的部分是單一論證中的連續步驟，抑或是以不同的術語重寫之前所建立的結果。是否形上推證和〈先驗推證〉皆是必然的（或眞是有所區別的），是否〈圖式論〉是那個論證眞正本質的部分，〈對觀念論的駁斥〉被認為是替〈推證〉和〈類比〉增加了什麼東西，這些都是令人感到疑惑的。在〈分析論〉的確切論點中，客觀的、常識的經驗世界被當成是已確定的，因而便成為爭議之處。

更進一步來說，〈分析論〉引起了關於其哲學方法的謎題。首先，有一個問題是關於〈分析論〉中的種種論證和先驗觀念論的關係。這次是在概念的基礎上，認為〈分析論〉必然產生一個對先驗觀念論的進一步證明並非是不合理的。康德因此可被視為首先主張，就我們的經驗而言，像是事出必有因這樣的原理是必然的眞理，從而意味著，對象的先驗觀念性從屬於這樣的原則，因為唯有在必然性是從我們認知模式導出的假定上，經驗的必然性才是可闡明的。

如同許多評論者所強調的，這種問題在於康德沒有告訴我們為什麼他認為在關於主體性方面，概念與感性形式同樣重要：根據他自己的說法，經驗知識中所運用的基本概念（那些範疇）是他所謂「對象一般」的概念，不特別是對我們而言的對象概念。這讓我們覺得不可思議，〈分析論〉所顯示出的如此這般的概念對經驗是必要的這一點，如何能被認爲是證明了那些概念所刻畫的是經驗對象而非物自身。再說，如同對康德採取分析式的詮釋者所再次強調的，〈分析論〉中的經驗理論似乎可獨立於觀念論式的形上學：那些詮釋者認爲，所有康德對經驗必要性所做的證明只能被解讀爲，告訴我們有關我們概念架構的事，以及有關實在必須像是什麼以使我們能經驗到它。若是如此，《批判》就不是一本統一的著作，它一方面呈現出先驗觀念論，另一方面也呈現出形上學中性的先驗論證，而我們應該得到的結論是，康德搞混了這兩種迥異的知識論策略。

其次，關於整個論證預定進行的方向基本上是不確定的。我們很清楚的是，〈分析論〉旨在證明關於由公共外在對象組成的客觀世界的常識圖像，此對象的特性是按照實體和因果關係的概念來刻畫的。因此，它應該對懷疑論有影響，特別是休謨的懷疑論。我們不清楚的是，是否康德自始便試圖證明關於一個客觀經驗的知識必然性，或者是否他是暫時假定日常經驗知識的有效性，且只是試圖經由分析證明其預設是什麼，而這些並不矛盾。康德很了解這個區別：如我們在第三章所見，他稱第一種（從先天原則出發，而按照後天知識的方向進行的）方法爲「綜合的」或順推的，第二種（從後天判斷的物體出發，朝向其先天預設的）方法爲「分析的」或回溯的。但他沒有明白告訴我們〈分析論〉應該被解讀爲哪一種方式。然而，這是極爲重要的，因爲每個方法產生出不同強度的結論。綜合的方法使康德得到無條件的結論（我們的經驗**必然**是有因果秩序的），而分析的方法則只獲得條件句（若我們對客觀經驗知識的判準要得到滿足，則我們的經驗必須是有因果秩序的）。按照第一種順推的閱讀方式，使我們可以宣稱康德證明了我們能，且必須有（像是有因果秩序的）經驗和客觀經驗知識；按照第二種回溯的閱讀方式，使我們只能說康德證明了我們對客觀經驗知識的日常宣稱預設了什麼。在此連結中要注意的是，康德在〈分析論〉中談到證明如此這般的東西（例如因果關係）是可能的，與證明它是必然的之間用語的歧義。令人百思不解的是，康德似乎把這些結果看作是相等的。

第三個困境與前一個困境相關，它會產生是與康德宣稱，〈分析論〉建立了它所指認的經驗形上學的必要性有關。舉例來說，康德所宣稱的因果關係是經驗所必須意味著在某種意義上，沒有因果關係就不會有經驗，也就是說，主體不可能不把他的經驗表象爲具有因果秩序的。問題是，我們很難了解在什麼基礎上，有任何這樣建立的結果是可理解的。康德沒有佯稱因果的概念是包含在經驗（主體）的概念中。如果具有因果秩序的經驗是必要性不是概念性的，那麼康德似乎最多只能證明因果概念的使用有一些其他較弱的證成方式。即使康德可以證明這點，我們也難以了解到他如何能證明獨特性，也就是他如何能排除其他概念有同樣的證成，或者我們在將來會以一些其他概念取代因果關係的概念。康德的論證似乎建立了經驗的充分條件，但對於經驗的必要條件似乎是無能爲力。這個問題影響我們是要以順推或回溯的方式來閱讀〈分析論〉。

假使這些有關康德方法的論點是不確定的，那對〈分析論〉的種種詮釋會相衝突就不足爲奇了。根據一種（史卓森的）看法，康德試圖從懷疑論所同意的前提去證明客觀經驗世界的必然性；康德被詮釋爲試圖證明懷疑論是自我駁斥的。在另一端，〈分析論〉則被更爲謙虛地詮釋爲僅打算解釋，我們經驗爲何具有它似乎擁有的概念特徵理論：它的起點是現象學式的，也就是世界就如我們所發現那樣，而對它的眞理的論證即在於對現象的說明。每種詮釋都有其難題。批評的評論傾向指出，前者把不能得到滿足的要求加諸於康德，而後者只能產生出顯然很難達到《批判》反懷疑論目地的結果。

一種解讀〈分析論〉的方式

在看過這些困境後，我們可以試著從如下觀點去看〈分析論〉。首先且最爲重要的是我們可以把它詮釋爲以先驗觀念論爲前提。世界如何（必須）在概念上建構在我們認知對象的基本概念特性是從我們認知模式得出的這個假定上，而不是由事物如何獨立於我們的主體性所決定的（〈分析論〉是以先驗觀念論爲前提是由 B xvii, A 92-4/B 124-7, A 95-7, A 111, A 114, A 128-30, B 163-4, B 166-8, A 139/B 178, A 180-1/B 223-4 所標示的；亦見 *Proleg* §§ 26-30）。康德以這種方式進行的根據最終回到在哲學中進行哥白尼實驗的一般理由，但這個理由也得到感性論的支持：如果對象憑藉它們先天的感性特徵而在先驗上是觀念的，那麼我們就難以了解到它們如何能憑藉它們先天的概念特徵而在先驗上是實在的。〈分析論〉將加強這個論點，康德在那會主張概念形式乃是由感性形式所形塑的，且對象的先天感性特性和概念特性是作爲內容和形式那樣相關聯的，而不是由一組分離的對象性質構成；所以那些特性不能分別以對象初性和次性的方式被當作是觀念的和實在的。在對象構成中感性和概念是不可分離的這點，允許先驗觀念性從〈感性論〉流向〈分析論〉。

這影響到我們如何理解康德那種占有優勢的論證。例如，康德對因果律的證明現在可被解讀爲，它必須要證明的既不是，實在中的事物沒有因果秩序的看法是有問題的，也不是即使那些事物有因果秩序，我們也無法知道，而是因果律表現出一些先驗的作用，也就是它具有與直觀形式在〈感性論〉證明所具有的那種使對象成爲可能的相同地位。客觀性一般亦是如此：康德只需要證明客觀秩序的概念化扮演若干先驗的角色。根據這種解讀，康德不需要排除其他邏輯上可能的經驗形上學。根據這種說法，〈分析論〉的關鍵在於指認出概念要發揮的一般先驗作用，以及任何既與證明的成功，將依賴於它對這種作用（或此作用的向下規範），與常識的經驗形上學的既與成素之關係。

應要加以補充的是，康德的證明也毋需處理下列這個議題：按照休謨對我們經驗內容那種較薄弱的描述，例如，那些內容僅是感官印象之流，是否我們關於經驗世界的信念缺乏證成。我們將會看到，康德有一套反對經驗論的獨立論證，所以他是在整體上逐漸削弱經驗論者，挑戰他那些經驗有必然性的結論，而不需個別加以反駁（因此，說〈分析論〉只假定先驗觀念論的眞理，以攻擊經驗論，這並不完全正確，因爲〈分析論〉呈現了反對兩種主要先驗觀念論形式其中一種的新理由）。

依此觀點，康德沒有理由不應提及，作爲他關於經驗的先驗論點根據的後天判斷，這種判斷是我們常識經驗信念的材料。關於我們構成經驗所運用的那些先天概念，我們對經驗知識的宣稱被拿來作爲推論的基礎。舉例來說，假若我們一般都相信經驗世界具有因果秩序，即便是休謨也承認我們有這種信念，康德會把這個論據當作因果概念有先驗地位的徵兆，從而尋求一種先驗的角色以解釋它如何在我們關於經驗的思想中出現。康德以這種分式宣稱同時確立了一種可能性和一種必然性：如果他的論證成功的話，他將既證明後天因果判斷是如何可能的，這是由於我們運用了因果這個先天概念來構成我們的經驗對象，也證明了因果概念對於經驗是必然的。

這個必然性仍是概念的：康德的論證不允許他宣稱那種經驗對象沒有因果秩序的主體的概念中有任何矛盾。但他宣稱成功證明了因果判斷的理由並非是視經驗內容而定的，這已經建立了另一種必然性。如果我們使用因果關係這個概念，不是因爲我們的經驗有這種特性，而是因爲因果關係使某些（先驗上規定的）對象成爲對於我們是可能的，那麼因果關係就**對我們**有必然性；**我們**用因果關係來構成客觀世界，因此它必然與人的立場相應。所以，如果〈分析論〉的論證成功了，它就證明和空間、時間一樣在非邏輯的意義上，經驗形上學必然是如此。

這種詮釋有助於解決上述的方法論困境。如果康德〈分析論〉那種論證模式的構想不能缺少先驗觀念論，康德的先驗證明似乎不意味著先驗觀念論這點就能得到解釋：如果在經驗必然性的論證與先驗證明所構想的那種必然性中，假定了先驗觀念論，那麼我們就不需從先驗證明推導出先驗觀念論。所以《批判》沒有瓦解爲兩種斷裂的策略，一種是觀念論式的，另一種是形上學中性的。

將〈分析論〉詮釋爲在一種先驗觀念論的基礎上重建經驗知識的企圖，也使對〈分析論〉順推和回溯解讀方式的差異縮小了，讓我們了解到康德在某種意義上同時採取兩種策略。以順推的方式來解讀，康德一開始就說明概念化所發揮的一般先驗作用，這闡明了特定概念發揮了特定的先驗作用，繼而連接了他的理論與日常經驗知識。以回溯的方式來解讀，康德從我們常識上以如此這般的語詞來設想經驗世界這個事實出發，繼而根據對我們世界的基本概念化的適當解釋要有哥白尼式基礎的這個假定推論出，我們使用哪一套概念來達到這個目的，而那些概念有哪些先驗作用。無論哪一種解讀方式，都產生了一種在基本先驗架構和常識擔任中介地位的經驗理論：依照康德對認知的分析和哲學解釋的哥白尼式想法，這經驗理論是說得通的，且這個經驗理論具體說明了一種相應於我們經驗所實際顯示者的概念形式。

按照這種說法，我們可以認爲康德在上述意義上，證明了我們基本概念的必然性，但卻未證明那些基本概念的獨特性。例如，我們可以認爲他證明了因果關係的概念對我們扮演著某種先驗的角色，亦即一種由於是先驗的，需要某種東西扮演的角色，在此情況下因果關係是必然的。但康德沒有證明因果關係在沒有其他東西能扮演其角色的意義上，它是獨特的，在此意義上，康德未建立因果關係的必然性。就這個詮釋如此受限而言，它可以說並不符合康德的期望，因爲康德似乎相信〈分析論〉所詳述的經驗形上學是由一組別無選擇的原則所組成的（這是因爲康德認爲我們基本概念是由判斷的邏輯性質所確定的）。然而，我們將會了解到，這個屬於形上推證的宣稱是可疑的）。

即使證明邏輯獨特性已超出〈分析論〉的範圍，〈分析論〉必須滿足先驗哲學的種種目的，包括確保日常經驗知識的宣稱。如前所述，康德的經驗觀包含了針對破壞經驗論，繼而破壞休謨那種懷疑論的一組論證：本章將在最後解釋，先驗觀念論提出一種寬廣且深刻的策略，以解除一般懷疑論的威脅。這麼一來，先驗觀念論就足以使我們對經驗知識的宣稱有效，證明那些宣稱包含扮演先驗角色的概念。

我們要注意到的是，在先驗實在論的脈絡中，情況並不是這樣。如果我們把經驗知識看作是關於獨立實在的知識，那麼我們就無法只藉由，證明一些（任何）有關那些判斷對主體作用的事情來使判斷的主要部分有效。在辨識判斷的概念預設的主觀作用意義上，對先驗實在論來說，解釋某種判斷類型是如何可能的和使之有效必然是不同的，加以解釋並不足以使之有效（就像懷疑論所強調的那樣）。在先驗實在論的脈絡中，需建立概念連結以使因果律的證明有意義，例如，證明經驗主體的這個概念意味著證明有因果秩序經驗的概念。

在先驗觀念論的脈絡中，這不是必然的，因爲證明像因果關係這樣的概念有先驗的支持等於是證明運用該概念的判斷表面上是有根據的。換句話說，在先驗觀念論的脈絡中，回溯的分析可使知識宣稱合法，但在先驗實在論的脈絡卻不行，這是因爲先驗觀念論能揭露那些宣稱有先驗的基礎，而先驗實在論對概念預設的分析則不行。按照順推的解讀方式，在我們日常經驗知識宣稱是有效的基礎上，〈分析論〉不用冒著遭受循環論證的指控而有權利繼續進行下去：既然在先驗基礎上重建經驗知識的嘗試成功了，經驗知識有效性的假定終將是合法的，康德的哲學實驗將確定他哥白尼式的假說。

根據之前的說法，康德依然不解釋因果關係，而是解釋一些其他邏輯上可能的概念爲何對我們來說擔任特殊的先驗角色，如它們所確實扮演的那樣。但康德對空間和時間的說明也確實沒有解釋，它們爲什麼應是內感官和外感官形式，而解釋一些其他邏輯上可能的直觀形式，因而把空間和時間的先驗地位當作是基本事實；如果範疇最終具有同樣的地位，這也不會太過難堪（康德在 B145-6 也這麼說）。無論如何，因果關係要讓位給某些其他概念的想法是不融貫的，就像假定我們可以改變我們直觀形式那樣：我們無法設想我們作爲經驗主體的身分能倖存於這樣的轉變。

於是，我們應該期望在〈分析論〉發現的是對一般先驗概念化的說明，以及那些特殊概念對我們發揮作用，它們又是如何進行的。第一個包含在先驗推證，第二個則在原理分析之中。在繼續邁向推證之前，〈分析論〉前面那些使其任務引人關注的部分需要加以細查。

思想與對象的關係：概念形式的先天性（〈先驗邏輯的理念〉）

在〈分析論〉的開頭，康德對他稱爲先驗的邏輯作了說明（「先驗的邏輯」，A50-64/B74-88；原理分析的導言部分也與此有關，A130-6/B169-75）。先驗邏輯在與對象相關聯的範圍內關乎思想的規則：簡言之，先驗邏輯想要說的是關於對象的思想是如何可能的。與它相對的是只考慮思想彼此關係的「一般邏輯」（就是我們所謂的邏輯）。先驗邏輯的其中一個（構成〈分析論〉的）部分是「眞理邏輯」：它詳述了在什麼條件之下思想有對象，而判斷可以爲眞。另一個輔助（構成辯證論的）部分是「幻象邏輯」：它補充詳述在什麼條件下思想不能有對象，卻似乎錯誤地有對象。

對我們來說，由於關於對象的思想需要直觀，而我們的直觀是感性的，所以先驗邏輯乃是關於思想和在時空中被給予之對象的關係：先驗邏輯不同於一般邏輯，它「面對到的是先驗感性論所呈現的，作爲純粹知性概念材料之先天感性的雜多」（A76-7/B102）。如前所說，因爲我們事實上擁有直觀並無法解釋思想如何與對象關聯，開展先驗邏輯的任務就與感性論的一切迥然不同。

康德先驗邏輯的想法中有些與先驗觀念論密不可分的其他要素。

康德把先驗邏輯看作是篤信先天概念的存在，以及堅持關於思想和對象的基本上有先天關係的構想（A56-7/B80-1, A85/B117）。換句話說，先驗邏輯的想法包括拋棄經驗論。這點需要一些解釋：康德從〈分析論〉的開頭似乎就假定有先天概念存在，而沒有明確說出理由。這個假定顯然看來是它所要證明的。不立即明顯的是，即使我們的基本概念是先天的，爲什麼就應得出經驗不是使那些概念和對象產生關係的東西。

從先驗觀念論加上他對認知的分析，康德假定先天概念存在。如果對象要以哥白尼式的術語來解釋，那麼對象的可能性條件不能被看作是由被接受的經驗內容所提供的，關於對象的經驗無法作爲經驗自身的可能性條件。如果這些條件必須包括對象要被思考的必要之物，而思考的作用無法被化約爲感覺的作用，也無法得自於感覺的作用，那麼一些先天概念條件必然存在。先驗條件，而不是對於獨立存在對象的經驗，必須構成思想和對象的根本關係：主體必須被視爲是提供「關於對象的純粹思想」（A55/B80）。康德於是把先驗邏輯描述爲探討「我們認識對象模式的起源，只要這種起源不能被歸於對象」（A55-6/B80）。

在經驗的層次，我們可說經驗建立了思想和對象的關係，但思想和其對象的經驗關係預設了一種先天關係，藉由它對象最初被構成。這就是康德在基本（先天）和非基本（經驗）概念間截然二分的原因：範疇是那些經驗對象藉之原初被構成的概念，而唯有在範疇的基礎上，才得以形成關於對象的經驗概念（一個康德與洛克相較之下甚少提及的主題是，這究竟是藉由包含在出自經驗的概念的什麼提煉過程）。

綜合統一

這個論證似乎太過抽象，且與康德對方法論的抉擇過於密切相關，對經驗論起不了什麼作用。然而，康德在先驗推證中對同樣的結論有另一個論證，以自己的術語來與經驗論交手（B129-31）。這個論證非常簡潔有力。它接續感性論 A20/B34 中關於先天直觀形式的論證，本文在第四章曾討論過。

在認知經驗對象的根本問題/事實中，關於任何經驗論者的任何分析，必然有一些我們可形容爲對於經驗中統一的理解：一系列紅的感覺必須**被認作**一塊紅點，一連串聽覺則被認作某種音調的聲音等等。康德強調，在經驗論者經驗作爲接受到的內容意義上（「主體受刺激的模式」，B129），現在對這種統一的理解不能是經驗自身的工作。因爲無論我們假定一批批感覺與料自身具有什麼秩序或形式，唯有當主體理解秩序或形式本身，它才與認知過程有關，而這種對於形式的**理解**必須是超出僅是**固存於**與料的某種東西。經驗與料**具有**其自身的秩序是一回事，我們**再現**它又是另一回事。即使雜多本身已連結在一起，仍必須要有辨認其連結的活動，這會產生它的重新連結。假設固有的連結因此是一種多餘。

現在如果「雜多的連結無法經由感官進到我們之中」（B129），因此「無法經由對象被給予」（B130），那麼連結必是先天的；而如果連結是超出接受一些內容之外的某種東西，那麼它必是知性而非感性的成果。於是，我們就有資格宣稱至少必然有一個先天概念存在，亦即統一。康德稱這個我們必須在經驗中發現，以使它具有認知意義的最小形式爲「綜合統一」（B130）。根據康德的說法，稱爲綜合是因爲它包含一種連結的活動，這種活動在康德的一般術語就是綜合。

我們可能會想知道，經驗論者是否無法只藉由把感覺與料中固有的統一**等同於**其理解，來逐漸削弱康德的論證。這帶出了一些極其重要，在康德對認知的構想中卻未考量到的東西。如果經驗論採取這樣的等同，那麼一群感覺僅是**發生**和我**認爲**自己意識到其發生就沒有差別了；如果後者沒有比前者多一些東西，那麼**我**與我的認知所處的**關係**便消失了。康德把這個我們認知活動的面向稱爲**自發性**，其中「我」自己在與認知活動關係中位於主體，而〈先驗推證〉始終強調其作爲我們認知的關鍵角色地位（「由於這種自發性，我稱自己爲**有理智者**」，B158n）。如果康德是對的，那麼任何像是休謨那樣遺漏掉我們自發性的對於認知說明，都無法關注到名副其實的適當合理現象。用康德的話來說，休謨將判斷活動與呼吸等而視之，就是以自然事件取代了認知活動（因此休謨也支持自我是不存在的這樣的弔詭宣稱，這並非巧合）。

連接感性部分和概念部分的問題

因此，康德同意概念形式的先天性，且因而對經驗論加以否定其來有自。然而，這個信念的結果是讓先驗邏輯面對到一個問題。此問題是由於，基本概念對於經驗來說是必要的這個事實，並不得自於經驗，而仍需要應用到感性對象。這造成了一個康德要加以排除的可能性：也就是說，可感對象和先天概念間，或經驗結構的感性和概念成素間可能完全不符合。如果在直觀中既與的東西都是先天概念所無法掌握到的，那麼從理智的觀點來看，直觀對象似乎是雜亂無章的，或至少概念就毫無根據、任意地應用到直觀對象（康德在先驗推證的開頭，A89-91/B122-3 的地方，以這些方式陳述這個問題，並在 B159-60 重新陳述）。

因此，證明**唯若**先天概念存在，對象才能被思考，並不是證明對象**能**被思考。用康德的術語來說，要排除我們先天概念直觀自由獨立於直觀的可能性，就是去證明先天概念有「客觀有效性」或「客觀實在性」。要完成證成工作需要進一步反思先前提過〈分析論〉和〈感性論〉無法類比：感性形式（空間和時間）加諸不具形式的，本身在本質上是感性的某種東西（感覺的雜多），而概念形式則應用到已經有一形式，其本質上是非概念性的東西。因此，我們基本擁有先天概念不保證任何對象是可思考的。

要注意的是，先驗實在論絲毫不相同的說法，便沒有產生連結感性和概念的這個難題。對先驗實在論來說，關於對象對一個主體的可能性是包含在感性部分和概念性部分的關係這點，並沒有很大的困難：對象自身統一了其不同的、感性和非感性的種種性質。唯一的問題是，性質的感性呈現是否可化約爲概念規定，或者反之亦然，這即是理性論和經驗論之間的抉擇。

然而，認爲這是支持先驗實在論的論點就錯了。事實上，在康德看來，反面是眞的：先驗實在論避免任何關於感性部分和概念性部分關係本身的深層困境，只因爲它執著於一種概念應用的不恰當圖像。

正如先驗實在論最終認爲對我們來說，有對象存在是理所當然的，它最終也應用概念到對象是理所當然的。先驗實在論者假定對象以如此這般獨立於我們概念能力的方式存在，且我們藉由認出對象如何存在，從而認出對象在某種程度上符合概念來把概念應用到對象。在康德看來，這種解釋方式在經驗的層次完全是恰當的，在再次應用到先驗層次時便是空洞的。在先驗的層次上，我們擁有辨認特殊概念的實例能力，以及概念和對象的符合關係就意味著，我們擁有應用已證成的概念能力。先驗實在論者相信就獨立構成對象所作的解釋，這種解釋隱藏了概念應用本身問題的看法，繼而隱藏了在把感性部分和概念部分連結起來的問題。

雖然到了〈先驗推證〉才明確表述把感性部分和概念部分連結起來的課題所產生的問題，但它是〈分析論〉的核心，這個問題是：先天概念如何可能合法應用到對象？恰當來理解的話，這個問題與先驗實在論脈絡中產生的問題（例如我是否能確定有某些東西與我清楚明晰的觀念相符）表面上類似，實則迥然不同，這個問題要追問的是，獨立於主體的世界中的東西存在的信念基礎。康德的問題需要就主體的結構和能力來回答，而不能以任何關於獨立於主體的實在的訊息來回答。

康德對感性部分和概念部分如何關聯，以及先天概念如何可能合法應用到對象等問題的回答是在先驗推證中詳細給出的。目前大致上要注意的是，先驗觀念論產生連結感性部分和概念部分的難題的同時，也提供了解決的關鍵。先驗觀念論處理經驗對象有其自身的構成想法，因而處理對象有一與主體認知需求不一致的構成。因此，要證成先天概念足以應用，就要證明當對象有受到那些概念規定的形式時，主體的認知需求可被滿足，以及證明對象如何能採取概念形式。這就是康德的統覺、綜合、圖式論和經驗的類比等理論所要提出的證明。

思維的種種要素：範疇（〈發現所有知性的純粹概念的線索〉）

康德在〈發現所有知性純粹概念的線索〉（A66-83, B91-115），後來被指涉爲範疇的形上推證（B159）中，試圖指出什麼概念能提供人類知識的概念條件。

形上推證是建立在一個假定之上，亦即判斷的功能提供了知性純粹概念一個「線索」。理由僅是應用概念在於下判斷。康德於是從他認爲是判斷的基本形式著手，接著宣稱有一個特定概念相應於各個形式。因此他嘗試從形式邏輯移轉到有內容的概念。

康德一開始考慮概念行動或思想本身包含了什麼東西。應用概念的認知活動是判斷，康德說判斷應用「統一的功能」，這意味著在一個判斷中，一個表象以被帶入與另一個表象的連結的方式產生一種統一（一種我們稱爲命題形式的統一）。由於康德視亞里斯多德邏輯爲可靠的（Bviii），康德認爲有正好十二個「判斷中統一的功能」或判斷形式。各自產生一種不同的統一。比方說，「物體」和「可分性」的表象在定言判斷中統一爲「此物體是可分的」，這不同於它們在假言判斷中統一爲「如果某物是一個物體，則它是可分的」。種種判斷形式乃是以判斷表來安排的（A70/B95），它們在判斷表中分成四組（量、質、關係、模態），每組包含三個「環節」。每個判斷從每組中取出一個環節。因此一個判斷可以是全稱的、肯定的、定言的和實然的（「所有烏鴉是黑的」）；或單稱的、否定的、選言的和或然的（「那隻鳥可能既非一隻烏鴉也不是一隻渡鴉」）等等。

康德回到先驗邏輯的主題（A76-80/B102-5）來解釋判斷功能提供的線索如何延續下去。我們試著辨認的知性純粹概念必須與判斷有一種關係，但那些概念也必須有內容。然而，在判斷表所辨認的判斷邏輯功能純粹是形式的（這就是爲什麼那些功能只能提供知性的純粹概念一個「線索」）。爲了辨認知性的純粹概念，我們必須思考那些概念是如何得到其內容的。康德於是主張，那些概念的內容只能得自於它們與直觀的關係（它們的角色就是去組織直觀），當然，這裡是指純粹直觀，因爲我們關心的是只在先天方面的知性。這告訴我們，知性的純粹概念是如何被辨認的：要辨認概念，概念**既**必須對應到判斷的邏輯功能，**也**必須有組織直觀的能力。如康德所說，我們必須尋找在判斷和直觀中產生統一的概念（A79/B104-5）。

現在我們可以辨認出知性純粹概念，康德以範疇表來闡述那些概念（A80/B106）。那些純粹概念是：單一性、多數性、整體性（量的範疇）；實在性、虛無性、限制性（質的範疇）；依附與自存、因果性與依侍性、交互性（關係的範疇）；可能／不可能、存在／不存在、必然／偶然（模態的範疇）。康德從我們所做的邏輯上各個不同種類的判斷得出，一個與直觀中既與對象有關聯的相應概念。舉最明顯的例子，相應於「假言」判斷（若 p 則 q）的邏輯功能，有因果關係的範疇（若一事件，則另一事件）；而相應於「定言」判斷（x是F）的功能，則有實體的範疇（持續存在且本質上屬於F）。其他範疇亦是如此。範疇被定義爲「對象一般的概念，藉之對象的直觀就各種判斷的邏輯功能來說，被當成是受到規定的」（B128）。康德重新命名知性的純粹概念以標誌出它們現在是在與直觀的關係中被思考；這個術語的選擇仿效了亞里斯多德那種作爲不從任何更一般的概念得出的範疇概念。

形上推證的幾個缺點

我們不很清楚康德提出範疇推衍的用意，而適合於不同的詮釋。最謙虛審愼的詮釋是，在這點上，康德把範疇當作是理所當然的，範疇是我們發現實際上擁有的最基本概念，而且康德為了證實範疇知性的純粹概念身分在日後的候選資格，只證明範疇對應於判斷形式。形上推證因此類似於〈分析論〉中的形上學闡釋，康德在其中把空間和時間當成既與的表象，而不試著為它們找到任何來源。反之，根據雄心勃勃的詮釋，康德打算在〈線索〉中證明除了這些範疇，沒有其他範疇必須是知性的純粹概念，也就是說，那些範疇對任何帶有辯解性的理智主體來說是必要的，且這種主體所擁有的任何其他純粹概念將從範疇來形成（用康德的話來說，「純粹衍生的概念」或「純粹知性的**可陳述詞**」，A81-2/B107-8）。

康德的想法或許是後面那種詮釋（見 B159）。無論如何，他的批評者經常以這種方式詮釋，因此貶抑範疇表為任意的列表（重新以康德對亞里斯多德的指控還治其人之身，A81/B107）。像是黑格爾就抱怨缺乏「眞正的**推證**」：「眾所周知，康德沒有多大困難便發現範疇」。

在一定程度上，康德可以得到辯護。很顯然僅是判斷的概念（或根據邏輯法則的思想的概念）甚至沒有隱然包含任何形上的概念，而康德幾乎不會這麼想。康德的推衍需要放在先驗邏輯的脈絡中：他不是宣稱範疇是在邏輯上從判斷形式推衍出來的，而是如果我們尋找滿足與形式邏輯的概念相關，且能在使直觀有組織的條件，那麼我們就會得出十二個範疇。

然而，判斷表本身無法免於遭受批評：康德沒有解釋它是建立在什麼基礎之上的，而其架構也不是自明的（例如，我們不清楚為什麼「不定」判斷要包含在質的標題之下，與肯定和否定判斷並列；一個判斷是不定的似乎與其邏輯形式無關）。即使我們同意在先驗邏輯的特定條件之下，形上學概念可以由判斷形式開展而來，且對於判斷表的疑慮可以置之不顧，康德特定的推衍也並非直截了當的。像是我們不清楚的是，範疇判斷的邏輯功能以何種方式相應於豐富的實體概念。根據康德的說法，數學中有範疇判斷（數字2是偶數），而這些判斷依賴直觀，但如果我們（如我們必須那樣）假定「實體」意味著比「在範疇判斷中占有主詞位置」更多的話，那些範疇判斷並未引入實體的概念。因此，運用某種判斷形式不蘊涵運用相應的範疇。反過來也不是眞的：我們可以不用作出假言判斷而運用因果概念（火是煙的原因）。姑且不論範疇與判斷形式的基本結合的弱點，我們很難理解康德如何證明他所宣稱的兩者相應是獨特的。例如，休謨的恆常連結的概念似乎也可以組織直觀，而以這種方式容許假言判斷，這種概念可代替康德較強的因果概念。因此，康德並未排除對他的範疇表不滿意的某人可提出一組不同的概念，而有同樣好的權利主張辨認出判斷和經驗的共同結構。設想對象的特定方式可以從判斷功能推出的宣稱很容易因這些困難而損害。

然而，形上推證的缺點終究沒有對康德的論證造成嚴重損害，因為後來在〈分析論〉中完成證明範疇這個重要工作，在那裡表中出現的每個概念都個別地被證明有必要性，也就是說，康德將一一討論該名單，而不是要整體加以證明。形上推證中最重要的是在〈先驗推證〉所繼續進行的提議，那就是如果思想和直觀所共享的概念形式不存在的話，兩者都會是不可能的。即使這個宣稱未在形上推證中一舉成功，後來它也得到更謹慎的辯護。假如後面那個論證成功的話，康德需要宣稱的是形上推證的那種謙虛解讀方式。

因此，哪些特殊概念證明了對象的先天概念條件這個問題就暫時被擱置了。於是在〈先驗推證〉中，我們可以只假定有些被稱作範疇的概念，這些概念提供了上述的種種條件，而我們仍要驗明它們的身分。

概念形式的先決條件和來源：主－客關係（〈先驗推證〉）

〈先驗推證〉乃是〈分析論〉的核心。即便以康德的標準，它也是《批判》最原初、抽象且艱難的部分之一。它肯定是最難以理解的；這個文本是如此複雜，我們可以合理懷疑是否能從中抽出一條包含它所有主題和定理的論證。康德在第一版對他的闡釋表示不滿意，並在第二版全部重新改寫（Bxxxviii, *Proleg* 381），但正如其他版本間的大幅更動，B版絕不是只澄清了之前版本，我們所得到的是兩種截然不同的〈推證〉，而兩者的關係引起了許多問題。這部分便先對〈推證〉作一番概述，接著對其論證提出一個選擇性的重建。

推證文本中的對觀

對觀來說，〈推證〉的文本如下。康德在第一版和第二版不一致之前的兩個部分闡述了〈推證〉所提出的難題（§13），並具體說明了適合解決的方法（§14）。那個難題是之前描述過的：在目前關於經驗直觀的對象談論中，都沒有證明先天概念對那些對象的應用是合法的；目前只有說對象「不需與知性的功能有關就能顯現給我們」（A89/B122）；表象「可能如此構成，以至於知性發現它們不符合」其自身的條件，亦即範疇（A90/B123）（康德的意思是就我們只從表象的感性條件來思考表象而言，這個可能性是存在的；他最終的目標是要證明那不是一個眞正的形上學的可能性）。因此這個難題就是「形上推證證明範疇唯一具有的身分，即**思想的主觀條件**，如何也有**客觀有效性**」（A89/B122）。

要證明範疇的客觀有效性需要一種先驗的、非經驗的推證（A85-6/B117-18）。「推證」原是法律上的術語，意味著質疑的合法權利或宣稱的合法性。每當我們想辦法回答對立於事實問題的正當性或證成的問題時，就需要哲學的推證，康德認爲這個區分是絕對的，而休謨則或許不這麼認爲（A84-5/B116-17）。

康德用了很多句話來強調範疇先驗推證的「無法規避的必然性」（A88/B121）。首先，有一些像是「命運」或「機運」這樣共同流通的「篡奪的」概念，這些都缺乏合法的應用，需要證明範疇不與它們同樣是任意的（如休謨實際上所宣稱的那樣）。第二，經驗論只提出概念「生理學的起源」，只說明概念的「起因」，而非「它們的可能性原則」（A86-7/B118-19）（在後面 B167-8 會否定理性論、天生論的證成）。第三，範疇的推證獨立於空間和時間，因而不能像空間和時間或幾何學，因爲範疇還沒有被證明是既與表象所必須的（A87-9/B119-22）。第四，形上推證不足以達到範疇的推證，因爲（理性論）僅擁有範疇無法組成任何關於對象的知識（A88/B120, B288）。康德因此承認，範疇應「喚起懷疑」（A88/B120）是正常的，就像對休謨來說的那樣。

康德舉了因果關係的例子來闡述這個難題（A90-1/B122-4）。被認爲只是經驗性直觀對象的表象不准許必然連結的判斷：所有表象間的規律事物所證成的是一個表象將接續另一個的判斷，而不是一個顯象會由另一個顯象所引起。休謨的恆常伴隨只是因果關係的生理學起源：它關乎概念的主觀條件，而非概念的客觀有效性。

康德在第十四節描述了他解決之道的一般形式（在第一版這材料延伸到 A95-7）。首先〈推證〉的難題是出現在先驗觀念論的脈絡中，在其中假定表象使對象成爲可能，而不是反過來（A92/B124-5）。現在這個觀念可以用來證成範疇。我們只必須問說，是否在一個方面可以說概念可被說成是使對象成爲可能，希望指認出某些使對象作爲思想成爲可能的概念。我們所尋找的是使「把任何事物認識爲一個**對象**」的概念條件（A92/B125）。這樣的話，對象本身的概念就是明顯的候選。如果經驗需要對象一般的概念，或更確切地說需要那種概念分化出的更具體概念的多重性，那麼那種概念應用到直觀對象就必得到證成。康德說：

> 現在，一切經驗除了包含使某事物被給予的感官直觀外，還包含對於在該直觀中被給予，也就是說被顯現的一個對象概念。對象的一般概念作為先天的條件，因而是一切經驗知識的基礎。（A93/B126）

因此，如果先天概念「包含在〔關於對象〕的可能經驗概念中」（A95），也就是說，如果它們（根據康德在 A11-12/B25 與 A56/B80 的定義）是**先驗**條件的話，它們就得到證成：「如果我們能證明唯有藉由它們才能思考對象的話，這就是對它們的充分推證，且將證成它們的客觀有效性」（A96-7）。

因此先驗邏輯所預設之概念和對象的先天關係在於，那些關係包含在可能經驗的概念中。康德以形上推證說清楚聯繫關係，提醒我們範疇意指「對象一般的概念，藉之對象的直觀就一個判斷的邏輯功能來說，被當作是決定的」（B128）。此外，假定〈推證〉證明了唯有先天概念應用到對象，且經驗藉由那些概念成爲可能，對象才能被思考，否則這個對於概念應用到對象的證成就是「矛盾和不可能的」（A95），就會得出對對象的認知只限於對現象的認知。也就是說，先驗觀念論在〈推證〉中再次得到證實。

如果要證明範疇使經驗對象成爲可能，那麼需要分析「經驗可能性的先天基礎」（A97）：「我們必須探究經驗的可能性依賴於哪些先天條件」（95-6）。在A版〈推證〉中，這始於前言（A97），而在B版〈推證〉則在其開頭（§15）。我們發現康德在這兩個時機都給出之前提過的反經驗論的論證，大意是唯有預設一個非經驗的「綜合統一」，感官經驗才能有助於認知。康德接著在兩個版本對此統一的不同要求之基礎上發展這個論證。

A版〈推證〉是以認知力及其運作的方式來表達的。康德對此論證說明了兩次，把A版〈推證〉分成「準備的」闡釋（A98-114）和「系統的」闡釋（A115-130）。它們呈現的次序不同，但大致上含括了同樣的範圍。兩者都認爲認知需要一組屬於不同認知力的多層綜合運作：**感性**的接受性、以**想像力**連結感官與料（這是一個新引入的中介機能），以及**知性**部分的最後概念運作。藉由向上的層次轉換，就創造出一種新的統一，較高層次預設了較低層次。康德主要關心的是，跨越時間的統一，時間性雜多的綜合統一（對此統一的需要是在A103所給出的算數的例子中提出的）。康德主張自我意識的統一足以作爲屬於知性的最高的統一。

預備的闡釋從感官逐步發展到理智，並仔細區分出先天先驗認知運作的三個階段：**直觀中領會的綜合**（A98-100）、**再生產的綜合**（A100-2, A104）以及在一**概念中認定的綜合**（A104-10）。在這些之後，康德介紹並解釋了，先驗對象的關鍵概念（104-5, A108-110），以及統覺（自我意識）的先驗統一（A106-8）。系統的闡釋則反其道而行：它先宣稱統覺的先驗統一提供了所有認知所需的表象連結「內在基礎」（A116-19），繼而思考這樣的統一所預設的各種綜合運作（A119-25）。兩個闡釋都有清楚的陳述證成了範疇，並解釋爲何先驗觀念論會伴隨著這個證成（A110-15, A125-30）。

B版〈推證〉最顯著的不同在於縮減了對綜合的敘述，只限於寥寥數段（B151-2, B160；在B151想像力的先天綜合被重新稱作「形象的」（figurative），而知性的先天綜合則被重新命名爲「理智的」）。綜合本身這個概念仍極爲重要，但康德沒有強調綜合機能的詳細運作。康德事實上稱A版〈推證〉爲「主觀推證」（Axvi-xvii），因爲它問如果一個主體要有關於對象的經驗，必須擁有且展現哪些認知能力和運作：它把焦點放在「形成經驗可能性的先天基礎的主觀來源」（A97）。反之，「客觀推證」在不涉及到主體認知能力的情況下，詳細說明了經驗的先驗條件。原則上這兩種表達〈推證〉論證的方式只是對單一說明的不同闡述，同一個探究的「兩個側面」

（Axvi）。然而，它們的立場不盡相同，因為康德認為主觀推證嚴格上是非本質的（Axvii）。

B版〈推證〉是客觀推證。在此文本也分成兩個半部，但它有一個不同的基礎：它們在單一的證明中包括兩步驟，而不是對同樣的材料有兩個闡釋。前半部包括第十五節到第二十節。在第十五節指出需要綜合統一之後，第十六節立即主張需要統覺的先驗統一，而把統覺當成必需之物，「我思」伴隨所有我的表象應是可能的。第十七節主張綜合的必要條件是任何對象要被思考的條件。第十八和第十九節精鍊這個論證。康德在第十八節引入了自我意識「客觀的」、「必要的」統一的概念，並把它和僅是經驗的、偶然的統一區別開來。第十九節把這個客觀統一與（客觀有效的）判斷連結在一起，從而再次肯定自我意識的那些條件等同於對象概念化的那些條件。因此康德在第二十節可以宣稱雜多「就它在單一經驗直觀被給予來說」從屬於範疇。

第二十一節到第二十六節包括B版〈推證〉後半部分。康德在第二十一節解釋說，因為第十五節到第二十節的論證假定了範疇所應用的直觀有統一性，故需要進一步說明：我們沒有證明直觀接受的內容必然允許這種統一，而沒有排除現象可能不符合範疇而構成的可能性。因此，如果康德在這點上停止，他可宣稱分析過對象能被我們在思維中再現的條件，但尚未證明範疇不只是主觀的認知條件，亦即具有客觀有效性。所以，他需要證明為了要有直觀的對象，而不只是為了讓那些對象要被**再現**，故需要範疇。

在第二十六節藉由訴諸純粹直觀而達到這個目標：所有感覺內容都在空間和時間中被再現，感覺內容的統一性是必要的，卻依賴於概念運作（如在第四章的最後一個部分所提到的），由於所有經驗從屬於範疇已得到保證，範疇必須進入直觀，且因而對所有在直觀中呈現的事物都是根本的。

康德在中間的部分（第二十二節到第二十五節）專注於強調範疇藉由它們和空間－時間直觀的關係獲得其認知意義，因為這個理由，範疇的有效性必然限制在顯象且引入了對範疇如何包含在自我知識中的說明。B版〈推證〉就像它的前身，以對於證成範疇為何需要先驗觀念論的說明作結（第二十七節）。

對〈推證〉的幾種詮釋

這個概述明白顯示出〈推證〉不只是錯綜複雜的，而且包含許多條論證路線：在不同的關於一個對象的概念、經驗及其時間性的時機，自我意識和判斷扮演核心角色，困難之處在於要知道哪條思想方式是主要的，其他路線又如何跟它結合在一起。

主要的詮釋方式在〈推證〉中發現一種順推的、反懷疑論的論證，此論證從我們有經驗或有自我意識這個毋庸置疑的前提，推到我們有關於一個客觀世界的經驗這個強的結論。少數的觀點則指出，〈推證〉是有關經驗知識的條件，而非自我意識的條件：其論證是回溯式的，它能有效反對的是經驗論而不是懷疑論。

順推解讀的一個眾所周知的例子是史卓森的例子。史卓森就一個反對他稱為「感覺與料假說」的論證來重建〈推證〉，這個假說是說一個主體的經驗可能只包含質的感覺項目，而不是不被知覺而能存在的對象。根據史卓森的看法，不可能有這種主體存在，因為其經驗內容不允許在據稱要認識的項目，與主體對這些項目的認識間畫清界線：其對對象的覺知被併入其覺知的對象，使主體喪失形成、表達或維持帶有經驗狀態的「我」的概念對比所必須的材料，如同對自我意識來說是必要的。因此，經驗必須包含不被知覺而能存在的對象。

史卓森的詮釋顯示出可以它渴望在〈推證〉中發現的論證那種力量和統一性。然而，姑且不論史卓森的論證面對到一些公認的難題，它不是一個展示康德在〈推證〉中意圖任人信服的候選者。用康德的話來說，這樣一個結論只表達了一個分析判斷，而不能用作先驗目的：無論它證明了什麼關於我們概念架構的事，它沒有建立那個架構的合法性。當我們反省史卓森的論證在回應懷疑論上的困難，這個限制就顯露出來了。我們的經驗概念應預設我們有關於物理對象的概念，這不蘊涵後者要應用的任何東西存在，換句話說，有物理對象存在；即使我們不可避免相信物理對象的概念有所應用，這個信念仍有可能是假的。

一般來說，任何對〈推證〉的分析式詮釋關心的只是康德稱為思考的主觀條件，因此無法建立這些條件的客觀有效性。且用康德的話來說，這樣的結果比毫無用處還更糟：只證明「我是如此構成的，以至於我法思考」否則「正是懷疑論最渴望的東西」：把所有我們的認知化約為「只不過是全然的錯覺」（B168）。

這是以之前提到的〈分析論〉的一般觀點來詮釋〈推證〉的理由之一。在這方面，〈推證〉不應被詮釋為打算從經驗概念或任何其他基本概念得出對懷疑論的反駁。它也不只是藉由證明後天、經驗知識宣稱依賴於先天的條件，來指認出經驗知識的種種預設。不如說，經由證明先天概念發揮先驗的作用，且在先天概念所應用的對象是先驗上觀念的基礎上，它試圖證明先天概念應用到對象是得到證成的。這些先天概念的身分不是〈推證〉所要討論的。〈推證〉意在（對立於休謨）證實一般意義上的客觀性，而非實體和因果關係的特定概念所決定的客觀性；所以它不是要替外在世界辯護來反懷疑論，這是《批判》後面幾節的任務。康德在〈推證〉所關心的是，以哥白尼式的術語重新詮釋對我們來說的對象概念（要證明客觀性必須是什麼，繼而證明我們的思想應該有對象）乃是經驗知識宣稱的必要條件而非充分條件。因此〈推證〉包含了康德對休謨關於形上概念一般的使用之懷疑論的回應；後來康德將在實體和因果關係的特殊形上學概念上回覆休謨。

另一個關於〈推證〉詮釋的提議是，它不應被看作一個線性的證明，要嘛是一種順推式的，要嘛是一種回溯式的，而應是由若干部分組成的一個理論。這不是否認它包含了一些論證，它的成功有賴於它是健全的。此提議的意思是〈推證〉應從相當於一個理論來加以衡量：其若干部分應是融貫的且彼此解釋的，整體應解釋一些非其他部分可解釋的東西等等。這符合於一個事實，那就是我們在康德的文本中發現許多論證的連結，那些連結都影響一個單一的關切，但全部形成一個網絡，而不是一條鏈。

關於主——客關係的一種論點

我們可以說，〈推證〉試圖提出一個關於主——客關係的論點。要了解這是什麼意思，我們應思考先驗哲學要詳盡說明認知需要什麼東西。

要提出任何關於認知條件的問題，就是如我們可說的引入定位或觀點的因素。無論是以第一人稱的話來闡述的知識論問題（我如何知道p？）或是關於通常相信的東西的問題（知識宣稱p如何能被證成？），上述都是眞的。在前一個情況，哲學的探問者採取認知者的觀點；在後一個情況，這個觀點被分配到人類信念者本身，有時是有「我們」之稱。如果不是對所有笛卡兒之後的哲學家，對康德最可以肯定的是，其對哲學探究來說，其問題根本上應可以此形式來表達：不能滿足這個條件的探究反而必須是心理學的、社會學的和生物學的等等。

在〈分析論〉，這個熟悉論點的現在意義在於，當我們研究對象的概念條件，並引入概念應用的對象範域的想法時，這個範域就被當成是朝向且位於一個思維主體的觀點。我們必須要這麼想，因爲對我們來說，被認爲是存在於此觀點之外的範域什麼也沒有。爲了讓即使是對象範域的最微小觀念作爲認知的候選者能有意義，這個主——客關係所意指的條件必須存在，且這個條件是認知的最終基礎，也是先驗哲學最基本要加以解釋的。爲了達到哲學分析的目的，在其中可在抽象上區分三個要素：主體、對象，以及使對象可被主體當作如是t的關係。〈推證〉所支持的是有關爲了使這些要素在理智上環環相扣，要如何設想它們的理論。這是康德在給赫茲的信中所提出的問題的意義：「我們內在所謂的『表象』與對象關係的基礎是什麼？」此處「表象」不是指任何特殊的（例如心靈的）存有物，而是指允許對象被主體如此看待的觀點性功能。

康德關於主——客關係的想法完全是原創的，且他藉由嘗試以哥白尼的方式重新詮釋人類知識來達致那種構想。前哥白尼式對認知主體和被認識客體之關係的看法是，那些關係是獨立於我們知識而持續存在的，我們可以就事先設想的構成來解釋關於它們的知識。對康德排除了實在論的模型，它只能藉由發誓拋棄任何關於主體和對象構成的假定而成爲先驗的解釋。這就是爲什麼必須使主體和客體的區分，以及我們對此區分的掌握成爲哲學說明的主要目標。依照這樣的進路，先驗探究不能始於把一個特殊概念應用到一個對象，無論此對象是自我或與不同於自我的事物。先驗探究必須要後推到任何概念被應用的情況，且描述範疇要發揮作用需要存在的條件，也就是認知可能範圍的**前範疇**結構。

統覺的先驗統一性

在此結構中第一個要被檢視的要素是主體。我們可以把康德對主體的說明理解爲沿著一條中間路線的嘗試，一邊是笛卡兒的我是思考之物（自我與實體的同一），另一邊是休謨自認無法發現任何觀念之外的作爲主體的事物（化約論者或自我「一束」的觀點）。

康德在〈感性論〉聲稱自我只能作爲顯象而被認識：我經由內感官認知自己爲時間性的、經驗的對象。在關於對自我的經驗知識方面，康德的觀點讓人想起休謨：「在內在現象之流中，不變的和持續的自我不可能呈現自身」（A107）；「伴隨不同表象的經驗意識本身是多變的，而與主體的同一性無關」（A133）。但與休謨相對的是，康德主張這不是全貌。正因爲自我不是，且無法在經驗中被給予，先天的自我意識必須存在，即**統覺的先驗統一**，一個對於自我的「純粹原初不變的意識」（A107）必須存在（統覺一詞乃是借自萊布尼茲，他用來意指我們對自己的狀態的知覺；然而，萊布尼茲僅在經驗方面來設想統覺）。

所有合乎「我的」的表象，都必然可歸屬於一個單一主體：某種在內在現象之流中「必然要被再現爲數目上同一的」東西（A107）。康德在B版〈推證〉中把先驗統覺的條件表達如下：

> 「我思」必須能夠伴隨著我的所有表象；否則某種完全不能被思考的事物就會在我之中被再現，而這等於是說表象是不可能的，或者至少對我來說表象什麼都不是。
>
> （B131-2）

這不是說我的每個表象實際上都必須伴隨那個表象是我的反思，我也不必能形成在一個總體含括所有我的表象的單一思想：康德的宣稱只是說，我的**每個**表象必須是那種我在反思的活動中**可能**認出它是我的表象。爲了滿足這個條件，「我」這個不變的、先天的，不具經驗內容的表象是根本的；「否則就如我擁有我所意識到的表象，我應有駁雜不一的自我」（B134）。因此除了在內感官被給予的統覺的**經驗**統一，還需統覺的**先驗**統一的這個條件。

這個必要性實際上是先驗方法之一：「我思」（或更確切地說，伴隨我的種種表象的可能性的必要性）表達了任何對象範域都必須在一思維主體的觀點中被設想。先驗統覺固定了先驗論述的起點。對休謨來說，「我」似乎是不存在且多餘的理由在於，與他的先驗實在論相一致地，他把一束束的觀念當作物自身的範圍，而在任何觀點之外。這樣一來，誠然這一束束觀念並沒有預設「我」，但它們也與我們的認知沒有任何關聯。就休謨的觀念被當成我們的對象範圍而言，那些觀念在觀點上必被設想且隱然包含了「我」。休謨可以說運用他的「我」去創造思想中的種種觀念，接著試圖無條理地將「我」加以刪除（如前所說，康德不同意休謨的地方密切牽涉到關於自發性的議題，即我們思想的表象乃是我們活動的產物。按照這個觀點，休謨再次無條理地被設想一束觀念：在「什麼是直接被給予的東西」的描述下引介那些觀念，休謨可以說隱藏了引介它們的條件，也就是說，是我將它們加以描述。然而，從這個條件抽出的一束概念如同對物自身的一般思想一樣空洞）。

假定統覺的統一是康德所說的先驗條件，那麼就產生它是什麼，或它是由什麼構成的問題。康德在一個層次上回答得很清楚：先驗統覺只是**形式的**統一，而不等於任何關於對象的知識。形式的統一正是表象的統一，無論它是什麼，都使我有可能在反思上將「我思」歸屬於每個表象。因此，先驗統覺不等同於對可歸入實體概念之下的任何事物，即思想物的認知，因爲這需要有自我的智性直觀。

然而，事情沒有這麼簡單。康德在討論統覺時不只運用統一的概念，也運用同一性的概念（例如在A113：「數目上的同一性與它（自我意識）不可分，而是一種先天確定的」）。統覺的條件是所有表象都與某種**把自身再現爲等同於**與之有關的東西。但這產生了一個問題：有與所有我稱爲是我的表象同一且有關的東西**存在**嗎？

康德的立場看來似乎令人摸不著頭緒。一方面，他似乎告訴我們有必要運用一個存在在我們表象之外，並有數目上同一性的自我概念，因而證成「我」作爲指涉表達的地位。但統覺的統一與表象的形式統一的等同似乎讓我們回到休謨式的自我存有論，在其中存在著種種表象和其關係（儘管包括有些先天的關係，如果康德是對的話）。因此康德似乎既說我們必須把「我」**當成**有超出表象的關聯，又說它沒**有**這樣的關聯。這是一個邏輯上一致的立場，但它蘊涵了我們是從屬於對自我的迂迴幻想，那就是我們需要超越休謨式的自我的虛構，以只作爲休謨式的一束束觀念存在。（〈辯證論〉將會顯示出）康德確實相信理性是從屬於對自我的幻想，但——與這個有天壤之別，且與知性無關。無論如何，康德在〈分析論〉使知識的概念條件有效，並爲經驗形上學辯護；所以如果這些原來是包含了幻想，那就會讓人覺得很奇怪。

一個使康德的宣稱一致的方式是做出一個與之前所說相反的假定，也就是康德確實認爲要把「我」理解爲指涉到物自身。於是他的立場是，自我作爲顯象的世界，只是表象的統一，但是就超驗方面來說，自我是物自身。就此說法避免把幻想歸於自我，這是一項改進，但卻不是正確的，因爲這與〈感性論〉中，在〈辯證論〉B157-9 所重申的原初宣稱衝突，那個宣稱是自我只能作爲顯象而被認識，而且更嚴重的是，這迫使康德承認自我的智性直觀與至少部分取消了先驗觀念論。

康德了解到這個爭議，而試圖澄清我們關於「我」的情況，最著名的是在B版〈推證〉的第二十五節，以及在〈辯證論〉的〈誤推〉中種種的論點，康德在那裡直接面對到笛卡兒式的自我觀，他琢磨他對統覺的說明以去符合，而不是去挑戰笛卡兒那種我思表達了一個（不是休謨式的想法所能利用）眞理的見解。

先驗統覺是對於**思維**的意識。它是純粹智性的，而非經驗的意識，智性的意識是獨立於直觀的意識（B278），因此不是經驗，且先驗統覺爲我們自發性的自己的表象提供了基礎。此外，統覺「是某種眞實的東西」（B419）：某種在「我思」中「眞實被給予的」東西，「某種眞實存在的東西」（B423n）。但我們對於先驗統覺沒有概念：它甚至無法被帶到存在的範疇之下（B423n）；自我意識給我們「一種不帶絲毫概念的存在感受」（*Proleg*, 334n）；「我們甚至無法說這個

〔「我」的表象〕是一個概念」（A346/B404）。所以康德允許關於**某種東西**存在的智性意識隨著「我思」被給予。於是，這個「某種東西」不等於是物自身：在統覺中「我意識到自己，不是像我所顯現的那樣，也不是像我自身所是的那樣，而只是我存在（I am）」（B157）；「因此對自己的意識還遠遠不是有關於自我的知識」（B158）。

所以康德的立場是，儘管統覺的統一保證了某種東西的數目同一，我們卻無法知道那是什麼。「我」的指涉是無法決定的，因爲我們對存在著的「某種東西」的意識無法與統覺的形式統一合在一起，產生出關於與「我」同一的東西的知識。在統覺中既與的存在東西**可能**享有思維主體的同一性，若是如此，那麼那個「我」是一個物自身，雖然仍不是我有關於它的知識某種東西，要有所認識需要確定的概念。我在統覺中對它的存在有智性意識的某種東西，也可能與任何經由統覺可個別化的東西無關：作爲統覺根基的「某種東西」可能不具有反應出「我」的特性。若是如此，那麼所有經由統覺而被決定的東西就同一於某種與物自身不同的，僅存在於表象範圍內的東西，表象的形式統一固定了其數目的同一，我們只能把這種形式統一設想爲經驗的可能性條件的思維主體（在這點上，這似乎是康德「先驗主體」的意義：A346/B404, A355, B427, A478-9n/B506-7n。然而在 A492/B520 和 A545/B573，這個存有物似乎是一個物自身，康德要嘛無法決定這個概念的意義，要嘛它必須是統覺的主體之外的東西）。

其他哲學架構中，特別是理性論中，從「我」這個表象的必要性可直接推出我確實作爲一個同一的對象而存在，對康德來說它並非如此：我必須再現我自己爲同一在關於相應於那個表象的任何對象存在來說，是中性的。基本上這是因爲說表象一般是必要的不等於判斷對象眞正存在。因此，儘管表面上康德在休謨式與笛卡兒式關於自我的存有論間游移不定，實際上卻不是如此：他的先驗架構防止接受其中一方。康德對統覺的說明是位在休謨的立場與笛卡兒的立場之間，前者的「我」不關聯到任何東西，後者則關聯到某種超出它在表象中的角色，而具有可決定的實在性的東西。對康德來說，「我」指涉到某種在我表象之外的東西，但若它指涉到表象的主體或物自身，我們就無法認識。

如之前〈推證〉的對觀所顯示的，先驗統覺提供康德一個達到使範疇合法化目標的途徑。在主—客的關係的兩個方式被描述爲是相互依賴時，這個論證的部分會在後面加以補充。現在我們預先考慮這個步驟，有兩點要注意。首先，雖然康德說統覺的必然統一的原則，即所有我的表象必須屬於一個自我意識，是一個分析性的眞理（B135, B138），它「顯露出綜合的必要性」（B135）：「只有在某種綜合統一的預設之下，統覺的**分析性**統一才有可能」（B133）。這就是說，在先驗哲學中，「我」的同一性不能被當作既與的認知，且就像所有統一一樣，必須立基於表象的綜合之上。

其次，康德在B版〈推證〉的第十九節中闡述先驗統覺如何與判斷相關。要判斷某物是如此，像是那個物體是重的，在主體中「物體」和「重」這兩個表象的連結必須存在，這個連結不只是結合的和經驗的，在某種方式下也是必然的：否則這兩個表象不會「**在那個對象中**被結合」（B142），也不會作出任何判斷。因此，判斷預設了意識的必然統一。於是，此必然性的唯一可能來源（對康德來說，如果它無法從對象轉移到意識之中的話）是，康德在B版〈推證〉的第十八節中所說的意識的「客觀」統一，這個統一有一個先天基礎，而對比於只是休謨式一束束連結起來的概念所構成的主觀統一。這意味著，唯若統覺的統一要求表象按照某些先天原則來綜合，判斷才是可能的。因此康德宣稱統覺先驗統一性乃是一切知識的一個「客觀條件」：它「不僅是我自己要求的一個條件」，也是「每個對象爲了成爲對我來說的對象必須從屬的條件」（B138）（康德在A352〈誤推〉中說，判斷更直接依賴於先驗統覺。爲了思考「A是B」，例如，「所有物體是可分的」，思想者必須能表象有表象A的主體是與有表象B的主體同一的。否則思想的部分會分散爲它們屬於不同人的情況：當你思考「A」，而我思考「B」，我們都沒有思考「A是B」，我們之間也沒作出什麼判斷）。

先驗對象

要闡述的經驗之前範疇結構中的第二個要素是關於客體的那一面，也就是我們表象是關於事物的基本看法。關於對象的經驗只有經由關於對象的概念才有可能。關於對象的經驗是某種被限制爲感性的貢獻，單是〈感性論〉無法證明是可能的東西。現在關於對象的概念必須有一特殊地位就很清楚了。我們已看到康德主張，關於對象的概念無法得自經驗，所以它不是來自於任何對象的獨立存在。可是如果它在構成經驗之前範疇結構中扮演其角色，它也不能有範疇的地位，而康德從範疇表將它省去。

康德一開始問「表象的對象」是什麼意思（A104）。他的回答是，我們表象對象爲「相應於，且結果也不同於」我們的表象，而這個不同之處允許對象被看成是「讓我們知識的模式不是偶然或任意的」：它「在某種先天方式」「規定了」我們的表象。在此與談論中表象的不同之處並非對象在空間中獨立存在的強的差別，而只是判斷的差別，且關於對象的相應想法也不是關於某種外在於心靈的東西，遑論是一個實體，而就是判斷的相互關聯，概念應用到其上的一個判斷對象。

重要的是要了解，由於對象在這點上發揮的作用是如此微弱，康德沒有以假定作爲論據來反對休謨或獨我論者。我們可以認爲，休謨會反對康德對「表象的對象」的分析，即思想的主要對象不需與表象區分開來，因爲它們自身是表象。然而，這不是康德已有所定論的。在此〈分析論〉早期階段的重點是，即使是獨我論者在作一個關於他自己的心靈狀態的判斷都會建立一個關於種種對象（它們可被稱爲是主觀對象）的世界，且因而表達出主體和客體的初步區分。我們主要判斷對象最終是否可被看作是特有主觀狀態，或那些對象是否必須包括經驗上實在的，外在對象，這是之後會確定的另一回事（我們將會看到這有部分是由〈辯證論〉的發展而決定的，而在〈原則的分析〉中得到徹底解決）。

於是，假如康德所思考的是對的，也就是在某種程度上朝客觀性方向必須採取一個步驟，問題是什麼使我們的經驗朝向對象成爲可能，我們要記住對康德來說實在論的回答無疑被排除（「在我們知識之外，我們沒有任何可以置於這種知識對面而與之相應的東西」，A104）。康德說，我們藉由運用「先驗對象」的概念來達到這點。這是「只被思考爲某種一般的東西＝x」（A104）的關於對象的單純概念，一種「在所有我們知識中總是同一的東西」（A109）。因此先驗對象不同於顯象的概念。它的角色是提供直觀雜多的要素會參照點，這允許顯象被規定爲可思考的直觀對象。爲了扮演這個角色，先驗對象本身本質上不應「被我們直觀」（A109）：如果它被直觀，它會是在雜多中的另一個要素，且會需要逐一與其他不包含在那裡的某物關聯起來。因此，如果要避免無限後退的話，先驗對象必須被排除於直觀的雜多之外，這就是爲什麼先驗對象的概念不能比「對我們什麼也不是」的「x」的概念更豐富，所有對它能說的東西是它「必須與我們的種種表象區分開來」（A105）。是以此概念十分明顯不是經驗的（A109）？因此先驗對象爲康德對經驗論的反駁增添了另一個支持。

先驗對象無法扮演好其角色，即憑藉其內容提供不同於表象的參照點，因爲它不具內容。於是，它頂多能相當於一個統一的作用：它頂多能指涉到的是「在與對象相關的知識的任何雜多中，必須被滿足的統一性」（A109）。它能藉由規定其要素的綜合來給予直觀的雜多統一性。因此先驗對象直接與綜合統一的概念聯繫起來，康德以之來攻擊經驗論。它增加的是與客觀性的連結：先驗對象賦予我們種種表象「客觀實在性」（A109）（康德經長使用客觀實在性和客觀有效性這兩個術語來說客觀性。一般來說，雖然不是一成不變，前者是用來指涉到種種概念，而後者則指涉到種種判斷和原則：一個該念如果有一個對象，它就具有客觀實在性，而如果一個判斷或原則的述詞對其範圍內的一切對象必然爲眞，也就是如果它具有嚴格的普遍性，它就具有客觀有效性）。

先驗對象的概念在經驗的建構中被設想的角色是清楚的：藉由統一我們的種種表象，它使直觀產生思想的對象；它在表象和對象間插入了一段距離，且同時保證對象與我們的表象是一致的。使這個概念令人感到迷惑並成爲爭議來源的是，康德提到的許多其他事物。在《批判》中後來的幾個論點中，先驗對象被描述爲是我們不可知的（A191/B236, A250-1, A366, A372, A565/B593），是內顯象和外顯象的根基或原因（A277/B333, A379-80, A288/B344, A358, A372, A391, A393, A494-5/

B522-3, A538/B566），而且暫時與康德稱爲本體的非經驗存有者牽連在一起（A288/B344, A358, A545/B573, A564/B592, A565/B593）。這些陳述強烈地顯示出先驗對象等同於物自身，亦即等同於與先驗上實在的東西。現在這是我們無論如何會傾向接受的某種東西，在此基礎上它提供了先驗對象的同一性問題的唯一可能答案：可能有人會認爲，先驗對象需要是一個**超驗**對象，因爲它要求爲表象補充了一個非主體的外在關聯，且在康德的架構中，唯一扮演這個角色的東西，即提供主體性一個對立項的東西是物自身。

這種詮釋已得到辯護，但顯然它產生了一些困境（像對統覺的平行詮釋）。如果這是康德的立場，他的先驗觀念論就會崩潰，因爲這蘊涵了我們終究**確實**知道物自身：經驗對象的空間—時間等特性成爲眞實的，儘管它們是物自身的相關屬性，且康德確定物自身是作爲不同於我們表象的對象**被給予**我們。於是我們與物自身的關係很像是我們與傳統模型之基底的關係，而康德只是把柏克萊關於初性的主體性宣稱加諸洛克。相對於他在 A104 承認的意圖，他對表象對象的說明成爲先驗上實在論式的，且他的立場像洛克的那樣容易受到懷疑論攻擊。

於是，困難之處就在於要發現一種對先驗對象概念的詮釋，它能夠避免把先驗對象等同於物自身，而仍使康德關於它的陳述有意義。下面便是符合這些條件的一種詮釋。

先驗對象的概念作爲「等於 x 的某物」沒有包含與一個構成的關聯，而是包含與任何存在對象的關聯，無論對象是否被認知到，自然必須具有一個構成，亦即以如此這般的方式存在。因此先驗對象的概念需要加以具體化或得到實現，用康德的話來說也就是「規定」（先驗對象是「一種全然未規定的思想」，可經由範疇和顯象的雜多來「規定」，A250-3）。於是，適當的說法是，先驗對象自身作爲對立於其眞實和可能的種種實現，根本不能是知識的對象。如此一來，雖然先驗對象的概念**如我們帶有感性的有限主體所了解的**，只不過等同於種種表象的必然統一，概念自身容許一種可能的選項，在存有論上更強的實現，那就事物自身。如此實現，先驗對象的概念不包含關於表象或表象統一性的指涉。

因此物自身的概念和先驗對象不應加以混淆。它們在都完全是無內容的方面是相同的，且先驗對象是我們藉之能思考物自身的唯一表象；但先驗對象而非物自身是對象統一的來源，它們由於十分迥異的理由各是不可知的：因爲物自身具有我們認知模式不可達致的構成，所以是不可知的，先驗對象則因爲根本不是一種存有物，而是先於任何構成的一個對象概念而不可知。

對此有一種將兩個概念放在一起的複雜情況，幫助我們解釋康德先驗對象是我們不可知的，構成顯象的基礎等等陳述。如前所述，我們使用先驗對象的概念，在一種非斷言的、中立的模式，亦即對它們的存在沒有任何肯定爲它帶來物自身的思想。然而，康德在另一個脈絡中，確認物自身的存在作爲顯象的基礎，這是基於無關客觀性如何產生自我們的種種表象的問題的種種理由（這將在第八章中討論）。因此，先驗對象有其存有論上更優位的實現。這意味著先驗對象的概念最終有兩種用法，在其一它與物自身相對，在另一它們兩者是同一的。在現在脈絡中重要的是，我們不應受到康德後來關於先驗對象的陳述誤導而認爲〈推證〉對客觀性的說明乃是繫於先驗對象的存在：物自身作爲顯象的基礎而存在的論點並非〈分析論〉中表述的經驗理論的一部分。

所以，先驗對象的同一性問題不應以如下方式來回答：「雖然對先驗對象的構成是什麼這個問題來說，陳述出**它是什麼**不能得到答案，我們仍可回應**問題**本身是**微不足道的**，因爲沒有（相應於」它的既有對象存在」；「關於無法經由任何規定的述詞被思考的某物構成的問題……全然是無意義的且徒勞的」（A479n/B507n）。也就是說，一旦同一性問題解釋了概念如何在經驗構成中起作用，就不再有其他同一性的問題，且其存有論上的更優越的實現必然對我們來說是不可達致的。

如果這是對的，那麼康德對客觀性的說明純粹是內在的：它不預設與任何我們表象範圍之外的認識關係，且它避免訴諸於任何超驗的東西來說明表象的對象。這麼說便產生了一個問題，康德是否不像現象論那樣試圖把客體性**化約**為出自主體材料（表象）的一種邏輯建構。本文會在第八章提出反對這種詮釋的理由，但現在要注意的是，先驗對象的概念並不支持這點。

按照康德的說法，我們只藉由把表象的種種必然統一**當作**對對象的種種表象活動，以在我們的經驗中表象對象，無法由此推得對康德來說，對象本身的概念化約到表象的必然統一的概念。反之，如康德所做的，除了談論到經驗的必然統一性，談論「等於 x 的某物」這整個論點，就是標示出這個區分。康德說一個對象是「在其概念中既與直觀的雜多被**統**一起來的東西」（B137），沒有說對象**是**，或者一個對象的概念是一種統一的雜多。作出這個辨別是去把對象概念和它在綜合中的作用合併起來，以及把對象本身和我們在表象中了解它們的種種方式合併起來。

如果這是對的，那麼康德並沒有把客體性化約為出自主體性的一種邏輯建構。他也沒有排除對象和表象的相應關係而支持表象間的融貫關係：他的分析是一種非化約式的，據之兩種關係只是相互蘊涵。

先驗對象的概念最後被看作是表達一對象概念的不可化約性，以及其先天性，就像統覺的「我」表達了主體性的不可化約性，而不被化約到表象間的關係一樣。因此，先驗對象不應等同於我們經驗的內在內容，也不等於是超驗的東西；它平行於統覺的先驗統一，坐落於內在和外在經驗的界線上（必須作爲任何前範疇經驗的條件）。

主體和客體使彼此成為可能

經驗的前範疇條件在主體和客體兩邊被詳加說明，現在要加以說明的是它們的連結，即主客關係，在經驗的前範疇結構的第三個要素。最好的掌握方式是思考康德對主體和客體的說明產生了一個問題。就算統覺的先驗統一和先驗對象對經驗是必要的，是什麼使**它們**成爲可能的呢？到目前爲止，康德對各自基礎的說明僅是否定的：他主張兩者皆非經驗性的。康德在〈推證〉的主要成果是提出每邊都解釋另一邊。

首先，主體使對象成爲可能。康德說，表象與對象的關係是由表象的必然統一性所構成的，而此統一性又等同於意識的必然統一性（A109）。這意味著，首先自我意識的可能性條件與表象能被當作有對象的那些條件是同樣的：「對象使之成爲必要的那種統一性就只是意識的形式統一性」（A105）；經驗對象「必須服從統覺的必然統一的條件」（A110）。但康德了解到這也意味著，從意識的統一性**導出**對象的統一性，後者是前者的**基礎**：「單是意識的統一性構成了種種表象與一對象的關係」（B137）。因此，主體的統一性在對象那邊被重新產生，這是由先天綜合的方式而發生的。綜合統一的產品因此被顯露出等同於對對象的認知：「當我們因此在直觀的雜多中產生出綜合統一時……我們就能夠說我們認識對象」（A105）。

其次，再次是經由先天綜合，對象使主體成爲可能。因爲我不能直接意識到我的身分，藉由直觀一單一持續的事物，只能經由把我自己意識爲對象綜合統一的來源來達致自我認同的意識：「心靈在其表象的雜多中絕不能思考其身分……如果它不記得這種同一性的話，這種使領會的一切綜合……都服從於某種先驗的統一性，從而使其相互關聯成爲可能」（A108）；只有在「根據那些概念的綜合」中，「統覺可先天證明其完整和必然的同一性」（A112）；「只有我把一個表象結合另一個表象，並意識到它們的綜合。是故只有在我能把既與表象的雜多統一在一**個意識**中，我才有可能表象給我自己〔貫穿〕**在這些表象中的意識同一性**」，表象和主體同一性才產生關係（B133）。

這裡的論證可重建如下。最初需要解釋的是，除了我們達到自我意識的表象，我們如何能重視我們自己爲主體。我們認同的自我與我們表象的雜多之區別不能是一個既定的事實，也不是直觀雜多的結合（B版〈推證〉第十五節的論證也應用到它）。如果自我和表象的區分不是既定的，就必須是作出來的，問題是，是什麼使我們作出這種區分。於是如康德所說，如果我們是純粹的接受性，表象會「充斥我們的靈魂」，卻「絕不允許經驗」，因爲「知識與對象的一切關係都會消失」（A111）。一個融入其表象的主體會無法把自身思考爲擁有表象，是故，儘管我們能說有某種意識，卻不是自我意識。康德提出，使我們作出這個區分的是先天概念的活動。這是唯一能勝任此工作的東西：自我意識是關於自發性（我自己正在知覺著、回憶著等）的意識，所以它必須包含自己在活動方面的表象，且此活動需要是概念性的，否則它不會使「我」成爲可思考的，且它必須建立在先天條件之上，否則它會是經驗性的，因而僅是接受性。

此外，我們必須意識到我們對對象的先天綜合，如果此意識要扮演一個先驗的角色的話。康德設定的對先天綜合的意識當然不屬於任何種類的內省：它不在於意識到我自己做了如此這般的事，這種意識只是經驗的，而在於智性的意識到作爲我行動產品的綜合結果。此意識的存在由我們自己是自發性的表象來證明的，此自發性是我們把我們自己表象爲思想者和作出判斷者的條件。總之，康德的論證是說，對於先天綜合的意識解釋了先驗統覺，而沒有其他東西可以被設想做到這點，且因爲此綜合蘊涵了綜合統一的表象，自我意識預設了對於對象的意識；除非我們把我們的表象當作具有超出它們自身的與對象的關聯，對於自我同一的意識就是不可能的。

藉由證明先驗統覺依賴先天的綜合，〈推證〉建立了有對象相應於我們的表象，且與我們的表象不同的必然性，也就是使用先驗對象的概念的必然性。所以，〈推證〉比休謨的立場更爲進步，後者認爲我們思想的原初對象全然是主觀的（表象）：如果自我意識只有在康德描述的方式下才是可能的，那麼其對象就不能被表象爲「我」。這不是說那些對象必須在經驗上是眞實的、外在對象：〈推證〉中描述的對象與自我的區別不屬於任何規定的種類，而〈原理分析〉需要加上這些進一步的規定。但這意味著，休謨的立場是不融貫的，因爲休謨要求再現我爲某種主觀的東西，我必須與我自己對照以成爲自我意識。無論我們思想的原初對象的最終地位是什麼，〈推證〉已爲那些對象有必要被當成是「我的」的宣稱取消了任何基礎。

於是主體和對象使彼此成爲可能：兩者都不創造彼此，而兩者都不能沒有彼此而被再現。〈推證〉證明了，一個表象是我的並不是一個單純的、既有的事實：對我的表象的思考包括了一個對象世界，此世界的統一是奠基在統覺之上。主體和客體被連結爲不同卻相互依賴項的過程提供了對象前範疇的可能性條件。

結果是，一幅自我和自然相互反映的圖像，以及自我意識的重新構想。如果替哲學思想發現主體性的重要性要歸功於笛卡兒，康德的成就即是提出自我意識不是在特殊種類前存在對象成為可知的那種與自身的關係中來加以看待，而是作為對象世界的統攝基礎，如此轉化了笛卡兒的進路。笛卡兒試圖藉由把主體性與對象世界孤立開來以闡明主體性的特性，卻持續把主體性視為屬於那個世界的內容。相形之下，康德把自我意識設想為某種不包括在對象世界中的東西。

範疇的合法性

最後，康德的主—客關係理論實現了〈推證〉的知識論目標，亦即範疇的合法化：康德宣稱，決定主客關係的先天綜合是按照從範疇得出的規則的必然綜合。

康德沒有詳述這種轉變的理由，但它沒有引起很大的困難。康德有幾種方式證成統覺的種種條件是等同於按照範疇的綜合。其中一個依賴於我們熟悉的康德學說：綜合是一種活動，而活動是知性而非感性的特徵之一；知性是先天概念，即範疇的來源；所以先天綜合必須按照範疇來綜合。另一個是上述自我意識依賴於對象的論證的單純延伸：唯有先天概念性綜合存在（理由如上），先驗統覺才是可能的，而唯有先天概念，即範疇存在，這才是可能的（因此，第二個論證為康德有先天概念的宣稱提供了一個新的基礎）。第三個論證是：先驗對象是「某物一般」的概念，而範疇是對象一般的概念，所以由先驗對象所規定的綜合必然按照著範疇。

不包括在〈推證〉本身中，但作爲一種結尾屬於它的是後面稱作「一切綜合判斷的最高原則」（A154-8/B193-7）的部分。康德在此解釋了先天綜合判斷一般的問題是如何在〈推證〉中解決的。康德提醒我們，在綜合判斷中，「我們必須超出一個既與的概念以便把它和另一個概念綜合地加以比較」，所以「需要一個第三者，只有在它之中兩個概念才能達到綜合」（A155/B194）。要被理解的問題是，這在綜合判斷是先天地情況下如何可能？

〈推證〉已經證明所有表象，因而所有經驗對象都有先驗的條件，而先天綜合判斷的可能性來自於這些條件。包括先天綜合判斷在內的「綜合判斷的最高原則」，「就是：每個對象都遵從在可能經驗中直觀雜多的綜合統一的必要條件」（A158/B197）。因此，在先天綜合判斷的情況中，可能經驗的條件提供了第三種東西，這些條件包括了純粹直觀和統覺的綜合。由此可知，範疇無法被應用於外在可能經驗（康德挑戰試圖這麼做的超驗形上學家，他說綜合判斷可建立在其他「第三種東西」之上，A258-9/B314-15）。

在〈推證〉最後，〈分析論〉的基本難題已獲得解決。其任務是證明先天概念的功能是作爲先驗條件。爲了實行這個任務，需要發現概念性的先驗功能，統覺的先驗統一已滿足了這點：它正是使有對象存在成爲必然的東西，已即使對象有先天概念形式的東西（如此它是那「整個人類知識範圍中最高的原則」，B135）。只有在弱的意義上，即一個稱爲「非我」且提供眞理（而不僅是表面上）的對象範域；一個沒有任何存有論規定，僅包括「實際情況是什麼」的事態範域，我們仍有客觀性，但就如之前說，自然的實在並非康德在〈推證〉中的目標。

擔心顯象是混亂的，〈分析論〉更具體的問題是去說感性和概念性的東西間如何有任何連結。

雖然先驗觀念論排除了顯象是不可判斷的狀況，它蘊涵了顯象憑藉著其獨立的構成，不會是不可判斷的，它仍有一項工作是確保對象確實是與主體一致的構成：要證明顯象不能具有與主體的概念能力不一致的構成是一回事，而要證明顯象的感性構成必須符合我們的概念能力則是另一回事。問題是，同樣一個對象如何能表現出與感性和知性都有關聯，爲什麼不是存在著對象的兩個世界（如康德在他就職論文大膽提出的那樣），而各對到一個機能呢？

先天綜合理論蘊涵了顯象本質上適合接受範疇，而提供康德解決之道：它證明了既與者是在概念上所構成的。〈推證〉證明認知或意識層級（獨立於思想而被給予的經驗資料的層次，以及指向那個資料的思想的層次）中兩階段的經驗論觀念是不一致的。根據康德的說法，讓意識超越自己邁向世界的工作已經在既與層次完成了，直接立基於既與者的思想必然導向在既與者中被呈現的**對象**，而不只導向對象藉由隨後理智運作而被推斷的「經驗資料」。既與者把自身呈現爲替關於對象的判斷提供基礎，而〈推證〉證明了，如果既與者沒有概念的形式，它就不能有這種性質。所以對主體來說，既與對象和應用著的概念間似乎沒有間隙：經驗和概念間的內在聯繫排除了概念應用基本上依賴於推論的可能性。因此，不是既與遭到廢除，而是證明包含了客觀性。於是，〈推證〉產生了比形上推證更進一步的想法，那就是思想和直觀必須有一個共同的結構：「賦予一**個判斷中**各種表象統一性的那個機能，也賦予一**個直觀中**各種表象的單純綜合統一性」（B104-5）。

其他議題

總而言之，應要提到與〈推證〉相關的許多其他議題中的一些議題。首先，在《序論》（§§ 17-20, 21a）中相應於〈推證〉的若干段落產生了一個謎題。康德在那裡就「知覺判斷」和「經驗判斷」的區分來提出範疇的證成，後者是客觀的且預設範疇的，前者則是主觀的且僅立基於意識的經驗統一。表面上這直接與《批判》沒有範疇的判斷是不可能的這個學說相衝突，在這方面知覺判斷的概念是矛盾的。調解文本的一個方法是去假定在《序論》中，與它要以更可吸收的形式來重現批判哲學的目的相一致，康德只是爲了論證的目的，爲了解釋經驗知識的不充足，而承認（經驗論者的）知覺判斷的觀念。

第二個議題是與〈推證〉的結論，即經驗預設了範疇概念有關。康德可被詮釋爲宣稱要嘛沒有獨立於範疇的經驗**存在**，要嘛只有在經驗預設了範疇，才能爲判斷提供基礎，或對主體發揮再現的功能。康德說知覺不從屬於範疇就「沒有對象，僅是種種表象的盲目遊戲，甚至算不上是一個夢」（A112），沒有與知性必然連結的現象不伴隨意識，是以「對我們來說是無關緊要的」，甚至「什麼都不是」（A120，亦見 B131-2）。這些評論顯示出第一種詮釋。

以這種方式看待康德曾遭到一個反駁。我們的經驗包括夢、幻覺和其他我們意識到卻缺乏對象的種種呈現。同樣地，一些我們心靈連結僅是由聯想所觸發，獨立於任何安排整理的先天規則。根據康德的說法，這樣的經驗想必相當於「表象的盲目遊戲」而不符合於範疇。在這個基礎上，我們可以主張這種「超出範疇的」經驗的事實反駁了〈推證〉經驗預設範疇的結論。

然而，我們很容易可以看到，夢和這類的東西在與〈推證〉不一致的意義上並非是超出範疇的。首先，夢之類的東西不完全是由範疇所規定，它們與知性並非沒有連結：要作夢或是產生幻覺必然要擁有可以判斷形式表達出來的經驗；夢或幻覺的意向對象取決於範疇。其次，我們能夠且確實把夢和其他想像的經驗概念化爲對於對象的表象，也就是我們自己：用康德的話來說，它們是我們心靈的變型，是內感官的對象。因此，夢之類的東西能由康德提供爲獨立於經驗的實例：它們憑藉其在全然依照範疇安排的經驗系統中的從屬位置而成爲可能的；它們不能構成理性自我意識主體的整體經驗，但能構成該經驗的一部分。

仍然重要的是，如對康德立場的另一個詮釋提醒我們的，我們要記得康德的目標是建立一個人類認知的先驗理論，而不是人類心靈作爲經驗現象的理論。從〈推證〉的反經驗論可知，認知不能建立在或來自於帶有純粹感官特性的狀態，心靈狀態的內容是非概念性的，而不能說是那種在經驗考量層次來設想的。若是如此，〈推證〉允許使這樣的狀態在像是嬰兒或是動物的非理性主體中發生，或許也在理性自我意識的主體中發生。但如果這些狀態確實發生，那麼它不是作爲認知的要素：它們在之前討論的包含客觀性意義上，不屬於「既與者」，而它們是否同樣被描述爲意識狀態仍是懸而未決的。

對解讀康德有廣泛影響，並在評論康德中爭議不斷的第三個議題是他所謂的「先驗心理學」（這不是康德自己的術語）。這意味著康德所說的結構和主體的運作，尤其他關於綜合的理論和對種種機能的區分。先驗心理學經常被否定爲多餘的，而由於其聲稱的思辨特徵，而有害於先驗哲學。在B版〈推證〉對綜合的說法的簡化，及其拋棄「主觀推證」的設置似乎支持這個觀點。

一般來說，反對先驗心理學的敵意是與對康德觀念論的駁斥密切相關的，這是適當的，因為它是先驗觀念論的組成要素。如果〈分析論〉不只要證明對象必須接受概念的形式，也要證明它們是如何接受的，那麼康德基本上就應該對主體如何實現此目的提供一些說明。先驗心理學本身並非只是思辨：康德不只大膽提出關於未知先驗心靈的內在活動的假說，因為他關於主體結構和活動的那些宣稱，是直接從關於對象如何必須受約制以使經驗成為可能的這個描述推斷出的。先驗哲學從主體性必須發揮的先天功能來詳細說明了主體性，但它關於那些功能「底下的機制」卻隻字未提。

人類經驗的特定概念形式：因果上互動的實體

〈圖式論〉、〈類比〉、〈對觀念論的駁斥〉

隨著〈推證〉就緒，方法和〈分析論〉的最後宣稱得到建立。接著在〈原理的分析〉中，更精確地說，在那種構成〈原理的分析〉主要部分的純粹知性原則系統中，康德指出了十二範疇的運用原理，且為它們是經驗所必須的提出辯護，因此在其個別概念的基礎上，證明了〈範疇表〉。〈原則的系統〉包含了許多複雜的討論，但其中心論證的陳述要比在〈推證〉中更為清晰。

康德在〈原則的系統〉的前文把先天原則界定為提供其他判斷基礎的判斷，但它本身不曾任何其他更普遍的判斷導出（A148/B188）。對原則的證明因而必須是先驗的（A148-9/B188）。他也區分了知性的數學的和力學的原則（A160-1/B199-200）。前者，即〈公理〉和〈預期〉乃是只關於「對顯象一般的**直觀**」。後者，即〈類比〉和〈設準〉則提供「可能經驗直觀的對象存在」之條件：它們是連結和統一經驗直觀的規則，藉以成爲認知或經驗（康德使用「經驗」來當作經驗知識的同義字，B218）。此區分的力量在於數學原則是必然的，但對客觀性來說還不足夠，客觀性還要求力學的原則。

如前所述，《批判》要使經驗的形上學合法化的重要章節是〈經驗的類比〉（由〈對觀念論的駁斥〉來補充）。康德在此主張，對具有空間－時間直觀的主體而言，〈推證〉證明是必要的客觀性必須假定一個特殊形式，也就是主體屬於因果互動的諸實體的世界，這對立於休謨的論點，他主張我們缺乏運用物體概念和必然連結的理性基礎，且我們的因果判斷要被化約爲僅是經常相連的聲稱。因爲〈公理〉和〈預期〉對於康德對客觀性的論證做出相對輕微（且無爭議）的貢獻，而〈設準〉稍微與它分離，本書在較後面的部分再加以考量這些章節。

圖式論

在關注〈類比〉之前，基本上要先把握康德在〈圖式論〉中所提出的主要論點，〈圖式論〉是在〈原則的系統〉之前那個簡短卻十分縝密的章節。康德在此回到感性部分和概念部分如何相關聯的問題。判斷的概念作爲活動提供了思考這個問題的新脈絡：康德在〈原理的分析〉的導論式章節中（A130-6/B169-75），解釋了判斷是「歸攝於規則之下的機能」（A132/B171），因此〈原理分析〉要被描述爲判斷的一個「規準」或「學說」，亦即判斷的一套指導（A132/B171）。

〈推證〉證明了範疇必須運用到直觀中既與的對象。康德現在主張，此要求遺留了一個問題。當對象歸攝於一個概念之下，亦即被判斷時，康德說對象的表象必須「與概念同質」（A137/B176）。起初，這聽起來特別像是經驗論式的，我們回想起觀念的相似理論，但康德同質性所意指的是十分不同的某種東西，它正好穿越感性與非感性事物間的圍籬。概念爲了抓住直觀中既與的對象，在概念中必須存在某種**能夠**在直觀中被表象的東西，亦即概念必須如此，直觀才有可能符合它們。問題是，如概念的情況，範疇太過抽象而無法滿足這個條件：它們與感性質觀是「十分異質的」（A137/B176）。

因果範疇闡釋了這個論點。它所包含的是關於與結果和基礎關係的那個最高抽象觀念，關於因爲其他事物是這樣，所以一個事物是這樣的觀念。現在很清楚的是，在先驗的經驗理論中，我們沒有關於我們經驗展示的「原因性」是什麼的觀念：此純然理智的關係應在感性上被直觀或包含在顯象中，還不是可理解的。於是〈推證〉還沒有能告訴我們感性和概念性的東西必須被連結，且此連結是在先天綜合中產生，因爲我們還沒有關於一個純粹概念的感性示例能產生什麼的想法。因此，如果直觀的對象能取得概念形式，概念必須以某種方式被帶到更接近直觀。

康德所建議的解決之道是假定「第三種東西」，它與範疇和直觀或現象都是同質的（A138/B177）。此「中介的表象」必須在一方面是智性的，而在另一方面是感性的。康德稱之爲**圖式**（複數是 schemata）。康德說，圖式是由想像力所產生（A140/B179, A142/B181），想像力是在〈推證〉中引入的中介機能。圖式論是產生圖式和圖式與概念結合的過程。於是我們可以談論圖式化的和未圖式化的概念，亦即個別考量與其圖式有關或與其圖式相分離的概念。

圖式顯然不同於僅是圖像（A140-1/B179-80）：康德把圖式刻畫爲是方法或程序，對立於經驗論傾向模仿圖片來應用概念。根據康德的說法，產生圖像預設了圖式論，是圖式而非圖像促成了把對象歸攝到概念之下。康德呼應柏克萊對洛克抽象觀念理論的批評，他舉例說三角形的圖像都不「能合適於一般三角形的概念」，其圖式「除了存在於思維，不能存在於其他地方」；「狗」的概念也是如此（A141/B180）。再者，點的序列「．．．．．」可作爲數字五的圖式（A140/B179），但它這樣預設了呈現相符於量的概念的圖像的方法，也就是數字的圖式（「同質單位的連續相加」，A142/B182）。因此康德說，包括經驗概念在內的概念的一般應用有賴於圖式。

圖式對〈分析論〉的經驗理論很重要，在此需要詳細說明的是與範疇相聯繫的**先驗圖式**（A138/B177）。康德提出，先驗圖式是「先驗的時間規定」（A139/B178），亦即概念化時間的方法。接著，康德宣稱藉由等同於或實現在關於時間的思想或時間以某種方式被思考，範疇得到應用。

我們無法假裝可輕易加以把握這個觀念，它首先似乎是任意的，因爲根據康德的說法，時間作爲直觀形式不暗指任何與範疇即將連結的固有的東西存在。但康德不是宣稱時間有初發的概念性意義：他再次是按照先驗功能推理，而藉由消去法得出他的結論（A138-40/B177-9, A145-6/B185）。先驗圖式論要求一個具有感性面的中介表象，且是先天的而非經驗的；在先驗的經驗理論限定之下，只有純粹直觀符合這個描述。因爲某個東西必須提供純粹概念和經驗直觀間的交會點，沒有其他的東西可以做到，故純粹直觀必須辦到這點。爲什麼特別是時間提供先驗圖式論的關鍵的理由是，時間是直觀和概念最一般的統一條件：一切感性對象在時間中被直觀，而一切概念活動都在自我意識的條件之下，自我意識的對象是時間性的。因此，帶有感性的非時間性形式的主體以不同的方式圖式化範疇，而我們不能把範疇了解爲已圖式化的。

在這個基礎上，康德詳細說明了十二個先驗圖式，每個範疇都對應到一個圖式（A142-5/B182-4）。以對〈類比〉最爲重要的這兩個來說：實體的純粹邏輯概念，即某種只能被思考爲主詞的東西，當它圖式化就成爲「實在之物在時間中的持續存在」（A143/B183）。還有因果的純粹邏輯概念，即理由與後果的關係，成爲「只要被設定，就總會有其他東西相繼而來的實在之物」的概念，「雜多的相繼狀態，只要這個相繼狀態從屬於一個規則」（A144/B184）。

在目前這個連結感性部分和概念性部分脈絡中，時間的角色在〈類比〉中取得了進一步的重要性，康德在其中試圖從時間導出強的形上學任務。是故，我們是有可能把〈圖式論〉當成提供先驗的經驗理論一個新起點的：有些評論者把該章節解讀爲，以一種更有希望的方式重新執行康德在〈線索〉爲自己訂下的任務，也就是辨認出支持經驗的概念性條件的一組有特殊地位的先天概念，亦即經驗的形上學。這有一個可議論的好處，就是讓那個令人不滿意的形上推證變成是多餘的：這樣一來，在把對象歸於範疇之下乃是一種判斷的情況下，範疇與判斷的概念相連結，且範疇與判斷的邏輯形式號稱的緊密關係就減弱了。然而，這仍造成一個影響，那就是**非**圖式化的範疇的想法消失了，或者變成從經驗知識的條件可疑的抽離出來，這是一個以之後會看到的種種方式與其他康德哲學的基本要素相衝突的結果，那些基本要素要求範疇要具有獨立於圖式論的意義。

無論這個進路是什麼，我們應該注意康德連結感性和概念性東西的提案，雖然它表面上簡單明瞭，在另一個層次上卻十分難懂。先驗圖式是一種關於時間的**思維**嗎，或者**時間**在某種方式上是思維？我們指涉先驗圖式的方式似乎不免會在畫分概念與直觀的一方或另一方把兩者等而視之。再者，如果我們要回答兩者是什麼的問題，或者關於兩者言之有物，似乎必須就這麼做。然而，從任何方向同化的代價是讓它們顯然不切合於它們被指派的中介角色：如果它們要嘛是與直觀有特殊關係的概念，要嘛就是藉由概念形成的直觀，那麼它們似乎預設了感性和概念性的東西連結的可能性，而這是援用先驗圖式論所要去解釋的。

康德可能會聲明先驗圖式論不可簡化，同時是感性的且理智的，且這就是它們的同一性問題如何應得到回答。若是如此，康德把我們的表象分成直觀和概念的原始區分就不是窮盡的，因爲有第三個種類，我們關於它幾乎一無所知，除了它是依賴於且以某種方式從其他種類衍生出。我們可以從先驗角色的方面來對它加以說明，連結概念和直觀的問題引起了它，但我們無法說明其衍生的方式，以及圖式的本性。要注意的是，我們不只相對上對於圖式比直觀和概念了解的更少，以及我們不只無法確認它們的最終來源：我們對於我們感性和知性機能的基底同樣是無知的。先驗圖式在**特定的**意義上仍難以掌握，因爲它們要求在它們自身結合兩種性質，或兩種再現功能，正是它們表面上是無法相混的，我們才首先引入它們。這仍是康德自己對這件事的看法，很可能是他以下所陳述的內容，圖式論是「人類心靈深處隱藏著的一種技藝，我們很難在某個時候從自然那裡發現到其眞實活動模式」（A141/B180-1）。

先驗的經驗理論迫使我們接受剛才這點，這個宣稱無疑是始終如一的，但它在理論的發展過程中，也表明了一個奇特的論點，因為它意味著我們到達先驗解釋的界限，在某個意義上這是前所未見的。康德逃脫理性論和經驗論，並否定概念應用的先驗實在論典型所要付出的代價就是令先驗圖示論晦澀難懂。

經驗的類比

〈圖式論〉證明了如果範疇要扮演構成經驗對象的角色，範疇必須具有何種內容，以及範疇是如何取得其內容的，〈類比〉進而證明實體和因果性這兩個圖式化的範疇發揮先驗的功能。此功能特別是與我們身為浸沒在時間中的主體這個情況密切相繫。在先驗的經驗理論脈絡中，我們的時間性引起了關於時間判斷的問題，也就是：在對象超出我們表象的時間性的意義上，我們如何可能把對象再現為在時間中？康德主張，實體和因果性提供了解答。第一類比處理的是實體，第二類比則處理因果性；第三類比蒐集兩者的結果，並把空間放入其中。這三個類比相應於關係範疇（實體、因果性、交互性）和時間的樣態（持存性、相續性、同時性，A177/B219，A215/B262）（康德也把類比與牛頓物理學中的基本命題聯繫在一起，這可以參見《序論》的第二部分，但他沒有打算在此加以證明）。

如果對象的範圍要被再現，那麼我們就不可能截然區分我們再現的主觀面和客觀面，這兩個方面即把我們和我們再現的主體關聯起來的那面，以及關聯到對象世界的那面。康德主張，在此首先需要區分我們表象的時間次序，以及對象的時間次序：如果我們要把對象思考為不同於我們的表象，那麼我們需要能夠把它們思考爲存在在時間中，思考爲在我們表象的內在之流外的東西。換句話說，我們需要能形成**客觀的時間次序**的觀念，對象帶有確定的時間點而存在於其中，這有別於我們表象彼此接續於其中的主觀時間次序。

爲了符合這個條件，補充〈分析論〉的經驗理論上的某種附加的東西確實是必要的，它可以由回想起康德的內感官說來加以理解。康德在〈感性論〉告訴我們時間「無法從外在被直觀」（A23/B37），這表示我們沒有先直觀時間爲是內在的，就無法把它直觀爲外在的：時間最初是作爲我們表象存在的面向而給予我們的。於是，我們需要某種簡單使作爲對立於我們表象的對象在時間中成爲**可思考的**東西。如果我想到「雷聲是發生在閃電之後」，那麼我不只需要能思考表象發生的某種相續過程。否則，所有我能判斷的是我，這個主體先在一個模式，接著又在另一個模式。

在建構康德關於對象的時間判斷的難題時，有一個要素是他在類比所一再陳述的另一個前提，那就是時間「本身無法被知覺」（B219, B225, A183/B226）。如果時間能被知覺，那麼我們就擁有關於時間種種片段的知識，就像我們擁有關於桌椅的知識一樣：時間會包含一個固定的和確定的自足的架構，此架構可獨立於發生在其中的事件而被認識，而區分客觀的和主觀的時間次序便是輕而易舉的，客觀的時間次序會直接給予我們。這樣會包含一種位於事件背後的可見尺度，對照於該尺度我們可以確定事件的位置。但我們沒有這樣的關於時間的知識，因爲它是感性形式，而非物自身。康德說：「時間不能被看作是經驗在其中直接爲每個存有者規定位置的東西。這種規定是不可能的，因爲絕對的時間不是種種表象能面對到的知覺對象。」（A215/B262）

第一個類比

第一個類比打算建立實體的永久原則：「實體在一切表象的變化中是持續不變的」（B224）。第一版的表述更爲清楚：「一切現象都包含持久的東西（實體）作爲對象本身，而包含變化的東西則作爲對象的單純規定，即對象存在的一種方式」（A182）。簡言之，此論證是說，爲了把表象思考爲在時間中，我需要某種固定不變的東西，且因爲我沒有知覺到時間本身，我需要設想某種在表象中持續不變的東西，這也就是說我需要使用實體這個概念。

詳細來說，論證如下。〈感性論〉證明了一切表象都有在時間中共存和相續的關係。表象在其中被思考的時間本身必須維持同一：「變化不影響時間本身，而只影響時間中的表象」（A183/B226）。康德不是在指說時間本身持續貫穿時間，這令人混淆不清，他也不是否認時間會流逝，這是令人感到荒謬的。康德的意思是，時間是單一的，一切變化是發生在同樣一個時間中，且時間自身是一切變化所參照的不變架構（在一個時刻A先於B，在後來的時刻A在B之後，兩者不能同時爲真；事件的時間點本身無法更改）。

由於時間本身無法被知覺到，我們**在顯象的範圍**，必須發現某種扮演不變的「表象時間一般的基底」（B225），某個「表現時間一般」的「一切現象存在的持續不變相關物」（A183/B226）。這種表象或表現時間的東西不能是主觀的，亦即不能由我們「對雜多的理解」來扮演其角色，因爲在其中沒有持續不變的東西：內感官的雜多「總是相續的，因而總是變動的」（A182/B225）。因此，它必須是客觀的，這意味著在表象中必須有一種永恆性，某種貫穿變化的持存東西。根據範疇的界定，這種東西是**實體**。康德說，實體要求的永恆性與成爲虛無，或停止存在不相容，它是絕對的永恆性（A185-6/B228-9, A188/B231）。

康德以提出「表象的一切變化（相續）僅是改變」來重新表述這個結論（B232-3），這意味著當表象變化時，必須被看作是發生在實體**中**的變化。這個重新表述很直截了當：如果實體的概念要起任何作用，那就必須意味著經驗是屬於歷經變化持續存在的事物，即在不同時刻有不同方式的事物，而這意味著把在我們經驗中的變化當作是實體中的變化。

康德合法化實體概念的方式不像之前的哲學家，他避免獨斷地建立實體存在，如理性論者僅在概念的基礎上便主張實體的實在性（A184-5/B227-8）。這種方式也沒有那個通常的且不受歡迎的結果，即實體是不可知的：關於實體沒有什麼還要去認識的東西，因爲它不過是「我們在顯象〔領域〕中表象給自己事物的存在的模式」（A186/B229）。洛克與不可知的，沒有感覺觀念與之對應的基底搏鬥（爲休謨的懷疑論式經驗論鋪路），康德的說明讓實體本身是什麼的問題消失：作爲經驗的形式，實體沒有神祕的內在本性。

第二個類比

第二個類比較不那麼簡單明瞭。它旨在建立因果原則：「一切變化都按照因果連結的法則而發生」（B232），也就是事出必有因。休謨否定此原則，其理由（如康德所說的）是在直觀中沒有必然性的表象被給出，以及因果原則的客觀有效性不能僅得自於分析性的考量。因此對康德來說，因果原則先天綜合的地位和它獲得先驗證明的可能性，即是藉由證明它爲經驗的必要條件來證成。

簡言之，此論證是說，對客體改變的經驗，亦即對變動世界的經驗，對立於僅是自身或自己的表象變動，對於我們經驗客觀時間次序乃是必要的，而我們只由運用因果性概念來區分，發生在我們表象的改變和發生在客觀世界的改變的區分。

詳細來說，論證是這樣的。第一個類比證明一切變化必須被視爲實體中的變化。問題是，變化如何能與實體，而不是與主體相關聯。單有實體的概念還不足說明這點。我們也有必要能在客觀表象中，即對象自身的相繼中去思考相繼的關係，這種關係是獨立於發生在主觀表象的相繼的。除非我能思考對立於僅是主觀的客觀相繼發生，康德說，否則我們只有主觀的「表象遊戲，它不關聯於對象」（B239）。

康德說，相繼關係爲了被思考爲客觀的，它必須是「規定的」，意思是它必須是**必然的且不可顛倒的**（A198-9/B243-4）。康德爲了解釋這點而比較了兩種情況，一是當對象維持不變，我的經驗改變，另一是因爲對象本身在改變，我的經驗隨之改變。第一個情況是那種繞著房子移動來觀看它，而第二個情況則是看著一艘順流而下的船（A190-3/B235-8）。兩者皆有一種主觀的相續：我的經驗改變，不同的表象一個接著一個出現。但在第一個情況下，改變只在經驗中，房子本身仍然不變，而我的經驗（當考慮其客觀內容時）也可由倒過來的次序發生：我可以以順時針方向，而非逆時針方向繞著屋子走。在船的例子裡，因爲對象在改變，我的經驗改變，這不是那種我的經驗可由倒過來的次序發生的情況：如果可以的話，我就會有某種不同的經驗，即經驗到一艘逆流而上，而非順流而下的船。所以在船的例子裡，不像房子那樣，有一個相應於我主觀相續的客觀相續，按照康德的說法，造成這個差異的是在船的例子裡，我根據一個規則組織我的經驗，而這個規則安排了我經驗事物必然且不可顛倒的次序。康德說，那個必然和不可顛倒的相續概念是因果關係的概念：原因和結果的關係既是必然的，也是不可顛倒的。因此，在只有一個先天規則使我們把變化與對象相連結，藉此規則一個現象可被當作使另一個現象**成爲必然**，成爲需要一客觀時間次序的理據上，因果性原則得到證成。關於因果關係的本性再次是毫無疑問的。

第三個類比

第三個類比擴充了第二個類比客觀性需要因果性的宣稱。其原則是共存的原則：「一切實體，就其在空間中能被知覺爲同時存在於空間中而言，都處於徹底的交互作用中」（B256）。第二個類比關乎事件間的關係這種形式中的因果性，第三個類比則關乎實體間因果關係這種形式中的因果性。這就是康德在第二個類比中使用船的例子的原因：它例示了就船在一個瞬間的狀態而言，是因果上依賴於其緊接之前瞬間的狀態。第三個類比處理的是一事件造成一不同實體中的另一事件的情況，就像在撞球的情景一樣。

如果時間要被規定爲單一的，如客觀時間次序所要求的那樣，那麼兩個事物「存在在一個同樣的時間」（A211/B258）必須是可確定的：否則各對象實際上就有其自己的時間流（A213-14/B260-1）。第三個類比主張，事物只有藉由被確定爲在空間中能有因果互動，才能被確定爲是共存的。時間的不可知覺性以及我們領會的連續性再次產生了最初的問題：我無法僅藉由直觀知道月球和地球是共存的事物，因爲直觀所產生的一切東西乃是月球表象和地球表象的連續。唯有當我能把我表象的次序看成是可顚倒的（A211/B258），對象可被規定爲在時間中有同樣的位置。這讓我把我的表象當成辨認一個本身不在時間中的對象的存在次序。康德認爲，讓我在我的表象的時間性是無關緊要的方式下，把對象想成是與另一個對象相關聯的是「影響」這個概念，而「每個實體相互包含另一實體中種種規定的根據」（B258）。

對〈類比〉的評估

廣義來說，類比背後的想法是經驗必須在兩方面形成一個統一體：它必須符合統覺的統一性，而爲了做到這點，它必須符合時間的統一性（A177-8/B220）。因爲「連結並不僅是感官和直觀的工作」（B233），它必須是智性的工作，亦即受到概念規定，類比證明了實體和因果性合於此目的，因爲兩者有規定時間關係的能力。所以康德把類比的一般原則陳述爲：「唯有藉由知覺的一種必然連結的表象，經驗才是可能的」（B218）（之前在A112-14的〈推證〉就提出過此宣稱，康德在那裡談到現象的「先驗的親和性」乃是統覺數目上同一性的要求，但並沒有提到時間的統一性）。結論是，我們居住在一個特殊種類的世界，在其中一切客觀經驗事實都有特殊的形式，而一切顯象全體構成「一個自然」（A216/B263）。因此康德所建立的自然統一性迥異於萊布尼茲或休謨的自然：它對經驗來說是內在的，且由現象的存在所構成，而非是超驗的（萊布尼茲主張的單子論）或僅是主觀的（休謨主張的心靈連結傾向）。

一般來說，康德被稱讚爲已在〈類比〉中提出某種十分重要的論點，但也常被批判爲誇大他的結論。據說康德所證明的是，爲了作出客觀判斷，我們需要某種組織我們超出感覺給予的經驗的方法，但此條件並不如康德所宣稱的那麼有需要：如果我們假定實體具有相對的永恆性，而不是在第一類比所推測的絕對的永恆性，便是如此；而在第二個類比，我們經驗中某種程度的規制性的較弱理念會代替事件間必要的連結。於是康德沒有排除把因果性分析爲休謨式的經常伴隨。

如果康德追問世界如何必須在其自身，或者問一個已能作出關於一客觀世界判斷的主體會在一最小使用於什麼假定以堅持這個自身的構想，這個批評路線或許可得到證成。但這兩個問題與類比提到的說法並不一致：康德沒有打算要建立一些關於以一種或其他方式在其自身的先前—已形成世界的論點；他也沒有考慮過一個已使自身與客觀性接觸的主體這樣的觀點。類比提出的問題是，在先驗的方面，何者是更爲基本的，何者無法獨立於〈分析論〉已著手進行的經驗理論來加以闡述，也就是什麼先天概念能滿足與判斷形式和直觀形式具有雙重關係的條件，以及在綜合的活動中扮演構成性角色的條件，藉之對象不同於表象的領土能成爲可思考的和可被給予的。康德的問題是關於被給予者的最初概念形式，而非在最初概念形式的基礎上所作出的關於實在的推論。

相對永久和經常伴隨的概念並不適合於此先驗功能。相對永久不適合扮演表達「時間一般」從而使客觀時間次序成爲可思考的角色：在某些特別理論的脈絡中，設想事物有複雜描述，即「相對上是永恆的」的唯一理由是，一旦客觀世界已被構成，時間統一性就被規定了。經常伴隨本身不具體說明直觀能採取的先天概念形式：它只把一個限制加諸經驗內容之上。康德關於絕對永恆和必然連結的宣稱因此不是在形上學上野心勃勃的，這些宣稱似乎只有在經驗論的見解中是如此。它們是初步的結果，是主體在考慮的孤注一擲的情況。

因此，康德會同意他的批評者的是，類比對客觀性的可能性條件的說明與他們心中的問題無關，且他指出這與他的主張無關。若要挑戰類比的結論，我們要嘛需要證明那些結論與先驗的經驗理論不融貫，或是需要證明在這個理論中，除了實體和因果性，某些其他東西能扮演同樣的角色。

應加以補充的是，仍有一些關於對〈類比〉詮釋的議題是文本所沒有釐清的。第二個類比不只試圖要證明事件間單一因果關係的必要性，也要證明事件必須受到因果法則支配。若是如此，就產生一個我們關於（事件必須受其支配的）特別因果法則的知識的問題：為了作出一個因果判斷，我們是否必須知道相關的法則（在這種情況下，自然法則落在第二個類比的範圍之內）？或者只有我們該認為有這樣一種法則才是必要的？儘管第一種詮釋可能更為自然，康德很可能把發現自然法的任務歸於理性的機能（在接下來的章節中會解釋理性提升經驗知識的角色）。

第一個類比的結論也圍繞著類似的不確定性，它並沒有說明實體如何為我們認知的目的而變得與眾不同。在此自然的假定是類比企圖證明實體的多元性，它相應於中等大小的物理對象的常識存有學。然而康德的觀點更可能是，永久要被等同於構成整體自然這件事（參見 A185/B228），個別現象的實質性是衍生的，且預設了其他因素（A189/B232）。

〈對觀念論的駁斥〉

最後要思考的部分是〈對觀念論的駁斥〉。康德在此打算證明我們擁有關於外在對象（亦即在空間中不同於我們的對象）的經驗，因而駁斥對於外在世界的懷疑論，康德把這種懷疑論持續存在的情況稱爲「哲學和一般人類理性的醜聞」（Bxxxix）。

康德在〈駁斥〉前面簡短的注解中（B274-5），分析了不同種類的觀念論。那種非先驗的觀念論被稱爲「質料的觀念論」；康德或許同時稱之爲「經驗的觀念論」（他在A369使用這個術語，雖然在那裡他想到的是一種特殊形式的觀念論）。相較之下，先驗觀念論是一種「批判的觀念論」或「形式的觀念論」（B519n, *Proleg* 294, 375），因爲它聲稱，儘管顯象的感性形式和概念形式是得自於主體，（相應於感覺的）質料卻不是如此。經驗的觀念論確實聲稱顯象的質料是由主體所提供，所以它不像先驗觀念論，而是一種注重對象存在的觀念論（*Proleg* 289）。康德在〈駁斥〉的目標是去反駁質料的或經驗的觀念論，而替經驗的實在論辯護。把〈駁斥〉放在〈設準〉的理由是它處理對象要爲眞實的種種條件，一個樣態概念。

質料的或經驗的觀念論分成兩個種類（B274-5）。第一種是柏克萊「獨斷的」觀念論，它主張外在世界的存在是「錯誤的和不可能的」。它之所以是獨斷的是因爲，它宣稱我們能**知道**外在世界不存在（康德也把柏克萊的哲學說成是「神祕而耽於幻想的觀念論」，*Proleg* 293，他大概想到的是其準柏拉圖式的要素：見 *Proleg* 374）。第二種是笛卡兒「困難重重的」觀念論（「懷疑論式的觀念論」，A377），它宣稱外在世界的存在是可能的，卻也是「可疑的和無法證明的」，其理由是，任何對外在世界知識的宣稱涉及了一種從內在狀態到外在對象的可疑（困難重重）推論（見A367-8）。

康德在兩方面把柏克萊和笛卡兒歸爲質料的或經驗的觀念論：第一，因爲兩者都認爲，關於直接且原初對象的知識只是主體的、私有的心靈存有物，而不是經驗上的眞實對象，藉之他們承認，關於空間中的對象的知識有賴於從關於內在狀態的知識推論出；第二，按照康德的說法，因爲兩者都沒有成功替經驗實在性的日常信念辯護。柏克萊打算使他的觀念論對經驗知識的分析成爲對常識的辯護，以反對懷疑論，但對康德和大多數人來說，柏克萊說明的結論是把空間中的事物化約爲「只是想像的存有物」。儘管笛卡兒打算使懷疑論的懷疑只成爲一個方法論的工具，康德認爲他沒有避免成爲獨我論：唯若內在對象是立即可知的，才沒有通向外在世界的推論途徑存在。康德在批判如洛克這樣的知覺的表象理論時提出其理由（在A367-8給出的），這些理由是我們耳熟能詳的（康德沒有理會笛卡兒訴諸上帝來作爲我們知識宣稱的保證者；用康德的話來說，它當然是完全不合法的）。

康德只讓〈駁斥〉針對困難重重的觀念論，說柏克萊觀念論的基礎「已被我們在〈感性論〉中破壞掉了」（B274）。這仍只反駁了困難重重的觀念論，亦即證明「我們擁有關於外在事物的經驗而不只是想像」。康德說，爲證明這點，必須證明「連我們那種笛卡兒不懷疑的內在經驗也只有在外在經驗的假定上才是可能的」（B275）。

此論證是在一簡短的段落中加以陳述的（B275-6，於〈前言〉的一個長註腳加以詳述，Bxxxix-xli[n]）。它始於這個（康德假定即使是懷疑論者也會同意的）假定，那就是「我意識到我自己的存在是在時間中被規定的」（B275；我擁有「**對於我存在的經驗意識**」，Bxl）。這就是說：我自己作出關於在我經驗中客觀變化的眞判斷，我把我的心靈歷史放在一客觀的時間次序中。這比〈推證〉中的假定，即我有先驗的自我意識還要更強，後者只是對於我自己正在思考的意識：

經驗的自我意識預設了內感官和一個相應的經驗雜多（A107 和 **B132-3** 區分了經驗的和先驗的統覺）。它不同於〈類比〉，因爲它關注於關於我表象的時間判斷而非關於對象的時間判斷。

現在這樣的意識，像一切時間的規定，「預設了某種在知覺中永恆的東西」（B275）。這正是第一個類比的教訓。而既然一切我內在直觀到的東西乃是我表象的相續，以休謨的方式，此永恆之物不能是某種內在於我的東西（它「不能是在我之中的直觀」，Bxxxix[n]）。即使在我之中有某種可直觀的東西，仍持續貫穿我的經驗（例如，一種「對自我的感覺」），它會是一個**永恆的表象**，而不是一個**對一永恆之物的表象**，一種持續著的直觀，而非歷經變化維持不變的事物。康德藉由強調此區分，指出永恆的表象和對一永恆之物的表象就足夠了一樣不再是必要的：表象本身是暫時的，卻指涉到某種永恆的東西（Bxli）。

儘管笛卡兒的思維物因此被消除爲永恆之物的候選者，康德推論說「只有藉由外在於我的一**事物**，而不是藉由外在於我的一個事物的單純**表象**」（B275）它才是可能的；而如果永恆必須外在於我，那麼它必須是在空間中的，因爲空間是外感官的形式（與康德排除純然時間永恆有關的是他這樣的學說，因爲時間本身不能被知覺，我們只能藉由預設空間來作出時間判斷：「除了藉由外在關係中的變化，我們不能知覺任何時間的規定」（B277）。這個想法後來在〈設準〉中有更好的解釋，康德在那說，沒有把時間再現爲一條線，亦即類比於空間，我們甚至無法思考時間；見 **B291-3**）。

所以康德作出的結論是，對於我存在的經驗意識「同時是對於其他外在於我的事物存在的立即意識」（B276）。也就是說，不只外在於我的事物必須存在，我也必須有對於它們的**意識**，而此意識必須是立即的，因爲否則我必須推斷外在對象的時間次序（如笛卡兒所假定的，B276），這要求我指認出我先於其對象的時間次序之表象的時間次序，第一個類比已證明這是不可能的。

由此無法得出唯有「有外在經驗這種東西存在的命題」「總是被預設」（Bxli），「每個對外在事物的直觀表象」是眞實的（B278）。我們如何區分眞實的和非眞實的知覺是另一回事，康德提到那個規則，「凡是按照經驗法則與知覺相連結的東西，就是眞實的」，此融貫的判準的融貫性是由先天規則所決定的（A376；亦見 Bxli, B279, A492/B520-1, *Proleg* 290-1, 337）。

結論是內在和外在經驗必然是相互關聯的：它們「以同一性的方式結合在一起」（Bxl）。若是如此，笛卡兒重要的假定，即主觀狀態可獨立於外在世界而被認識，自我意識先於關於對象的知識就被破壞了：康德已證明笛卡兒式的「無可置疑的確定性」在第一個例子並不如笛卡兒認爲的那樣，是歸於經驗的自我意識，而是歸於先驗的自我意識，康德也證明關於內在經驗（經驗的自我意識）的知識是另外一回事，它預設了外在經驗。「〈質料的或經驗的〉觀念論所玩的花招還治其自身」（B276）：〈駁斥〉已證明從對於我們自身存在的主觀觀點轉移到客觀觀點，如果懷疑論者要指涉到內在經驗的**事實**來作爲懷疑論懷疑的基礎，他必須採取這種行動，此行動強迫從內在對象轉移到外在對象。它告訴我們必須有外在世界存在，並解釋了爲什麼其存在在我們如此看待它的方式上應是自明的。

〈駁斥〉和〈第四個誤推〉

〈駁斥〉中的論證相對來說是容易把握的，但它在《批判》中出現產生了一個謎，而對它的詮釋則是備受爭議的。

爲什麼應該需要〈駁斥〉的理由最初還不明顯，鑑於〈推證〉和〈類比〉，其論證如何與那兩處的論證聯繫起來也不明顯。雖然它回到〈類比〉自我意識和時間性的論題，它卻不只再現之前的材料。但如果〈駁斥〉沒有增加一些眞正是新的東西，那麼問題就是，對康德爲客觀性辯護而言，是否這嚴格上是必要的。如果它是必要的，那麼似乎就意味著，儘管〈推證〉和〈類比〉所做的顯然都是康德駁斥懷疑論所需要的，它們在康德眼中在某些方面必是不適當的。

有人認爲有助於解決那個謎的思考方式是，〈駁斥〉只是在第二版插入的，而它與在第一版〈推證〉刪除的稱爲〈第四個誤推〉（A366-80）的長段落相一致，康德在其中憑如下基礎來反對笛卡兒懷疑論（亦見 *Proleg* 336-7）。按照先驗觀念論，外在對象只有在一種經驗的意義上「外在於」我們，它們在先驗的意義上是內在於我們，因爲空間屬於我們的感性，它們「僅是顯象，因而只是我的一種表象」（A370）。我的表象的子集構成了外在對象，這不同於在外感官和內感官被給予者（A371）。因爲我的表象在內感官立即就被認識（用笛卡兒的話來說，我擁有關於我所思考者的根深柢固的知識），於是我關於外在對象的知識必須與我關於我自己的心靈狀態的知識同等。內在和外在對象的不同在於它們表象的種類，但我在每個情況下同樣獲得它們：外在對象的存在「是與我自己作爲思考著的存有者存在同樣的方式得到證明」（A370），因爲它依據「我的自我意識的直接證據」，且關於它們的「直接知覺」算是「對它們實在性的充分證明」（A371）。

康德發現，此論證的毛病在於它讓自身被解讀為一個柏克萊式觀念論的陳述：它重複柏克萊的宣稱，即一旦我們了解到沒什麼比經驗對象更是某種心中的觀念，懷疑論便會消逝無蹤。所以康德在〈第四個誤推〉所提出者似乎不是一個反對經驗觀念論的論證，而是一個從柏克萊那種經驗觀念論的觀點反對笛卡兒那種經驗觀念論的論證，也就是一種對於笛卡兒的柏克萊式反駁。按照《批判》出版後所出現的一種惡意評論，康德深信〈第四個誤推〉，因而一般先驗觀念論可如此加以解釋，康德關於經驗實在性的立場就被描述為是柏克萊式的。康德激烈拒絕這種聯想（正如我們在〈附錄〉和*Prolegomena* 372-80可見到的那樣）。我們因此可以合理認為，康德在第二版刻意把〈第四個誤推〉的反懷疑論任務再次分派給〈駁斥〉，認為它可以阻止把先驗觀念論錯誤的等同於僅是經驗觀念論。

按照一種觀點，第二版以〈駁斥〉取代〈第四個誤推〉標示了康德哲學一個特別重要的新發展。按照這種說法，〈駁斥〉主張經驗的自我意識所要預設的外在對象可正當地被當成是物自身。在支持這種觀點上，我們可以觀察到在〈駁斥〉沒有訴諸外在對象的先驗觀念性。

於是，一些對康德的分析式詮釋者宣稱〈駁斥〉是〈分析論〉的最高點，在〈分析論〉中，康德經驗理論中的眞正知識論的洞見不帶有其觀念論的外表。按照這種觀點，〈駁斥〉乃是對實在論的證明，實在論對立於康德在第一版就已支持的柏克萊形上學：其導論相當於承認先驗觀念論與柏克萊的觀念論沒有差別。因此，康德在〈駁斥〉有意或無意地與先驗觀念論決裂了。

這種對〈駁斥〉的詮釋是否得到證成顯然取決於對先驗觀念論的整體評估為何：如果如其批評

者所言，此學說眞的不足，或者近似柏克萊的觀念論，那麼就有好理由把康德看成在〈駁斥〉中強迫自己超越了它。第八章將會討論一些相關議題。在此要思考的那個較窄的問題是，是否有一種對〈駁斥〉的合理解讀能使它和之前〈分析論〉的段落（不只是重述那些段落）以及先驗觀念論相一致。

要了解這可能是什麼，我們該回到論證本身。重點是，康德在論證中說有「外在於我的事物」，而不只是「對外在於我的事物的**表象**」必須存在。論證中這個步驟突出之處在於，對表象的必要性的反思能在外在指引表象的循環；從而對實在論者有強烈的吸引力。然而，我們明白沒有一些其他假定，此推論便無法進行。只有在兩種方式下，「X存在」能從「X是表象所必需的」推論出：要嘛是在一些關於表象之眞的、超出表象的種種條件的一般理論的基礎上，會有那種蘊涵；要不然就是，在X是一種其存在與表象的必然（的一個功能）相繫的事物這個基礎上。沒有這些假定其中之一，〈駁斥〉會深信某事物能憑自身而存在，僅是因為我們需要它如此存在，它會是某種眞正有魔力的東西。

先驗哲學截然對立於第一個假定應是很明顯的：康德的哥白尼式思想乃是建立在，否定我們能有關於獨立於我們表象的情況爲何的知識以使對對象的表象成爲可能，所以，我們不能建構推論所要求的一般理論。第二個選項很清楚是康德的：X的存在可以從我們表象X的必然性推論出，因爲X是某種其存在是這樣的必然性的作用（粗略地說：它存在是因爲我們使然，而我們作出它是因爲我們需要它）。若是如此，先驗觀念論就是〈駁斥〉所內建的，而它建立的外在事物則是顯象。

確定這個詮釋，我們可觀察到，〈駁斥〉要是沒有先驗觀念論的話，就幾乎沒有對抗懷疑論的力量。要加以證明的是，我們有「經驗」，而不只是關於外在事物「想像」。任何對〈駁斥〉的先驗實在論式解讀都會遇到的難題是，因爲在認知中，眞實事物只能藉由它們的表象扮演證成的角色，表象似乎總是正如眞實事物那樣。因此，懷疑論者面對到X是表象所必須這樣的宣稱，懷疑論者能同意我們有對X的表象是必然的，而否定此表象能被認識到有一對象。當然，先驗實在論需要證明X的必要條件不只是表象的事物，而是一種關乎超出表象的事物。但如前所述，首先，康德先驗方法沒有產生任何這樣結論的資源；其次，任何這樣推定的證明能符合懷疑論的證明標準是十分可疑的。因此，我們有把握說，唯若依照〈推證〉中的意義來理解「表象的對象」，像〈駁斥〉那樣建立在表象的必要條件的論證，才能導出關於對象的結論。

如果我們以這些方式來理解〈駁斥〉的論證，便會得出下列對它在《批判》地位的說明。〈駁斥〉扮演了雙重角色，一個內在於康德的經驗理論，另一個則外在於康德的經驗理論。在其內在方面，〈駁斥〉是〈推證〉和〈類比〉的直接擴展，它可能有所增益。它附加一些重要的東西在較早的論證上：第一個類比所需的永恆者被具體規定爲質料（B277-8）；建立了經驗的自我意識對外在對象的依賴；且在〈分析論〉中至今理所當然的外在經驗被證明是必要的，而理性的實在性仍是可疑的。

在外在能力方面，〈駁斥〉做了一些不同的事。它仍不獨立於先驗觀念論，如我們已看到的那樣，它不能如此加以解釋，因而預設了某種異於懷疑論看法的東西。雖然它對經驗實在論者提出強而有力的挑戰，換言之，要解釋他是在什麼基礎上，作出關於（他宣稱先於所有他人的）自己心靈歷史的判斷的。如果經驗觀念論者藉由宣稱經驗的自我意識是絕對既與的而拒絕此挑戰，那麼他就成爲獨斷論者；但如果他接受此挑戰，那他就面臨到〈分析論〉的論證。在這一切過程中，先驗觀念論被宣傳爲替經驗實在論辯護的工具。

在此觀點中，〈駁斥〉是接續〈第四個誤推〉的（如康德在Bxl[n]所示）：它增加了一些後者所遺漏的重要東西，也就是對外在直觀是必要的證明，但兩者基本上都使用先驗觀念論來回應懷疑論者。在接下來的章節便會進一步討論此回應的一般本性，而在第八章會提出，在〈第四個誤推〉中所描述的先驗觀念論不應被詮釋爲是柏克萊式的。

我們可能會懷疑，爲什麼康德不把〈駁斥〉的矛頭指向柏克萊，以及困難重重的觀念論者。理由似乎在於，康德想要堅持〈感性論〉足以達成此目的：他認爲柏克萊否認空間的實在性，單只是因爲柏克萊認爲那是不可能的，所以一旦我們理解到空間不需是先驗上眞實的以成爲經驗上眞實的（B69-70），柏克萊觀念論的一切基礎便會消失了。康德是對的，〈駁斥〉不適合針對柏克萊：依照它自己的說法無法與柏克萊交手，因爲它在柏克萊會否定的意義上，假定了外在對象概念的可理解性（另一個理由是，柏克萊對時間和判斷的說明是如此蒼白，我們甚至不清楚康德該允許柏克萊有權宣稱支持〈駁斥〉前提的經驗性的自我知識）。

先驗論證、先驗觀念論與康德對懷疑論的回應

現在值得我們更加仔細思考的是一些圍繞著〈分析論〉，密切相關而受到爭議的一般議題：第

二章曾簡短提及的先驗論證的概念，以及它和先驗觀念論的關係；〈分析論〉是否可被認爲提出先驗觀念論的理由；以及康德如何面對懷疑論。

先驗論證

在現代哲學的詞彙中，先驗論證這個術語不特別指康德實際給出的那些論證，而是指一種公認《批判》所開展的論證類型。先驗論證的特徵是其大前提的地位和使用。這在於一種典型上以第一人稱表達的宣稱，它在邏輯上是偶然的，非推論的，且沒有提出其他理據的，但是否定這種宣稱會造成一些荒謬。這種宣稱的例子有：我有經驗；我的經驗是有時間性的；我有自我意識；我思考；我下判斷。於是概念連結被梳理以證明，唯若某種有爭議且在哲學上更有趣的其他命題，像是因果律也爲眞時，前提可爲眞。因此先驗論證產生出嚴格條件句的結論，例如，若我要有經驗，則因果性必須存在，但在此（若論證是成功的）後件承接論證前提毋庸置疑的性質。因此目標命題可避免於懷疑論，因爲爲了挑戰該命題，懷疑論者需要懷疑某種無法合理懷疑的東西，例如，（懷疑論者）他有經驗。我們可以宣稱，先驗論證證明了一些關於實在的事：唯若經驗對象有因果形式，我們才能有經驗的知識，以及經驗這個既與事實使我們知道實在確實是有因果關係的。

儘管先驗論證顯然接近〈分析論〉，尤其是〈對觀念論的駁斥〉的方法，本文已給出如此設想的先驗論證不該歸於康德的理由。先驗論證除了藉由把康德的知識論和形上學徹底分離來造成《批判》破裂外，也依賴於純粹概念連結：它們的結論是分析的，而非先天綜合的，用康德的話來說，它們因而僅指出了「思想的主觀條件」，而沒有證明客觀有效性。是故，先驗論證無法有效反對懷疑論，至少無法以康德可接受的方式反懷疑論。在之前關於若〈對觀念論的駁斥〉剝除了先驗觀念論的話，它會如何已經解釋了此論點的核心。舉例來說，懷疑論者面對到想要證明因果律的必然性的先驗論證，可隨意提出爲什麼我們應該認爲該論證證明了任何關於**事物如何存在**，而不是只證明了一些關於我們如何必須思考，亦即僅是心理學上的必然性。在此可以訴諸檢證論（「我們無法思考的一個關於實在的觀念是無意義的」）或自然主義（「自然保證了我們的思想和實在是相一致的」）來替先驗論證辯護，但兩種辯護模式都不是康德可以接受的。

康德覺察到純粹概念連結不能作爲其目的，澄清他的論證要在觀念論上來看待，且只按照那種理解才有效力。除了在許多地方說到經驗形上學唯有在關於顯象時，才有客觀有效性的，康德在他對先驗證明的方法最明白的討論中（A782-94/B810-22）聲稱，它開啟可能經驗的概念，而這要以如下方式來加以理解：「這個證明是藉由顯示出經驗本身，從而經驗的對象沒有這種〔先天綜合的〕連結就會是不可能的」（A783/B811；亦見 A216-17/B263-4, A736-7/B764-5）。分析論也與在此一樣，把**經驗**的條件與其**對象**的條件等同起來：「可能經驗的先天條件同時是經驗的對象的可能性條件」（A111）；「一般**經驗可能性的條件**同樣也是**經驗的對象的可能性條件**，且……因此它們在一個先天綜合判斷中具有客觀有效性」（B197）。按照分析式的詮釋，它把可能性條件化約爲知識論的條件，這些陳述的結果要嘛是同義反覆的，要嘛是令人困惑的；只有在觀念論的基礎上，同時也是**對象**條件的**認知**條件的觀念才有意義。因此，康德不把先驗證明思考爲無論如何不同於哥白尼革命的成就，以及不同於把先驗觀念論應用到形上學問題上的策略。

先驗觀念論和〈分析論〉

這使康德在〈分析論〉的工作被解讀為追求一個統一的方法，但現在一個新的爭議產生了。如果先驗觀念論對〈分析論〉來說並不是多餘的，我們就可以問說，是否〈分析論〉確實推進了該學說的論據。我們自然會期望在〈分析論〉中發現對稱於在〈感性論〉中對先驗觀念論的論證，且此論證建立在以對象的概念條件取代感性條件的基礎上。〈前言〉也如此提議：康德在 Bxxii[n] 說，先驗觀念論將會「由知性的基本概念」與空間和時間來加以證明。在那種情況下，康德對此學說有兩個獨立的論證，其內容會另外加以擴充，因為這麼一來對象關於其概念和感性形式時，在先驗上會是觀念的，亦即作為被思考或概念化在先驗上是觀念的，以及作為被感覺或被直觀在先驗上是觀念的。之前所提到的困境是，〈分析論〉處理一般的對象概念，而不只是人類可達致的對象概念：康德沒有以跟宣稱我們的直觀形式是人類認知模式的一個特性的同樣方式，宣稱範疇是人特有的認知模式。這讓我們難以了解為何符合概念應被思考為把對象化約為僅是顯象，即使概念形式作為〈推證〉想要證明的反經驗論論證是先天的。

對於對康德更廣泛的詮釋來說，這個議題是重要的：如果〈分析論〉對認知的概念條件的說明自身無法蘊涵先驗觀念性，這就使我們更有理由按照分析式的詮釋，試圖從康德的形上學中拆開其先驗論證。當然，我們完全有可能按照觀念論式的詮釋來解讀〈分析論〉，但我們無法宣稱人類知識的概念條件本性強迫我們對那些條件採取觀念論式的理解方式。

在一個清楚意義上，康德能宣稱〈分析論〉把先驗觀念性擴展為概念性，也就是由於〈圖式論〉：對象的先天概念化包含了範疇的時間化，而時間性是一個主觀形式，所以符合圖式化的範疇蘊涵先驗觀念性（關於統覺也可作出同樣的論點：把概念應用到對象最終是由在表象的時間中的雜多意識統一的原理所決定的；所以對象作爲思想已賦予它們如在意識的統一性中所表現的時間形式）。儘管如此，這仍未使先驗觀念論成爲一個適當的概念性觀念論，因爲情況仍是，先驗觀念性最終源自於那些中介概念應用於對象的感性條件，而不是源自於概念本身。〈圖式論〉只在感性層次再次利用了〈感性論〉的感性觀念論。

康德自己確實相信概念條件和先驗觀念論的連結不只於此，因爲他說在提到任何圖式論之前就已提出〈推證〉蘊涵了先驗觀念論：它證明了「自然不是物自身，而只是顯象的總和」（A114），「我們稱爲自然的顯象中的秩序和規律性是我們自己引進的」（A125），以及知性是「自然的立法者」，且範疇「是規定顯象，因而自然先天法則的概念」（B163），那些法則「不存在於顯象中，而只相對於」主體的知性（B164）。

雖然在先於圖式論的範疇中所固有的東西沒有阻止範疇應用到物自身，康德確實有概念性作爲觀念性來源的理據。如之前所觀察到的，〈推證〉對應用概念的說明是對立於先驗實在論的。按照康德先天綜合的說法，概念與對象的配合涉及了按照與概念相繫之規則的直觀的產生，於是概念形式就內在於直觀。反之按照先驗實在論，概念形式本來就存在於獨立於直觀的對象。因此，先驗實在論無法利用〈推證〉替概念的客觀有效性所作的辯護。如康德在 A128-30 和 B166-8 所詳述的那樣，先驗實在論也沒有提出對客觀有效性其他任何的說明。所以康德的論證就是：如果概念應用到對象真要得到證成的話，那就必須建立在由於主體的活動，而不是由於對象如何獨立於主體而被構成，對象有概念形式這個基礎上；先驗實在論預設了我們承認概念和對象的配合，這必須被消除以支持主體對對象的概念構成。「只有當我們在直觀的雜多中產生了綜合的統一時，我們才能說我們認識該對象」（A105；我們可回想〈前言〉的陳述是說「理性只對它根據自己的計畫所產生的東西有所洞悉」，Bxiii）。更廣泛地說，〈推證〉的論證即是，如果主體和對象不是內在相連結的話，那麼我們就不能理解它們應該有絲毫連結；而內在連結預設了一個先天綜合的理論，這就蘊涵了概念形式的先驗觀念性。

因此先驗觀念論在〈分析論〉有一個相稱地不同於〈感性論〉的基礎，在〈分析論〉它開啟了主體的活動，在〈感性論〉則決定主體接受與料的模式。應該要指出的是，〈分析論〉所達到的結論在形式上要比〈感性論〉更弱。與傳德蘭堡相反，〈感性論〉試圖證明我們純粹直觀的形式不會也是客觀的形式。〈分析論〉甚至沒有想要證明知性的純粹概念也是如此。然而這並不重要，如在第五章所述，因為傳德蘭堡所描述的僅是邏輯的可能性是沒有根據的：如果在某種程度上，我們應用概念到對象相應於先驗真實事物的特性，就我們而言，這僅是一個（奇蹟般的）巧合。

於是〈感性論〉和〈分析論〉與先驗觀念論學說有不同的關係。當然，兩者都預設了康德方法論的哥白尼式思想，但〈感性論〉自始至終試圖主張我們的直觀形式構成了先驗觀念性的獨立來源，而〈分析論〉則沒有打算主張範疇同樣是如此；它卻試著理解對象關於其概念性形式要是先驗上觀念的會是什麼樣子。在此任務的執行過程中，它證明了在〈分析論〉中所建立的感性形式的先驗觀念性如何經圖式論到概念性形式都繼續存在。〈分析論〉對概念形式的說明有上述指出的力量，在此程度上，我們可以認為它增進了先驗觀念論的論據。

康德對懷疑論的回應

最後，有一個關於懷疑論的問題。如前所說，按照分析式的詮釋，〈分析論〉是在純粹概念考量的基礎上，證明懷疑論是一組自我駁斥的論證。如我們已經看到的，此詮釋的困難之處在於證明這些論證不只建立了心理學的必然性。

但沒有分析式的詮釋，〈分析論〉就不直接明顯眞能推翻懷疑論者。即使〈推證〉確實反駁了經驗論，因而反駁了休謨那種懷疑論，仍存在著像是笛卡兒那種非經驗論式懷疑論的挑戰。如果〈分析論〉爲常識的經驗形上學所作的辯護依賴於先驗觀念論，如在本章所主張那樣，那麼我們就不清楚爲什麼懷疑論者應該接受其結論了：如在第二章所言，懷疑論者會同意如果我們把對象看作僅是顯象，我們就能說自己擁有知識，並婉拒這樣的邀請。我們不清楚康德有任何迫使懷疑論者按照先驗哲學思考的方法，如果懷疑論者拒絕知識預設了先驗條件的想法，〈駁斥〉會讓懷疑論者無法動彈；逼迫懷疑論者去解釋他認爲是基本的判斷如何可能是一回事，而證明懷疑論的基礎是不融貫的則是另一回事。於是，儘管藉由〈分析論〉擴張的論證或許證明了客觀性的可能性，它施加給懷疑論者的說明可能無法證明其必然性。

按照觀念論式的詮釋，整個《批判》構成了對懷疑論的一個適當的回應，但它是隱約地，而非刻意正視懷疑論。如康德在〈第四個誤推〉所強調的，關鍵在於先驗觀念論。康德肯定沒有預料到先驗觀念論允許按照一種說法，據之我們日常知識宣稱結果得到證成，孤離地起著駁斥懷疑論的一個理由的作用。康德的策略反而是破壞提供懷疑論動力的架構，亦即先驗實在論。用康德的話來說，懷疑論的懷疑適合於關於物自身的知識宣稱，而不適於關於存有論上較低等對象的知識宣稱，這種對象被當作是與人類認知有一必然的關係。在前批判哲學中，經驗的和先驗的實在性沒有區別，對關於經驗眞實對象的知識宣稱不需要滿足關於物自身知識的條件，而懷疑論知識條件未被實現的宣稱作爲對此立場的回應是得到證成的，因爲對關於先驗眞實對象知識的渴望，和有限的、感性主體的種種限制之間是不一致的。因此懷疑論準確陳述出了實在性的難題：它顯露了先驗實在論對知識的解釋的落差。康德對此或許會宣稱，先驗觀念論了解且採納了懷疑論中的眞理，也就是物自身對我們來說是不可知的。因此，按照觀念論式的詮釋，康德沒有這麼反對懷疑論而是超越它：藉由證明懷疑論依賴於一個人類知識本性的錯誤構想，懷疑論的挑戰被拆除，而在其中眞的東西是保留在對（先驗觀念論所提供的）經驗知識的說明中。康德對懷疑論的診斷和對另一種對知識說明的提議這樣的最終結果是，奪走懷疑論令我們知識宣稱似乎成爲可疑的力量。康德沒有爲懷疑論種種可能性的表述樹立邏輯的或語意的障礙，但他卻移除了如下思考的動機，即我們應拒絕滿足於日常判準，這不足以獲得知識，因爲〈分析論〉已證明我們對經驗的種種判定的表面意義有先天的保證。由於〈分析論〉說明了我們表象一個客觀世界的必然性，懷疑論的可能性像是笛卡兒之夢的懷疑之聲便受到壓制。

懷疑論者試著藉由聲明康德的哥白尼式革命在改造我們對知識的哲學構想上，看不見知識眞正包含的東西，而使懷疑論的懷疑重獲意義。懷疑論者會說，康德所謂的經驗實在性是某種在存有論上太弱的東西，而不能充分理解我們日常的知識宣稱。下一章會討論按照這種對康德的詮釋，以及康德的反懷疑論策略基本上沒有比柏克萊的更有說服力。本文將會建議，如果這種詮釋應該被否定，那麼懷疑論將需要證明眞正知識的概念在除了僅是邏輯的意義上，都要求要被認識的東西獨立於認識它的活動。如果是這樣的話，那麼即使康德那種對象非經驗、先驗依賴主體就會與知識不相容，而先驗觀念論自身會相當於把懷疑論的懷疑轉換成形上學學說。但我們難以看出在不僅是以假定為論據來反對康德的情況下，這如何能得到證明（如第二章所說，康德承認我們對經驗知識前哲學的構想無條件是實在論式的；見諸如A389。然而，這個讓步對懷疑論沒什麼用，懷疑論自身的論證為常識應接受康德所提出的對其自我理解的修正，而非由其本能傾向於先驗實在論，提供了最強的理由）。

在先驗觀念論承認懷疑論要被克服的程度上，它取得了比先驗實在論更佳的戰略優勢，而〈分析論〉則被認為是進一步強化了先驗觀念論的理由。

測量與模態（〈直觀的公理〉、〈知覺的預期〉、〈經驗性思維一般的設準〉）

本文尚未討論到的〈原則的分析論〉的三個部分是〈直觀的公理〉，〈知覺的預期〉和〈經驗性思維一般的設準〉。它們對完成康德經驗理論很重要，但對他對客觀性的辯護則微不足道。〈公理〉和〈預期〉描述了一個初步的概念條件，如果要從直觀開展經驗知識的話，直觀必須與該條件相符。〈設準〉解釋了樣態概念如何應按照〈分析論〉來加以理解，它眞正是對先驗的經驗理論的一個反省，而不是其中的另一個部分。

〈公理〉和〈預期〉

如前所述，〈公理〉和〈預期〉乃是關於純粹知性的「數學式的」原則（不要跟數學底原則搞混）。這些原則是產生直觀的先天概念條件：它們告訴我們經驗直觀必須符合哪些規則，從而現象是由哪些獨立於顯象統一的概念性條件所構成的，這些顯象受到「力學的」原則支配，這形成了經驗知識。

〈公理〉是關於量方面上的顯象，〈預期〉則是質方面的顯象。它們各自的原則是「一切直觀都是擴延的量」（B202），以及「在一切現象中，作爲感覺對象的實在的東西有強度的量，亦即一種程度」（B207）。它們的力量是證成我們在經驗判斷中運用數字的種種概念（A178-9/B221, *Proleg* §24）；它們要求直觀的只是，如此一來數學便可應用到所有可能的顯象。

它們的證明和論述毋需像〈類比〉那裡那麼複雜。〈公理〉的原則是得自於顯象在空間和時間被直觀爲集合體（即同質部分的雜多）的事實，以及它們的整體表象預設了概念的綜合（B202-3；在A142-3/B182〈圖式論〉代替了該論證）。此原則的重要性在於，唯獨藉由它，數學和幾何學具有客觀有效性，從而客觀有效性僅限於顯象（A165-6/B206-7）。

康德在〈預期〉中指出，雖然任何感覺的特殊性質只能後天得到認識，我們能在一個（唯一的）方面先天地認識某些關於它的事：也就是說，我們事先知道任何我們體會的感覺（例如：熱）會讓自身被再現爲在一持續的規模有比零更大的規定程度。感覺的程度提供我們在經驗判斷中的資源：我們在發現自己受到觸動的程度的基礎上，作出種種關於相應於（例如：關於物體溫度的）感覺的實在事物的判斷。

〈設準〉

康德在〈設準〉中分析了模態的三個範疇爲：或然性、現實性以及必然性。康德關注這些圖式化的範疇，那是在模態用於對象時康德所具有模態的概念；他因此，並不提供邏輯的或然性以及必然性的思考。他的一般主張是對象的模態的特性記述，並「要詳述其所附屬的概念——寧可說明知識機能的概念關係」（A219/B266;A233-5/B286-7）。那是說某些事物是可能的，精確的，或是必要的，並不是說任何有關對象自身的任何事，而是說某些事如何被主體所認知。某些事物是可能的，假如它「贊同經驗的正式條件」，意即直覺與概念；眞正的，假使「它被物質條件所束縛」，意即知覺與必要，假使它跟某些事物眞正的關聯經驗之普遍條件，因果律（A218/B265-6）。因之對象是可能的，只要它跟經驗的體系前後一致，是實在的只要我們經由感性與之關聯，是必要的只要我們因自然律而與之有關聯什麼是眞正的。從這些定義，以及其他〈分析論〉的宣稱，我們可以得知三個樣態概念是有共同外延的：對我們來說是對象的每種東西都是可能的、現實的及必然的（A230-2/B282-4）。

這種模態的考量對理性主義有重要的涵義。萊布尼茲主純思想，獨立於經驗之外，能決定什麼是可能和什麼是需要的。對於康德藉由對比的可能性與必要性的概念，至此它們的使用不是只是邏輯的，還跟經驗世界有獨特的關聯（A219/B266-7）。因此，「事物的可能性」不能從「取自它們自身以及依靠它們自身的概念」建立（A223/B270-1）。康德也藉著從邏輯的區分出「先驗的」或「實在的」或然性說明這點：「概念的邏輯的可能性」，不是對立的，不伴隨事物的先驗的可能性，那是符合概念的客體（A244/B302）。在康德看來，萊布尼茲並不能理解這種區別，及其推論「事物的可能性可能永遠不被證實只是從它的概念不是自我－對立」的這個事實而是還要從直觀才行（B308）。

超驗對象：本體的概念（〈所有一般對象區分為現象和本體的根據〉）

〈分析論〉對我們的思想藉以知道具有客體的條件的考量，引起一個問題：對於不能符合那些條件的以及我們無法由直覺知道的思想該說些什麼？〈辯證論〉包含康德詳細的有關獨特的超驗對象滿足的理論以及思想的起源，但是在〈分析論〉倒數第二章，所有一般進入現象與本體的對象區分根基。有關超驗的對象，康德準備的方式是逐字逐句地拼出一般〈分析論〉所暗喻的用詞。在這同時，康德完成了兩件其他的事：他明確地從事於理性主義的工作，基本上是指萊布尼茲，他特殊的教條在〈分析論〉最後的一章裡被仔細地查看；而他在迄今尚未標示出的有關物自身的主題，澄清他的立場。康德遠大的志向是讓我們敏銳地正確判別我們所意圖涉入思考超越〈分析論〉所定的界線的東西：在告別經驗「知識的島嶼」之前，康德說我們應該看一眼我們正要離去的「眞理之國度」的地圖，然後問兩者我們要用什麼名目甚至占有這塊領域，以及是否我們「會滿足於它所包含的東西」（A235-6/B294-5）。論本體的這一章提供了一座從〈分析論〉到〈辯證論〉的橋梁。

範疇的範圍

康德開始用一些篇幅來詳細說明（A235-48/B294-305）〈分析論〉如何確認了正題，它的短評寫在《批判》的〈前言〉，認知超驗的對象是不可能的，而我們的知識是限制在經驗的領域裡面。範疇使用的條件是如此，以至於它們永遠不能承認先驗的，但是卻總是只屬於經驗的使用（A246/B303）——先驗的概念之使用是應用到**事物一般及物自身**那是超驗的，而經驗的使用只是應用到**顯象**而已，那是內在性的（A238-9/B298）。由於它們都不能先驗地，也是以非圖式化的形式被使用，範疇因此是不屬於自身可以滿足於物自身的知識（A287/B343）。

我們或許已經期待康德說的是傳統的對象區分（爲柏拉圖與萊布尼茲所精明創造）成兩類，那些可用感官知覺獲得，以及那些可用思維能力獲得的，都得被一種感性及智性者都有需要歸一的，徹底的全部對象概念所取代。我們或許已經期待康德宣告的是正是不切合超驗的對象的觀念。假如觀點是範疇被它們內在的本質所限制它們應用到經驗的對象，他即別無選擇而只好收回這個結論（因為在那條件下，任何獨立於經驗之外的範疇的使用將是無用的東西）。

但是這不是康德對範疇範圍的看法。再談論康德的考量，範疇是思想或批判的形式和對象一般的概念（A88/B120, A241-2, A247/B304, A248/B305, A290/B346-7）都不只是經驗對象的批判的概念，及形式。因之，如康德在〈推證〉的一個註腳所說，對於思想，範疇不會被我們感覺的直覺的條件所限制，反而有個無限的領域。只有我們想到的，有關對象的決定的知識需要直覺（B167n；思想與認知的提早區別在 B146）。超驗對象因此是可以思考的（康德有資格這麼說這受爭議的觀點，以及這問題將在第八章再考慮）。

本體和現象的區分

於是，康德接著要做的事就是，藉由修改與完全依據《批判》的種種理據，再次確認感性與智性的對象的傳統區分。他的方法是引介一個《批判》的新概念：那就是**本體**。一個本體是一個專屬於知性的對象：一個給予主體的對象，但僅僅給予它的理智或知性，也就是說不由感性所給予的。這不是一種矛盾，因為（〈感性論〉確定）我們能形成一個非感性的（智性直觀，上帝的認知模式）直觀形式的觀念。一個本體因而是某種「能如此被給予一個直觀，雖然不是給予感性的那一種」（A248-9, B306）。缺少所有感性的特性，它純然是**智思的**存有者（智思的是康德相對於感性的術語），一個有純然智性本性的事物，其構成可全然由理智來加以把握。由此可知，一個有辯解性理智的主體，像是我們自己，只有在它能夠應用獨立於感性的範疇，才能夠認知本體。

就物自身也是與人類感性分離來思考的事物而言，現在對象的知性專屬的概念當然是密切關聯到物自身的概念。因此，本體如果被再現，是「**如其所是般被再現**」，而非「**如其顯現般被再現**」（A249-50），而本體和物自身的概念，如果它們有連結，是連結到同樣的事物（這在 B306, B310 的例子中有清楚說明）。然而，它們並非同樣的概念。物自身僅是一個存有論的概念；當它在其自身被構成時，它是一個對象的概念，沒有與我們（或任何其他主體的）對它的知識相連結（一個物自身因此是個甚至被認為與範疇分離的東西；雖然那不是說它是個被認為是非範疇的東西，如同必然地，本質上與範疇不一致的東西，同樣是非空間性的、非時間性的方式）。本體相對來說是一個知識論的概念，即某種認知模式的對象概念，亦即智性直觀。在從物自身概念移向本體的概念中，我們因此再次構想超驗的實在性為對認知是確定的，在允許被認識的方式中被個體化和刻畫。本體的概念因此提供一種物自身變成知識對象需要什麼的提問方式。它也簡化萊布尼茲的知識論與形上學所預設的東西，因為萊布尼茲式的單子清楚地滿足了本體的定義。

對立的是有關本體與現象。現象是感性直觀的對象，感性存有者，而與顯象有共同外延。幾乎一切康德關於現象所說的都是，「就它們根據範疇的統一皆被思考為對象來說」（A248），它們都是顯象。所有加到顯象概念的現象概念，因此是歸攝在範疇之下的觀念（顯象、回憶，被界定為經驗直觀的不確定對象，A20/B34）；但是因為康德在〈分析論〉最常以這種意義使用顯象，這兩個術語在大多數的脈絡中是可以互換的。因此，現象在《批判》中已經被說明。剩下未解決的問題是本體的概念有什麼用。

本體的消極意義和積極意義

康德對此問題提出其解答的段落（A248-53, B305-9, A253-6/B309-12）有點錯綜複雜，而由於兩個版本之間的用語與強調的差異而更爲複雜。然而，結論卻是相當清晰。本體的存在在邏輯上是可能的，因爲概念並不矛盾（A254/B310）。我們藉由承認經驗對象僅是顯象來聚焦於某種非經驗事物的概念：顯象的概念暗示「我們依直觀認知事物的模式」與「屬於物自身的本性」間的矛盾，因而顯象與「其他可能事物」，即物自身有別（B306）。顯象的眞正概念指向本體的概念：因爲顯象「自身可能什麼都不是」，「某種就其自身而言不是顯像的事物必須與之相應」（A251）；「如果感官再現給我們某物，只要它**一旦顯現**，這個某物必須在它自身也是一個事物，以及一個非感性的直觀對象」（A249）。除非「我們將持續轉圓圈」，把顯象界定爲有某物，而這個某物只是那顯現的東西，「顯象這個字必須被認知爲已經指示了與某物的關係」，它「必是某種在其自身的東西」（A251-2）。如此一來，我們無法「滿足」於〈分析論〉的「眞理之國度」，而必須額外設定本體。於是，基於這些理由，以及不是影響萊布尼茲的不同考量，康德承認「世界分爲一個感官的世界，以及一個知性的世界」（A249）這個區分。

雖然這全然是眞的，康德強調必須不計代價加以了解的是，我們以任何方式都無法獲得關於本體的知識。我們先驗上使用範疇的不可能性排除了我們決定範疇作爲我們的對象。而即使我們具有智性直觀的概念，即一種不矛盾的概念，我們當然對這樣機能沒有知識或富有內容的觀念（B308）。再者，我們也無權假定在一個眞實的、超出邏輯的意義上，它甚至是可能的。因爲智性直觀的觀念對我們來說正如同物自身的觀念一樣是空洞的，我們無法藉著把物自身思考爲智性直觀的對象來更接近物自身。

按照康德的說法，這個警告是有需要的，因爲我們受到他認爲有巨大力量的幻想折磨，此幻想是範疇可在先驗上來使用，即認識而不只是超出感官來思考事物。它的來源可從幾個互補的方式得到辨認。最直接地說，範疇不是出自感性的事實，似乎讓範疇應該允許我們不用感性的媒介而可直接掌握對象（B305）。康德之前在〈圖式論〉中即已觀察到這點，他在那說我們很容易認爲，移去感性的條件，我們就可以把範疇應用到事物「**如它們所是**」，對立於只運用到事物「**如它們所呈顯**」（A147/B186）。幻想關聯到理智與感性之間一個基本的不對稱：由於沒有思想的直觀與對象的表象沒有關聯，沒有直觀的思想就留下「思想的形式」或範疇，在範疇「思考對象一般，而不關於它們被給予的特定模式（即感性）」的意義上，它比直觀有更「延伸得更遠」（A253-4/B309）。這引導我們認爲範疇決定，而不是只是思考「一個比感性有更大範圍的對象」（A254/B309）。此錯誤或許也可以追溯到「統覺，以及具有統覺的思想，進行所有可能決定表象秩序」（A289/B345）的思考上。〈辯證論〉將進一步分析我們的這種習性。

康德繼續說，全部的情形要由區分本體概念的兩種意義來加以釐清：**消極**的意義是，一事物的不確定概念就它不是感性直觀的對象來說，而**積極**的意義是，一事物之確定概念就它是一**非感性的**（因此是智性的）的直觀對象而言（B307）。在第一版 A250-3，這個區分是以先驗對象的概念和本體之間的差異來說明的。本章之前有談到有關先驗對象的概念，解釋了康德爲何應已修正了他的用語。

本體的消極意義是「全然未確定的一個智思存有者的概念」，「在我們感性之外的某物一般」，因此會聚到物自身的概念。積極的意義則是「允許以某種方式被認識的確定的存有者的概念」（B307）。這兩種意義因而辨認出本體不同的知識論方面：兩者分別爲，它們對我們的不可認識性，以及它們對於除了我們自己之外的一種主體來說的可認識性。本體的概念在積極意義上，因爲它結合智性直觀，所以不能等同於物自身的概念，而因爲我們無法假定認知模式的存在，關於本體存在的知識在積極的意義上，不能得自於在消極的意義上關於本體存在的知識：本體在積極的意義上，如果存在的話，則與本體在消極的意義上與物自身是同樣的東西，但本體存在在消極的意義並不蘊涵本體在積極的意義上存在，前者對後者是必要的，但卻不充分。

康德肯定他的「感性學說」給了我們在消極意義上（在先驗的反思中）使用本體的概念（B307）。先驗觀念論學說要求我們能說，不是感性直觀的那種對象因此對我們不是可能的對象：在消極的意義上沒有本體的概念，我們將無法解釋顯象的概念，或是聲稱我們的知識有限制，於是無法「阻止感性直觀不被擴展到物自身」（A254/B310）。因爲感性直觀是以這種方式「與感性的限制密切關聯在一起」，概念「即成了非任意的發明」（A255/B311）。然而，我們並沒有這些理由可以使用在積極的意義上的本體概念（見〈歧義〉A286-8/B342-4）：不需要關聯到智性直觀的對象以解釋康德感性的學說。由於本體的消極意義，本體是一種「界限概念」（A255/B310-11）。由於它積極的意義，這概念是「權宜的」，意味著這是一個我們的理性所強加給我們的概念（因此它不是任意的），但「我們卻可說這種事物的表象既不是可能的，也不是不可能的」（A286-7/B343；亦見 A254-5/B310）。因爲非感性直觀的可能性可能既不證實爲眞，也不能證實爲假，本體作爲智性直觀的對象的存在必須仍是一個「開放的問題」（A252）。

按照這個區分，超驗知識的幻想可被描述爲是一種自然的卻是不合法的，從本體的消極意義到其積極意義的滑動：我們從只是「**對象在其自身**的表象」變化到我們「能形成這般對象的**概念**」（B306-7）。理性論始終企圖把實在認識爲一個本體的世界，並因而預設應用在積極意義上的本體概念（如同康德自己在他的就職論文時已抱持的立場那樣）。

物自身存在

最後有一個問題需要被提出。康德在討論中從頭到尾強調物自身或本體的概念是不可或缺的。然而，現在康德會認爲我們也需要假定物自身的**存在**嗎？或者它只是我們不能沒有的概念，因此我們應該對物自身的存在保持中立（或甚至加以否定）？

如果以上所引的康德針對需要假定相應於顯象的某物在其自身的談論不太能解決這問題，下列陳述確實可以解決：「誠然無疑的，有些智思的存有者是相應於感性存有者的」（B308-9）。這不是一個孤立的陳述。康德在《批判》有好幾處同樣闡明：「知識只跟顯象有關，且必須把物自身當作眞正的實在本身，但卻是我們所不認識的」（Bxx）；「雖然我們不能**認識**這些對象是物自身，我們卻必須站在一個立場，至少把它們**思考**爲是物自身；否則我們將得到荒謬的結論，即沒有任何顯現的東西的顯象是存在的」（Bxxvi）；「這些表象的非感性的原因是我們所全然不認識的」（B522）；「如果與一先驗神學有關，我們**首先**要問是否有任何與世界不同之物，包含世界的秩序以及其根據普遍法則的連結基礎，答案是，**無疑**是有的。因為世界是顯象的總和；因此必然有顯象的某種先驗基礎存在，也就是，一個只有藉由純粹知性才能思考的基礎」（B723-4）（進一步的確認，見 *Proleg* 314-15, 318, 351, 354-5）。

康德對物自身存在的肯定已引起極大的困惑與許多反駁。簡言之，問題是當我們一方面清楚康德需要物自身的**概念**以表述哥白尼式的革命，以及〈感性論〉和〈分析論〉的學說，另一方面不清楚的是，康德如何能一貫地允許它有個**對象**，或者他為何應考量它有一個對象對我們來說與知識有關。相反地，康德連結物自身，而放棄對人類知識的正確說明，且肯定物自身存在都應該被認為是獨斷的與非批判性的。本書在第八章將進一步討論這個議題。

康德對萊布尼茲方法的批評（〈歧義〉）

〈分析論〉的附錄，即〈反思概念的歧義〉的目的在於對萊布尼茲的形上學提出系統性的批評，並作為〈辯證論〉的序幕。對萊布尼茲方法論的破壞工作是從〈設準〉中康德的反理性論的模態分析開始。〈歧義〉的要點仍是不藉由在萊布尼茲的立場中發現任何不一致的觀點來反駁他，而是藉由證明按照康德在此假定它們是正確的〈感性論〉和〈分析論〉的結論，萊布尼茲能藉純粹理智的方法把握世界基本實在的宣稱如何必須被視為是依賴於一個可理解的，但明確的混淆，來削弱他的主張。

爲了達到這個目的，康德引介了一套新的觀念。按照康德的說法，《批判》尚未處理我們有隨我們處置的一套獨特的概念，這被他稱作「反思的概念」（A270/B326）：同一／差異，贊成／反對，內在／外在，以及質料／形式（A261/B317）。這些概念不像範疇，在經驗中沒有綜合的功能。它們的角色應該是促進概念之間的對照：我們用它們來判斷種種概念，看它們是相同的或是相異的，相容的或不相容的等等。康德稱作出這樣判斷的活動爲「邏輯的反思」（A262/B318）。現在康德主張把邏輯的反思應用到萊布尼茲式的大廈所建立的形上學問題：萊布尼茲「單憑概念的方式讓所有的事物彼此比較」（A270/B326）。舉個重要的例子，萊布尼茲的單子存有論預設了事物之間的數字差異等同於概念間的差異，從那裡他得出那個原則，即事物的複數需要事物間內在的，而非相對的差異（A263/B319,A265/B321）。

康德對此形上學方法的反駁只是邏輯的反思，因爲他只考慮到概念的形式，而只有形式是不足以爲對象做準備的，因此它不足以決定事物本性。於是試圖利用邏輯反思來決定事物的本質，就是混淆實在的關係與邏輯的關係。特別是把所有的概念都看成彷彿它們都是智性的，而遑論所有的對象彷彿它們都是本體的（A264/B320）。事實上，我們所需要決定事物本性的東西不是邏輯的，而是**先驗的**反思（A261/B317），在其中我們認爲認知的能力（感性或是知性）是一種歸屬於它的既與表象，且因此決定其對象的身分是否是顯象的或是物自身的（A269/B325）。這件事是很重要的，因爲當事物被認爲在它們自身是眞的，從而知性的對象也是眞的，邏輯的反省就足以決定它們的本性，對於顯象卻不同樣是眞的：外在顯象分化的基本模式是空間性的，這意味著顯象的數字差異是直觀的而不是概念性的，是相對的而不是內在的；而顯象一般的存在全然是相關的，在數字上不同，在自身中卻無不同（A263-6/B319-22；在A272-8/B328-34有對萊布尼茲原理的詳細批評）。

基本上，萊布尼茲沒有看到形上學需要對立於僅是一般邏輯的先驗邏輯，以及超—邏輯的元素牽涉到對象的構成。於是他的形上學應用到本體的實在，如果它存在的話，卻沒有應用到任何給予我們的實在。

根本上，萊布尼茲的「**世界的智性體系**」是建立在「先驗的歧義，也就是，混淆了純粹知性的對象與顯象」（A270/B326）之上的（洛克的哲學也是歧義的，但它是在相反的方向：萊布尼茲說「**智性化**顯象」，而洛克則「**感覺化**所有知性的概念」，A271/B327）。

第七章　不可知的對象（〈辯證論〉）

超越眞理之國度

分析論已界定了「眞理之國度」（A235/B294）：它已告訴我們在什麼條件之下，我們能正當地宣稱我們的思想有對象，且我們的判斷能夠是眞的。這些條件是經驗的可能性條件，〈分析論〉意指它們對知識是必要且充分的。於是知識的界限與經驗的界限相一致，而超驗形上學的種種宣稱是沒有根據的。

然而，批判工作的前半部尚未完成：康德在〈辯證論〉繼續提出對超驗形上學的詳細批判。康德在〈分析論〉反對經驗論者的經驗概念，而支持理性論者純粹理性對知識來說是必要的這個宣稱，他在〈辯證論〉轉而反對理性論關於理性範圍的想法，而支持經驗論所宣稱的對象必須被經驗以得到認識。〈辯證論〉的攻擊目標大部分乃是萊布尼茲的哲學。

這個進一步的工作之所以是必要的是有一些理由的。最顯而易見的是，最終要解決形上學難題並對他的知識理論加以完全辯護需要檢視超驗形上學。

在一個粗略的層次，康德只允許依靠〈分析論〉的結果來判定超驗形上學，例如他在討論本體的章節中似乎所宣告的，在那已經證明了「存有論」的種種預設必須讓步給「只不過是純粹知性的分析論」（A247/B303）。但對他來說，堅持這個路線是不智的。康德與超驗形上學的關係要比他的批評者，像是休謨的其他關係要來得複雜得多。康德不把關於非經驗對象的宣稱拒斥爲確實是無意義的，儘管那些宣稱在認知上有瑕疵：他關於範疇的先天起源的論點使他肯定思考非經驗對象是可能的，也肯定我們思想的範圍出了我們知識的範圍。康德對超驗知識的反駁全然針對思想與知識的鴻溝。因此他需要踩在授予理性那種理性論所宣稱的權力，與贊同休謨要求把形上學的書籍付諸一炬之間的界線上。康德至此提供了一個區分兩種形式的形上學宣稱的主要基礎，這兩種形式是內在的和超驗的（也就是可能經驗，作爲使先天綜合判斷成爲可能「X」），他也證明了超驗形上學不能與經驗形上學分享基礎，但我們需要確定超驗形上學無法立基於其他方式。

應要補充的是，就理性論所關注的論證的平衡而言，康德會遭到一個反駁。由於知識需要經驗，他主張超驗形上學無法產生知識。但他的對手可以倒轉這個推論，反過來主張由於超驗形上學提出的種種問題必須且應該得到答案，康德對知識條件的說明應遭到否定。在反對超驗形上學的判定似乎靠不住的程度上，他知識理論受到弄巧成拙所威脅。因此，〈辯證論〉便至少要去判定〈分析論〉的結論。我們需要面對所有超驗形上學的具體宣稱，並將那些宣稱巧妙地加以限縮，而不是整個加以拋棄。在理想上，康德對超驗形上學的批判不依賴於他的知識理論；於是他的判定就有雙重的來源。如果這個期待過高的話，康德仍要減少依賴，這樣一來，他的立場將會更強。

批判哲學之所以不得不探究超驗思想有其他的理由。康德公認的野心是要全面解決哲學的問題，並達到人類理性永久平衡的狀態。這就是不採用實證論或休謨的方式直接否定超驗形上學的另一個原因：這樣會使康德想要結束的理性之戰爭永遠存在。現在〈分析論〉在兩個重要方面補救我們的情況：它藉由證明我們受限於認知的構成而忽略超驗實在，讓經驗知識免於遭受懷疑論的質疑，且（如果〈辯證論〉可確定其反形上學的涵義的話）讓我們擺脫在獨斷論和懷疑論間猶豫不決。然而，〈分析論〉沒有消除我們思辨超驗實在的習性。康德自己聲稱，我們在構成上不只傾向於對經驗背後的東西感到好奇，也傾向於相信一些關於超驗實在的東西。試圖描述實在的獨斷論哲學家沒有隨意選擇他們的主題，他們的學說也並非任意杜撰的。他們公開表達了對人類是自然而然的若干信念（根據康德的說法，最重要的是上帝存在、我們的意志是自由的，以及我們有不朽的靈魂，A337n/B395n, A466/B494）。這還需要加以解釋。

同樣也需要解釋和解答的是，理性發現無法符合它自身持續的一致是自然的這個超驗宣稱。理性一再讓自己在世界是有限或無限、心物關係、上帝存在、自由與靈魂等等方面陷入衝突。即使康德不認爲這些爭論無法與知識的宣稱相提並論，它們不能懸而未決，因爲如此會讓理性無法了解自己；理性自身前後不一致的弔詭結論會持續在視野忽隱忽現。因此，對康德來說，超驗形上學與實證論相比，儘管它的知識宣稱是空洞的，卻是與知識本身的可能性同樣具有內在價值的哲學探究目標：批判哲學必須解釋超驗思辨爲什麼會採取那種特殊形式，我們爲什麼傾向於形成有關超驗實在的種種信念，批判哲學必須解決從那裡所產生的衝突。

此外，批判哲學應該盡可能以增加我們認知協調的方式來進行探究。〈分析論〉關於我們知識限制的結論直接對我們對形上學知識的渴望潑了一盆冷水，我們對這個方面的不滿需要紓解。〈辯證論〉將證明超驗理念不是一無是處，而對自然科學有其重要性。但康德相信，我們對超驗實在的興趣只有在道德意識的觀點才能眞正得到滿足。道德是在《批判》的討論之外，但〈辯證論〉提供了一些康德建構倫理理論所必要的材料，因而爲康德理論哲學和實踐哲學提供了根本的橋梁。在這個程度上，〈辯證論〉也暗中與像是科學和道德與宗教對立這樣理性的衝突有關。

關於知識界線的知識

超驗思想在另一個方面也授予批判哲學一個任務。如康德所解釋的那樣（A758-62/B786-90，《序論》的〈結論〉有更清楚的解釋），在批判的觀點，知識本身的限制構成了哲學探究的另一個主題。

如康德在〈感性論〉和〈分析論〉所做的那樣，批判哲學的結果之一已證明我們的知識對象是由人的立場所決定的，這使我們能從消極意義來談論知識的限制。但先驗觀念論蘊涵我們必須也在積極的意義上呈現我們的知識是有限制的，或是有康德所說的界線（*Proleg 352*）：我們必須不只從內部描繪眞理的國度爲向我們顯現的、如此這般的特性和範圍，也要貼近必須對我們而言是一無所有的空間：「我們的理性可以說在其周遭看到一個關於物自身認知的空間，儘管它對物自身絕無法有確定的概念，且只局限於顯象」（*Proleg 352*）。我們不用知道任何事物是否占有空間，就能知道此空間存在，這正因爲我們知道眞理的國度要由我們所構成：它是就物自身來說的空間，它在我們對它的概念之外。在只限制不在其中的意義上，這使知識的界限爲眞，就像擴延對象的表面一樣。包括實證論的先驗實在論不喜歡知識界限的概念，它描繪出無內無外，就像上帝的知識那樣，因而在空間的隱喻中是無法刻畫特性的。

康德主張知識的界限可以確定被認識到，也就是說，我們可以知道那些界限在哪裡。我們要標示它們首先需要深思整體經驗，接著從獨立於經驗的方面，也就是超驗對象的概念方面再現知識的界限。知性在此無用武之處，但〈辯證論〉會顯示出，我們的理性兩者皆做得到，因爲它能形成經驗全體性的概念和超出經驗的對象的概念（前者和後者都是超驗的：可能經驗的整體本身不是可能經驗的對象）。這些概念把我們引導到「充實空間（即經驗）與虛空相接之處」（*Proleg* 354），我們藉之獲得對某種「客觀的」東西的「積極知識」（*Proleg* 361）。我們有可能認識知識的界限，即便那些界限不是經驗的，而即便我們無法從它們的另一面來把握它們，因爲它們屬於經驗的「最高根據」（*Proleg* 361）（由此可知，知識的限制略微擴展經驗的限制：我們有關於經驗停止之處的知識，且這本身不是一件關於經驗的事）。如康德所言，休謨的原則「不要獨斷地驅使理性的使用超出一切可能經驗的領域之外」，需要與另一個原則相契合：「不要把經驗的領域當作在我們理性眼中自我設限的東西」（*Proleg* 360）。

在這個脈絡中，我們可以了解超驗形上學對（理論）哲學的眞正價值。超驗形上學自己並不知道，它已經在進行標示知識界限的任務。從知識的觀點來看，其努力是不成功的，如果不是因爲它的努力，知識的界限絕不會變成是可見的：經驗的界限本身不是可能經驗的對象，而如康德所說，經驗不爲自己設限（它所能做的是引導我們從一個經驗對象到另一個經驗對象）。因此回顧超驗形上學的幾個步驟，且標定其越界之處，乃是達到對知識界限的積極認知的適當方法。

康德這麼做就繼續依循批判哲學的基礎計畫，它告訴我們要轉變關於超驗的問題，以至於那些問題不被當作是關於我們所認定的對象，而被當作是關於主體的認知構成。超驗形上學的問題可以說要被重新設想爲全然在我們身上。因此，〈辯證論〉包括了康德哥白尼式革命的另一個面向，即理性轉回自身的反思性轉變：就像〈分析論〉中關於我們知識對象的問題是藉由關聯到我們的認知模式來回答的，〈辯證論〉中關於不可知對象的問題同樣也是如此（我們將會看到，這個進路沒有預先判斷其實在性：對不可知對象的哥白尼式說明不再蘊涵了它們的非存在，就像對可知對象的哥白尼式說明也不蘊涵它們的虛假性）。

〈辯證論〉因此是批判事業一個不可或缺的部分，不只是《批判》的長篇附錄。即使知識的擴充不超過經驗，在〈感性論〉和〈分析論〉之外還有更多東西要說。

先驗幻象：理性關於無條件者的理念

康德在他關於先驗幻象的理論中（A293-8/B349-55）說明了，一般來說我們如何會假定關於超出經驗的對象的知識是可能的，以及當然說明了我們如何甚至能形成這樣對象的概念，在先驗幻象的背後是他對理性作為帶有全然不同於知性日常工作的一種機能（A298-309/B355-66）。

先驗幻象的先決條件

先驗的或康德稱為辯證的幻象是，當本來不打算在經驗之外使用的原則被在經驗之外使用，彷佛它們要是如此所產生的結果。如康德所說，全然是主觀的原則被誤認為是客觀的（A296-7/B353, *Proleg* 328）。因為先驗幻象建立在一種特定的錯誤之上，涉及對象能被給予我們的條件，它迥異於我們在先驗哲學脈絡之外面對到的那些熟悉的幻象（亦即作為感覺欺騙結果的經驗幻象，以及由於不注意推論規則的應用而產生的邏輯幻象）（A295/B351-2, A296-7/B353）。

《批判》更早之前有指出過先驗幻象及其一些先決條件的種子。康德在〈導論〉提出超驗形上學超出經驗界限的自信滿滿的天馬行空，乃是錯誤類比於數學所培養的（A4-5/B8；亦見 A724-7/B752-5）。康德說它是錯的，因爲數學是建立在直觀，而形上學則否（康德在 A726-7/B754-5 詳細說明了哲學和數學處理概念的方法有何重要差異）。

把一切形上學判斷錯誤地同化爲（不包含在分析判斷，且因此在邏輯的基礎上穩固的）主詞的一小部分，也扮演著一個角色（B23）。康德在《序論》一書把這些描述爲僅「屬於形上學」的判斷，對立於「嚴格來說的形上學判斷」（273）。眞正的形上學判斷是綜合的，由於無法體會這個事實的後果，就缺乏任何概念之外的限制，導致形上學思辨所樂在其中的虛假自由。

康德在〈圖式論〉中補充說，我們不禁認爲，藉由解除感性「限制條件」，此條件體現於範疇的運用要由圖式來中介這個條件，我們就能先驗地運用範疇，也就是不只運用到如事物所顯現，且運用到「如它們所是」（A146-7/B186）。因爲我們感性看作一種遮蔽我們智性視野的過濾器，我們認爲未圖式化的範疇繞過感性，能聯繫到對象眞正所是；彷彿先驗運用類似於我們說到如其眞正所是，而非如其顯現得到認識的經驗脈絡，只是它是由智性，而不是由感官所認識的。

康德在談論本體的章節中，再次描述了範疇在先驗上運用〔在積極的意義上，本體是可認識的〕的幻象乃是由其非經驗的起源，以及範疇與直觀形式不相對稱所致（B305-6, A253-4/B309, *Proleg* §33）。因此，在知性的純粹概念不從經驗產生，以及那些概念是一般對象的概念的情況下，我們理所當然應該認爲它們是可應用到一切經驗之外的事物上。

〈辯證論〉爲先驗幻象的分析增加了其他層次。要確定康德已指出我們之所以容易認爲我們對超驗知識的欲望能得到滿足的理由，而不是激發欲望的東西。只有〈辯證論〉才解釋了我們爲什麼受到引誘，作出關於知性純粹概念提供給我們的物自身的判斷。

理性的機能

康德的解釋開啟了他對理性與知性能力區分的想法（A298-309/B355-66）。之前在《批判》中，理性這個術語只是用來表示智性的整體機能，且因此包括了知性在內，現在兩者明確被區別開來。在〈辯證論〉中，理性指涉一種獨立的概念機能，它的主要功能是進行一種特殊類型的推理，也就是「中介」或三段論的推理（A299/B355, A303-4/B360-1）。三段論的推理是關於一件知識要從另一件得出所依據的一般條件；例如當「所有人是會死的」就提供了那個條件使一個特殊的人，如蘇格拉底的必死性可由蘇格拉底是人推出。康德把這種從既有前提推導結論的範圍狹小任務稱爲理性的「下降」功能。

此外，康德賦予理性另一個更爲有趣的，從既有受約制的對象「上升」到它們所來自的種種條件的功能（A330-2/B386-9）。理性因此取得其自身的認知動力：它必須發現那些條件，按照那些條件對象會如它們所是，且我們的判斷也會是眞的。現在唯若它能被帶往一個結論，理性才能適當達成此任務，如果條件的回溯毫無止盡的話，它就無法達成此任。因此，理性最終必須關聯到受約制對象之條件的全體性，這也就等於是說，它必須關聯到無條件的全體性（A307/B364, A322/

B379），因爲條件的全體性本身不能依賴於任何條件（A417n/B445n）。對一切意圖和目的來說，理性追尋無條件者可以等同於要求解釋應施加其限制：我們可以說，理性所關注的是發現對事物最終的解釋，這不需要解釋或自我解釋，而受到局限的、有條件的解釋則繫於知性把概念應用到構成對象的目的。

理性因此轉化自身，從一全然形式的、僅是邏輯的機能，變成打算「眞正使用」的「先驗」機能（A299/B355-6）。它產生出屬於自己的概念，不同於知性的概念，這些是無條件的全體性或絕對統一性的概念（A324-6/B380-2）。康德稱這些概念爲「先驗理念」或理性的理念（A311/B368, A320/B377, A327/B383：康德在此使用 *Idee* 這個術語，而不是 *Begriff*）。要形成這些理念即是要從在我們仍在經驗範圍之內的路線去單獨思考經驗，轉成思考整體經驗，「集合的統一」或「一切可能經驗的絕對全體性」（*Proleg* 328）。因此，這意味著離開經驗範圍，因爲絕對全體性不能在經驗中被給予。

理性的種種理念，像是知性的概念一樣，不是任意的，而是形成一個系統（A333-8/B390-6）。康德對先驗理念系統的確認對理性就如同範疇的形上推證對知性所做的事相同。理性在經驗對象被約制（認識的每個構成部分）的每個基本方面都形成了一個無條件的全體性的不同概念。先驗理念因而是屬於下列三者的概念：1.所有一般表象的主體條件的全體性，或是「思維主體」的絕對統一性；2.提供現象條件之時間的，因果的和其他系列的全體性，或「現象條件系列」的絕對統一性；3.一般對象能被思考的條件的全體性，或「所有一般思維對象的條件」的絕對統一性（A334/B391）。因爲對象受約制的不同方面相應於它們被綜合的不同方面，理性的理念也可被當作是完全綜合的理念（A322-3/B379-80）。

康德事實上引入理念的方式是，把理念和理性的邏輯功能緊密聯繫起來，這樣一來，它們每個就相應於三段論的一個不同種類與（關係的）範疇（A321-3/B377-80）。經常有人會評論這個受建築學所促成的推導是人爲的和可疑的。但重要的是，理念應該獲得最基本的方面，在其中世界和我們對世界的知識提出形上解釋，而這是它們清楚所做的：第一個和第二個理念分別關於主體和知識的對象，而第三個則是兩者的統一。

伴隨著這些理念的是理性特有的原則，康德以其最一般的形式來把它呈現如下：「如果有條件者是既與的，條件的全部總和，從而絕對無條件者（只藉由它有條件者已是可能的）也會是既與的」（A409/B436；更早是在 A307-8/B364 和 A308/B365 所述）。這個原則作爲充足理由律的精巧版，不是分析的而是綜合的（A308/B364），因爲它聲稱眞實存在而非僅概念間的邏輯關係，且它是超驗的（A308/B365），因爲它公然踰越經驗的限制。超驗形上學把它當作是與知性的先驗原則有同等地位的一個客觀有效的原則，並把它詮釋爲意味著我們可假定無條件者存在且在原則上是可認識的。然而，康德將會主張它應該被理解成「只是一個邏輯的規則」，指導我們在面對任何無條件的對象時，「藉由步步提升到更高的條件來邁向完整性」（A309/B365）。這就是說，它不是告訴我們，我們可以假定無條件者存在，而是我們必須做些什麼，即總是找出其他的條件。

康德對理性的想法因此與理性論者的想法迥然不同，對理性論者來說，理性有其自己既與積累的天生觀念，直接讓它與獨立於藉由感官所給予者的對象接觸。對康德來說，理性不是直接與對象相關聯，而是直接與知性提供的判斷相關聯（A302/B359, A306-7/B363, A643-4/B671-2）。它沒有從自身產生出概念，而是藉由轉換知性的純粹概念來創造其概念（A320/B377）。其自主性在於以超出知性關於可能經驗的特有方式來運用知性概念：知性的概念在我們有做出推論的任何材料前，就直接插入我們的經驗，理性的概念是那種只在顯象世界已被構成且已經開始進行推論之後，我們才形成的概念（A310/B366-7）。

如果康德對超驗形上學的負面裁定是正確的，那麼先驗理念便是有特殊地位的概念。我們必然應該擁有它們：它們可由主觀推證來提供，因爲它能證明那些理念是從我們的認知模式先天推導出的。但它們不能接受一客觀推證，亦即被證明有應用到對象（A336/B393）。因此，我們無法知道相應於我們關於無條件全體性的概念的任何東西。然而，我們也無法知道沒有東西相應於那些概念（我們將會看到，除非是在這個特例中它們蘊涵了一個矛盾）。就像本體的概念，它們是權宜的：理性因而只部分完成了其任務：它告訴我們，如果我們要掌握現象的完整條件，需要被給予什麼種類的對象，但它沒有使那些對象實際上被給予。

康德在確定理性被迫形成缺少客觀實在性的無條件者的理念之後，他把所謂的辯證推論界定爲其結論聲稱一個或其他理性理念的客觀實在性的推論（A338-40/B396-8）。在康德的用法中，辯證一詞涉及「幻象邏輯」，他藉此意味著先驗幻象所在的假的推論，以及揭露出它的相應哲學研究都是無效的（在此意義上，辯證論是先驗邏輯的第二個分支）。辯證推論的產物是超驗形上學幾個常見的中心概念：三個先驗理念提供了對1.自我作爲絕不作爲述詞的主詞；2.顯象的總和；3.存有者的一個存有者的理念。用更口語的話來說，是對靈魂，世界和上帝的這些觀念。這些理念在三個相應的學說主要部分得到詳細闡述的，康德稱爲理性心理學、宇宙論和神學。它們都試圖藉由（先驗使用）範疇來規定先驗理念的對象。〈辯證論〉的主要部分按照這個組織，〈誤推〉、〈背反〉和〈純粹理性的理想〉依序探究理性在各範域的辯證推論。在各個情況（再次除了理性的理念被發現是矛盾的之外），康德宣稱雖然討論中的對象完全是可設想的，我們可以融貫地對它進行思考，任何種類的知識宣稱，甚至是關於對象存在都是不可能的。超驗形上學因此被顯示為依賴於把無條件全體性的那些合法概念，轉化成關於實在的和可知對象的不合法概念。

康德堅持先驗批判局限於它能希望達到之處。因為我們的認知能力是如何乃是固定的，我們不得不把某些對象的圖像投射到超出經驗的虛空中。因為先驗幻象是一種必然的概念幻覺，它「不會終止，即使是在它已被我們察覺之後」（A297/B353）。〈辯證論〉頂多能做的是揭露此種幻象，並「預防我們受它欺騙」（A297/B354）；我們無法阻止此種幻象的形成，只能控制它的結果。然而，即使這也絕不是最後的：先驗幻象將會持續讓理性「落入圈套」，且其脫離常軌將會「三不五時」需要修正（A298/B355）（康德做了一個比較，月亮在它接近地平線時有更大的顯象：即使天文學家知道這是一個幻象，他仍知覺到它是更大的，A297/B354）。

理性是規制性的（〈辯證論〉的〈附錄〉）

我們有理性的理念是概念的想法是正當的，但運用在判斷時，此想法便無用武之地，暗示著一種理性中的徒勞無益。康德的回應是發現其理念另一個的角色。即使理性無法藉由那些理念掌握任何對象，康德仍主張它們在引導這些能夠且確實掌握對象的判斷（即知性的判斷）上，扮演一個必要的角色。按照康德的說法，理性的合法使用是規制性的，相對於構成性的：使用概念來構成對象是知性的特權，但理性有權使用其理念以指導或規制知性（A509/B537, A644/B672）。

康德在〈辯證論〉花了很多篇幅在理性的規制性角色上（在其中三個主要部分，在〈附錄〉的前半部中的「純粹理性理念的規制性運用」）。他的說明再次出自於他原本把理性刻畫爲一種形式的、邏輯的機能。因爲理性是關於知識的種種特殊部分的一般條件，它能證明對象的多樣性是從一個且同樣的條件得出的，因此把統一性引入了知識（A302/B359, A305/B362）。知性給顯象的的統一性，即空間和時間上及因果上統一的經驗領域的統一性乃是統覺的統一性所必要的東西，此外無他：它不足以使知識本身形成一個統一體。這要求我們的判斷要是推論上相互連結的。理性的工作是把統一性給予知識：就像知性處理感性的雜多，有知性作爲其直接對象的理性則處理知性判斷的雜多以創造一個系統的統一性（A305-6/B362）。

具體而言，這等於是說理性提供知性某些規則或方法論上的規則，康德稱之爲「格律」（A666/B694）。這些格律是用來統一、簡化和系統化知性的，並把知性導引到它最大的範圍，以達到「知識的整體」（A645/B673）。這個整體是由先天包含其每個部分的條件的理性所設想的，以至於部分從整體得出，而非整體僅是諸部分的總和。理性藉由要求此更高的統一性，把我們從知性所提供的許多不確定的個別事態，引導到關於作爲確定整體的自然的知識。如果這個目標可以實現的話，我們的知識就能從「僅是偶然的集合體」轉變爲「根據必然法則而連結的系統」（A645/

B673）：知性「多樣且雜多的」的知識就會被化約爲「最小數量的原則（普遍條件）」（A305/B361），並且被證明是根據一個單一原則而得到連結（A648/B676）。

當然，此統一性只是一個「被投射的」統一性（A647/B675），僅是一個理想，但它對我們如何通達經驗世界來說是有意義的。康德舉了下列的例子：在受到理性的壓迫之下，我們將尋找基本的（化學）元素和自然中的力量（A646/B674, A648-9/B676-7），並使用在自然中找不到的理想存有者的概念（例如，純粹的土、水，以及空氣，A646/B674），把假說發展成普遍的自然法則（A646-7/B674-5）且把有機的和無機的自然世界分成許多的類和種（A653-7/B681-5）。起作用的格律是「類」、「種」和「親合性」三個原則，指導我們各自去找出自然形式間的「同質性」、「多樣性」和「連續性」（A651-64/B679-92）。

因此，理性的規制性使用相當於藉由帶著假說—演繹形式的科學理論的建構，來闡明和擴張經驗知識。此主題因而對於理解康德的科學理論是重要的（康德在他的《判斷力批判》中再次完整闡述，他特別注意在生物學中發現的那種目的論的判斷）。規制性理性也被當作是對我們關於因果律的知識是根本的（這取決於我們對〈第二個類比〉結論的效力採取什麼觀點），相對於僅是單一因果序列，且提供康德對歸納的證成反對休謨（這在《判斷力批判》中是很清楚的）。在這種情況下，它是常識的經驗知識的廣大且不可或缺的部分，以及成熟的自然科學的原因。

理性的規制性角色，儘管是該機能「實在的」而非僅是邏輯的使用，因而與形上的思辨相聚甚遠。在規制性的使用中，理性藉由被允許建立無條件的全體性作爲知性的目標而被給予其應得之物：一個經驗知識系統的形成取代了對超驗對象的認知，而先驗理念被證明是本來就有缺點的

（康德提到，那些理念本身，亦即脫離它們所做出者使用，既非是內在的也不是超驗的，A643/B671）。理性是關於無條件的全體性因而得到證實，這不用假定無條件者存在（「被給予」）除了以一個任務的形式中；在此「修正」的形式，這個「如果無條件者被給予等等」的理性原則具有有效性（A508/B536）。

從理性所得出的特定的、引導研究的規制性原則因而得到客觀有效性（A663/B691），甚至得到客觀實在性（A665-6/B693-4）：雖然它們沒有規定在經驗對象中的任何東西，它們確實規定了一些關於那些對象的某些東西，也就是知性在獲得關於那些對象的知識所應運用的程序。於是超驗形上學的錯誤可被重新描述爲把規制性原則誤認爲構成性原則（A644/B672）：在辯證的推論中，以要去規制知性爲適當角色的原則被誤認爲以要去構成對象爲角色的原則。

靈魂和上帝的理念之推證

爲了運用其規制性功能，理性需要其原初關於無條件整體性的先驗理念，而不是在超驗形上學中發現的，那種辯證上轉變的、實體化的概念。儘管這樣，而非出人意外的，康德對我們關於靈魂和上帝的理念如何在理性規制性使用的脈絡中，接受先驗推證加以補充說明（在「人類理性的自然辯證的最後目的」，〈附錄〉的後半部，A669-682/B697-710）。

此推證十分拐彎抹角。按照康德的說法，說我們應在顯象作爲能形成一系統統一性的基礎上進行經驗探究，就等於是說我們應該彷彿自我的顯象是一個不可分的靈魂的顯象，以及彷彿自然是一個理智存有者的產物。他還主張，在此「彷彿」方式下來考慮顯象，就是把理性的理念當作是有不直接的推論：在顯象被當成是有先驗基礎的情況下，藉由我們可經驗到的對象，即顯象，那些理念可以被拿來指涉到超驗對象。然而，只有在超驗對象以類比的方式被設想的嚴格條件下，作爲「被比於眞實事物」，而非自身是眞實事物，我們才有資格如此做（A674/B702）。舉例來說，我們可以類比於顯象間的因果關係來思考上帝與顯象世界的關係。康德說理性理念的對象「只在理念中而非在自身中得到設立」（A674/B702）。用更略近的說法是，它有一種全然意向對象的地位。

此經驗世界的重新概念化給了它新的深度，但它沒有擴展我們的知識，因爲我們對類比的超驗對象的理念，仍完全是未規定的。因此，它不是從自然推論到某些外在於它的新對象存在，而只是理性在經驗知識中要求系統性的另一種表達。

賦予理性理念一個合法的規制性角色，並發現超驗形上學的理念會把客觀實在性歸之於它的一個細緻意義，這讓產生先驗幻象的知性力量得到升華。但如前所說，理性理念的眞正命運降臨在實踐理性的脈絡，在其中那些理念不只指揮我們關於經驗世界的思想：在道德的脈絡中，理性理念以在我們理論推理時所不可能的方式，被允許構成對象。

超驗形上學的幾個辯證式推論（〈誤推〉、〈背反〉、〈純粹理性的理想〉）

〈誤推〉I

先驗幻象採取的第一個形式是關於自我的幻象（〈純粹理性的誤推〉）。以笛卡兒爲最明顯倡導者的理性心理學乃是超驗形上學的分支，它宣稱要能認識自我是一不可分的且非物質的實體，一個不腐敗的且不朽的靈魂（A345/B403）。用康德的話來說，理性心理學宣稱關於自我作爲物自身的知識（B409-10）。

理性心理學不同於經驗心理學，它本身必須只建立在統覺之上：「我思」（cogito）提供其「唯一文本」（A343/B401），所有它的學說要建立在這上面。因爲「我思」是一個非經驗性的表象，理性心理學產生一個在先天的基礎上，詢問「一個思考的事物是由什麼所構成的？」問題的嘗試（A398）。康德把它分成四個宣稱和康德稱爲誤推的相應（辯證的）推論，一個誤推只是一個無效的三段論（A341/B399）（〈誤推〉是〈辯證論〉中唯一康德在第二版全部重新撰寫的章節。之前的版本更完全且有更符合建築學式的形式，每個三段論都有其單獨的小節；後來的版本則似乎在某種程度上，讓理性心理學的宣稱彼此混在一起）。

首先，理性心理學的推論如下（這是從 A348，B407 和 B410-11 這些不同版本所摘取出來的）：

1.作為判斷的主詞且無法被其他任何東西所斷言的是實體。

2.我作為思維的存有者總是我思想的主詞。

3.因此我是一個（我思想所固存於其中的）實體。

這個論證乍看之下令人信服。然而，康德解釋它為什麼是無效的（A349-51, B410-13）。形式上來說，理性心理學的錯誤在於對於「主詞」的模稜兩可，即混淆該語詞的邏輯意義和其超出邏輯的、包含客體的意義。康德同意「我」總是事物所闡述的某種東西，而它本身絕不能來闡述任何東西。但按照康德的說法，這要被適當理解為一個關於「我」這個表象的邏輯角色的陳述：它告訴我們「我」必須在任何判斷中占據主詞的位置。所以唯一為眞的是「我」必須在康德所謂的「主詞」的邏輯意義上被當成是主詞。從此關於那個「我」作為在主詞的非邏輯或眞實意義上作為基礎的基底，我們得不出什麼東西（如康德在〈推證〉中所證明的，從全然形式的「我思」的必要性一點都推不出關於「我」作為一個對象的本性）。

藉由康德在主體的邏輯和眞實意義間所挑起的不合，理性心理學的影響便是無效的，此不合依賴於他對實體概念應用的種種條件的說明，以及更一般來說對對象被給予的種種條件的說明，按照康德的說法，理性心理學無法掌握到這些說明（A349-50, A399-400, B407, B412-3）。〈第一個類比〉顯示出，實體概念的重點是要提供我們關於某種永恆的東西的經驗。但在關於自我的經驗中，沒有什麼東西是永恆的：內感官中所給予的一切東西是從屬於統一的條件的顯象相續。理性心理學家接受自我的永恆性不在直觀中被給予，因為他不是把它當作經驗與料，而是需要藉由純粹理性從非經驗性「我」的顯象推論出來的某種東西（理性心理學者推論：「我」一個主詞，因此是一個實體，從而是具有永恆性的某物）。實體概念要能應用無論如何所需要的是，它在直觀雜多的綜合中所使用的東西。這是實體概念的合法應用所包含的東西。若且唯若實體的概念被應用到綜合那個「我」的活動中，理性心理學的結論才得到證成。但這一切都涉及綜合自我的是「我思」，即先驗統覺。先驗統覺是實體，以及其他範疇的概念為了應用的條件，而不是依它為條件。

理性心理學者的基本錯誤因而在於錯誤解釋了大前提。正確的理解是，1.所說的是，當一個對象O相應於一個表象R時，且R是一個邏輯的主詞，O是一個實體。它准許的推論是以一個已被給予的對象為條件：它說如果一個對象O被給予，且其表象是一個邏輯主詞，那麼O是一個實體。正確的理解是，大前提沒有說出任何有關對象可被假定為被給予的種種條件的事；它所告訴我們的是有關認知對象要是以討論中的對象獨立被給予為條件的實體。因此，它不能准許如理性心理學所認為的和要求的那種從表象到對象的推論。

康德在第二版〈誤推〉的文本中，重新表述了他的批評（B416-20）。理性心理學被指控混淆了分析判斷和綜合判斷：理性心理學試圖從一個分析命題（思考的「我」必須總是被當成是主詞）得出一個綜合命題（我作為一個對象是一個實體）。而此推論是無效的，因為一個綜合命題不能單從一個分析命題得出（〈誤推〉事實上包含了理性心理學中出錯的幾個互補陳述：康德在 B411n-12n 把它描述為依賴於「思想」一詞的歧義，這相應於「主詞」一詞的歧義；而他在 A402-3 則提議把四個誤推看成是無效論證的尋常模式之例，範疇在這種論證中先驗使用於大前提，但在經驗上卻用於小前提和結論）。

剛才所討論的第一誤推的推論乃是理性心理學的基石，沒有它理性心理學便會崩潰（B410, B413）。但康德爲了使他的理由全然確定，他證明了同樣的辯證方式在構成笛卡兒靈魂學說的其他推論中一再出現。

思想本質上包含了統一性這個事實引導理性心理學去宣稱自我不只是一個實體，也是一個簡單（不可分的）實體。這即是第二個誤推（A351-2, B407）。對此推論康德說（A352-6, A400-1, B408）思維「我」眞的不能是複合的，如果我思想的不同部分被分配到我的不同部分，它們不能組成一個整體思想，這不表示「我」擁有不可分的對象的統一：思想的統一不表示思維者的統一，除非在同義反覆（分析性）的意義上，一個思考的存有者必須不是複合的，這會與思想的統一不相一致。「我」的統一再次僅是邏輯的。「我是簡單的」所眞正意指的是，「我」這個表象不包含任何雜多的痕跡，它只是以下事實的一個結果，「我」這個表象沒有任何種類的內容。這就是捉弄我們的東西：因爲「我」完全是空洞的，我們認爲它必須指稱一個簡單對象。事實上，它意圖要說的「我」是簡單的只是「我關於它除了它是某種東西外，眞的什麼都不能說」（A400）。

把統覺的特性同樣誤認爲實體的特性，導致理性心理學宣稱「我」指涉一個位格，即一個意識到它時間和變化的同一性的一個實體；這就是第三個誤推（A361-2, B408）。理性心理學從我貫穿我意識到任何事物的時間，意識到我的同一性，推出「我」的位格性。康德再次強調（A362-6, B408-9）這個推論涉及了對概念之邏輯的和非邏輯的使用的混淆，在此是同一性的概念。康德爲了釐清這一點，使用了一個類比（A363n-64n）。如果一些撞球被放在一列，被敲擊的第一顆球會傳遞其運動給其相繼者，且持續沿著一條線。同樣的，我們知道，在「我」的情況中，一系列的相繼的、數量上不同的實體完全有可能傳遞其表象和意識給下一個實體。跨時間的意識的統一完全相容於基礎實體的統一性中的變化，而從統覺的統一推論到一個跨時間永恆事物的統一，這是不合法的。

當理性心理學把我區分我自己作爲思維者的存在與外在於我的其他事物（包括我的身體）的存在這個眞理，轉換爲我的存在是獨立於我的身體的（笛卡兒對二元論的論證）這個宣稱時，理性心理學就犯的最後一個錯誤，即第四個誤推（B409）。康德以現在我們熟悉的方式來批評：空間中外在於我的事物是那種我把它想成與我自己不同的事物，這是一件分析的事；我可能沒有那些外在事物而存在則是另一件綜合的事（第四個誤推的第一版 A366-9，與在第六章所討論的內容並不相同。康德在那裡主張，理性心理學採取一種自我知識作爲比關於外在對象知識更有特殊地位的觀點，即前者是直接的，後者是間接的，這讓關於外在對象的懷疑論變成是不可避免的；理性心理學所肯定的自我的知識接近把其他對象排擠到超出我們所及之處。因爲這個主題眞的屬於關於外在對象的知識論，而非自我的形上學，康德在第二版相當正確地，以一個更恰當的笛卡兒式學說取而代之，作爲第四個誤推。儘管他在第二版 B417-18 重新聲稱理性心理學的獨我論意涵）。

總之，理性心理學瀰漫著對原初與料，即「我思」（再說一次，它是理性心理學必須繼續的東西）的誤解。所有事實上可從我思所得出的知識都包含了下列命題：「1.我思，2.作爲主體，3.作爲簡單主體，4.作爲在我思想的每個狀態中的同一主體」（B419）。這些是從我思分析上得出的，且它們還遠遠不及理性心理學的宣稱，因爲它們沒有告訴我們任何有關我作爲一個思想著存有者的構成的事。

康德也澄清了「我思」和笛卡兒式的 cogito 的關係，並解釋了理性心理學如何會認爲 cogito 提供了回答那個問題的材料（主要是在 B422-3n 一個密集的註腳）。

康德同意，誠然在「我思」中有些「眞的東西被給予」，「有些東西眞正存在」（B423n）。但「我思」所表達的是一個某種我們沒有確定概念的「未規定的經驗直觀」，其概念僅是關於「不允許被直觀的某物一般」（A400）（康德補充說，這個某物因而不能被當作爲顯象或是物自身，B423n）。的確就「我思」只能在某些經驗表象提供它一個使用機會時發生來說，cogito 是經驗的和後天的（B423n）。但「我思」本身延續此經驗材料，且全然是智性的。於是，它不夠資格作爲關於經驗對象的知識。再次，的確因爲我的存在是被當作既與的而非推論出的，它是經驗上被規定的，因而與時間有關。但因爲我沒有在內在直觀中給予我的任何永恆東西的基礎上去規定我的存在，於是我所沒有學到的是，是否我「是作爲實體或是屬性」而存在（B420）；我是「其他存有者的述詞」全然是開放的（B419）。

因此，cogito 沒有回答理性心理學所提出的問題。我們關於我們自己唯一能有的是那種經驗性的知識，對自我的經驗探究不能決定理性心理學所關心的是什麼樣的事：經驗心理學只是「一種關於內感官的生理學，或許能解釋內感官的顯象」（A347/B405）（康德在 A381 附帶地對經驗心理學能否稱得上是關於物質世界的經驗知識表示懷疑，在《自然科學的形上學基礎》471 與 *CJ*〈第一導論〉237'-8'這些其他著作中，他否定它有科學地位。其他評論則提出一個更贊同的觀點：A347/B405-6, A848-9/B876-7, *Proleg* 295。然而這是另一個議題了）。

如我們已看到的那樣，康德對理性心理學的批評顯然涉及到它對統覺的說明，且在某個層次上可以說預設了統覺。然而，這沒有讓他的批判陷入循環，因爲理性心理學必須面對的挑戰正是，要證成比康德在〈推證〉中證明「我思」是正當的形式詮釋在存有論上更受到支持的解讀方式。就〈誤推〉證明了理性心理學無法應付這個挑戰，而康德對統覺的說明則得到維護。

此外，我們應該觀察到康德對先驗幻象的一般說明獲得〈誤推〉的支持。首先，顯然理性心理學家認爲範疇在缺少直觀之下給我們對象（A399-401）。其次，理性心理學一般被當成是試圖去發現滿足理性關於無條件者理念的對象（A397-8），在此是「所有表象一般的主觀條件的無條件統一」（A406/B432）的先驗理念，即表象與主體綜合的無條件基礎（A397）。因爲普遍伴隨表象的唯一條件是「我思」，而統覺在它是「統一的條件」（A401）的意義上是無條件的，理性把「我思」當成會提供它所尋找的關於無條件基礎的知識（A401-2）。如此一來，它就把「我」誤認是一個對象的表象。事實上，從統覺的無條件特性所得出的只有範疇的使用必然從屬於統覺的條件。關於自我的先驗幻象在於對此關係的倒轉（「隱匿」）：也就是說，我們認爲統覺「藉由範疇來認識自身」（A402）。那個「思想綜合中的統一」因此被誤認爲「這些思想的主體中被知覺到的統一」（A402），而「意識的統一」則被誤認爲是實體的範疇可應用到其上的「主體作爲一個對象的直觀」（B421）。如康德所說，這混淆了「進行規定的」與「可規定」的自我，混淆了自我作爲所有判斷的條件，以及自我作爲認知的直觀對象（A402, B406-7, B421-2）。

〈背反〉I

先驗幻象的第二形式是關於世界的幻象，這是在康德稱爲理性宇宙論的超驗形上學分支中所陳述的，這種幻象有一個比關於自我的先驗幻象更複雜的結構：它是兩面的，而該幻象的每一面都和其他面相矛盾（〈純粹理性的二律背反〉）。

宇宙論幻象源自於理性所形成的其他一組先驗理念，這些理念是關於「顯象綜合中的絕對全體性」（A405-20/B435-48）。與〈誤推〉相較之下，〈誤推〉那裡關於一個實質靈魂的先驗幻象是由某種完全純粹的東西（「我思」）所促使的，宇宙論理念則是肇因於理性試圖思考一個經驗對象，如康德所說，每個顯象是一個「受約制者」：它之所以是它所是的情況是因爲其他事物。就它本身來說，它蘊涵了一系列相應的條件（A409-11/B436-8）。追求無條件者的理性於是形成顯象的種種條件的絕對全體性理念，或者以〈分析論〉的說法是相當於，絕對完整的顯象的一個綜合的理念（A415-17/B443-4）。因此我們顯象的範域中無論從何開始，從麵包屑或是喜馬拉雅山，理性最後導向同樣的，關於任何經驗事物一切條件的理念。

最一般且明顯的宇宙論理念是關於宇宙或「整個世界」（A408/B434）。這個一般理念有四個更特定的形式，每個都相應於一個顯象受約制的不同方面。引發那些宇宙論理念的顯象的方面是在其中它們位於開始於一些實際既與的顯象序列，以及在其中相繼的數字是其前者的可能性條件，相對於下降，康德稱爲上升的序列（A410-11/B437-8）。對象在空間中的位置序列，以及事件在時間中從現在到過去的序列，即是這種。理性因而形成關於世界作爲顯象在空間和時間流逝的絕對全體性的理念（A411-13/B438-40）。第二，每個顯象受其內在部分所約制，而這些部分又受其部分所約制等等，這把理性引導到顯象的完整分解那個理念，及一個絕對的部分論的全體性（A413/B440）。第三，顯象具有因果關係，這產生了關於其因果條件的絕對全體性的理念（A413-14/B441-2）。第四，每個顯象偶然存在，這迫使理性形成顯象的存在條件的絕對全體性的理念（A415/B442）。康德在〈背反〉的第一個例子中處理了這四個理念，沒有這些理念的話，世界就是仍未全體化的；他後來則轉而處理關於整個世界基礎的、無分化的理念。

因爲宇宙論理念要求在超越一切可能經驗的程度上產生綜合，它們的對象，即它們所保護的絕對全體性不能藉由經驗來獲得：我們不能把世界經驗爲諸如一個空間－時間的全體之類的東西。現在如果康德要繼續他在〈誤推〉的工作，他就必須證明，儘管形成諸如關於世界作爲一個空間－時間的全體的理念是合法的，繼續說世界實際上在其自身存在包含了一個錯誤，就像康德已證明形成靈魂的理念是合法的，但宣稱其存在則否。在〈背反〉中如此進行的阻礙是宇宙論的理念是奠基於顯象，不像「我思」沒有構成關於任何種類對象的知識，而這似乎使理性宇宙論者具有比理性心理學家更強而有力的立場。康德畢竟承認，如果該受約制者被給予，那麼其條件的總和（無條件者）也被給予，這是一個理性的原則（A409/B436），且如康德所說（A497/B525），此原則表面上准許從任何既與的受約制者推論出顯象的種種條件的絕對全體性的存在。

康德關於理性宇宙論的策略於是需要另闢蹊徑。儘管理性宇宙論似乎有堅實的基礎，但如前所述，這裡的先驗幻象假定了一個矛盾的形式，這使康德有可能對它進行批判：每個關於宇宙的宇宙論聲稱都可與之相反提出對立的聲稱，且在純粹理性的眼中都享有同等程度的證成（A406-7/

B433-4）。康德在〈背反〉中的策略因此不是試圖要直接證明理性在其權利之外宣稱其理念的實在性，而是同意爲了論證的目的，它有這麼做的權利，繼而證明理性在此設想之下自相矛盾。在這種方式之下，康德沒有被迫退到〈分析論〉的結論，在那裡他否認宇宙論理念有客觀實在性，卻再次讓此宣稱受到考驗。

四個背反

在四個背反（〈背反〉，第二部分）中可證明宇宙論思辨的矛盾結構，每個背反都相應於四個特定宇宙論理念之一，且包含了一對被稱爲正題和反題的矛盾命題。

在第一個背反中，正題主張世界在時間上有一起點，而在空間上有一界限，而反題則主張世界在時間上沒有起點，而在空間上是沒有界限的（A426-7/B454-5）。第二個背反的正題聲稱，每個複合實體是由簡單部分所組成，這些簡單部分爲其可能的分割設下一個最終限制，且唯有這些部分和構成他們的東西存在；其反題則聲稱沒有簡單部分這樣的事物存在，且任何存在的事物都是無限可分的（A434-5/B462-3）。在第三個背反中，正題說除了按照自然法則的因果性之外，自由的絕對自發的且「原初的」因果性也存在，即所有結果的一個原因，它產生了自然的因果性；反題說自由不存在，且任何事物都根據自然法則而發生，這意味著因果序列的無限性（A444-5/B472-3）。第四個背反的正題斷言，一個屬於世界的存有者是存在的，要嘛作爲它的一個部分或是作爲它的原因，它必然存在並提供基礎予所有偶然的存在物；反題否定有一個絕對必然的存有者存在，無論是在世界之內，或是在世界之外作爲其原因，並且把存在條件的序列設想爲徹底是偶然的（A452-3/B480-1）。

這些背反讓我們回想起理性論式的形上學，與早在康德就職時便縈繞心中的牛頓式科學間的種種不一致之處（康德的就職論文中包含了對它們的說法）。它們顯示出不同的形態。最明顯的是正題設定了受限制的整體，反題則設定無限制的整體；在第一個和第二個背反中，世界在正題中被再現爲有限的，而在反題中被再現爲無限的。正題使用非經驗性對象的概念（世界的空間限制與時間開端，僅單部分，自由的因果性，一個絕對必然的存有者）以把經驗的世界帶到一個結尾，而反題則把它再現爲一個整體，此整體由無限的或未完的序列所組成。這證明了正題和反題各有一個共同原則：那些正題依賴於「獨斷論」原則，因爲它們訴諸可理解的對象來解釋顯象，而那些反題就它們仍「在世界之內」來解釋顯象，則依賴於「經驗論」原則（A465-6/B493-4）。這（藉由完全不直截了當的歷史標示）使我們自然把背反思考爲理性論者和經驗論者間的爭執。康德也把那些反題分成兩組（A418-19/B446-7）：前兩個被稱爲數學的，因爲它們是關於數量或是量，第三個和第四個則爲力學的，因爲它們是關於因果性和存在（此區分後來變得很重要）。

康德對這些正題和反題的證明

康德批判理性宇宙論的基礎在於他嘗試去顯示，每個正題和反題可以提供一個有效的證明。康德以一種歸謬的形式呈現出所有的證明：它們假定了對立於它們打算去證明的東西，以證明會產生荒謬的結論。對第一背反中正題的證明（A426-43/B454-71）說：我們可以假定世界在時間上沒有起點。若是如此，無限數量的事件就消逝至今。事件的一個完整的無限序列卻意味著一個相應的對這些事件的無限綜合（因爲討論的顯象，它們的全體性預設了一個對它們的完整綜合）。對一無限序列的相繼綜合卻不是完整的，因爲需要時間的一個無限期間來完成一個無限的任務。而綜合卻必須是完整的，因爲如其不然，現在就是不可能的。所以時間中的事件序列必須是有限的；世界必須在時間上有一個起點。這個正題關於空間的證明是對稱的：假定世界在空間上是無限就是去預設對其部分的一個無限綜合，這也是不可能完成的；所以世界必須在空間上有限制。

第一個背反的反題主張（A428-9/B456-7）：我們可以假定世界在時間上有一個起點。若是如此，就有一個世界開始存在的時刻 t，意味著一個直接在前的「空無」時刻 t1，在此時世界尚未存在。但沒有事物能發生在一個空無的時刻，因爲在其中沒有事物存在。因爲世界不能在任何時刻開始存在，它必須在時間上是無限的。對空間也是一樣：如果世界是在空間上有限的，那麼世界就與外在於它的空間有一種關係。此超出現世的空間卻無法被直觀，因爲它沒有「相互關聯」（沒有事物占有這種空間），這讓它不成爲任何種類的對象（如康德所說，它是一個「*Unding*」，一個非—物）。在這個情況下，世界與它的關係也是「虛無」，亦即不能是任何東西。所以世界在空間上不能是有限的。

在第二個背反（A434-43/B462-71）中，正題是由下列論證所建立的：如果每個東西是複合的，那麼一旦把複合的實體的成分從它抽離之後，沒有任何東西仍是屬於複合的實體。但認爲沒有複合性的主體仍是與實體的那個概念相矛盾的。因此，複合實體必須由簡單（非複合的因而不可分的）部分所構成。但反題主張：有簡單部分存在這個宣稱是矛盾的，因爲在物質實體的情況中（這也是主要討論的東西），這些部分必然會占有空間，且每個空間占有物包含了一成分的雜多，這意味著複合。簡單存有者的存在不能後天地得到確立，因爲經驗對象不能證實簡單部分的實在性：一個經驗上被給予對象的絕對簡單性絕不能從我們不只意識到它包含了任何雜多推論出來（內在經驗無法產生關於自我作爲一簡單實體的知識）。因此，實體是無限可分的，而包含了無限多的部分。

另一個背反以類似的方式出發進行，每個宇宙論的宣稱顯然都由一個表明了其對立者全然是不可設想的的論證支持。康德在對這些證明的一系列評論中爲它們的有效性辯護，其有效性不同於其他爲了同樣結論而被提出的那些有缺陷的或脆弱的論證，且反駁了那些懷著設定議題的希望，以一種方式或其他方式已經或可能被給予的論證。所以，如果康德是對的，（在我們已見過的內容來說）背反就是純粹理性在邏輯上不可避免的種種表達：它們構成的種種矛盾不能藉由更嚴格的哲學分析來加以消除。

康德在此基礎上有資格澄清理性宇宙論是不合法的。如果純粹理性在理性宇宙論手上終致於種種矛盾，那麼我們唯一可得出的結論就是宇宙論思辨有一些毛病存在：理性宇宙論而非理性自身，必須被允許自我毀滅。這確定了〈分析論〉的意含，即對超驗知識一般的宣稱是沒有根基的。

這足以證明對關於世界的整體知識的宣稱構成了先驗幻象。然而，這不是故事的結尾。我們還沒有說它正是宇宙論推論錯誤之處，所以診斷仍是不完整的。理性也沒有使自己與自身和諧：需要提供關於宇宙論主題的另一種免於矛盾的觀點。之後我們會看到康德如何使用先驗觀念論來解決這些背反。

〈理想〉I

先驗幻象的第三個形式是在神學的學說中發現的。康德對關於上帝存在的知識宣稱的批判在哲學史上可說是最有系統且最有影響力的。

〈純粹理性的理想〉起於詳細考量上帝概念的「先驗起源」，即純粹理性如何產生那個理念的問題（〈理想〉，第二部分）。這給康德帶來一個挑戰，因爲上帝這樣一個絕對獨立於經驗世界的無限存有者的概念，似乎缺乏任何與可能經驗的連結；而必須不計任何代價來阻止的是理性論神學家所主張的，我們有上帝的概念的這個事實證明了祂的存在（笛卡兒的宇宙論論證）。康德必須證明理性是藉由取用知性所提供的材料來形成上帝的概念，正如他在其他先驗理念的情況中所做的一樣。這需要一些獨創性，以及引入一組新的概念。

簡言之，康德的說明如下。每個認知的對象都能按照可能性的概念來加以思考：它之所以是它所是，是因爲它有一些性質而缺乏其他性質，而它所缺乏的性質是那些它邏輯上已有的性質。所以如果我們要對任何對象產生一個完整的詳述（「完整規定」），我們必須經歷所有可能性質的清單。康德建議當一個對象被綜合時，我們就從這個儲藏庫中選出性質。於是，經驗對象預設了一種在於全體性或可能性的總和中的背景，這事實上是對象的另一個先驗條件（A571-3/B599-601）。此外，按照康德的說法，這個可能性的來源是某種我們可以把它思考爲單獨的一個東西，如此就被設想爲他所稱的「純粹理性的理想」（A573-4/B601-2；在第一部分解釋了對理想的看法）。康德建議，正是這個理想提供了我們上帝概念的核心。因爲可能性的全體性的理念乃是所有事物的原初基礎的理念，自身內包含一切實在性的某種東西以及有最高等級的實在性的理念，即最高存有者的理念（A574-9/B602-7）。

最高存有者的理念不等於是上帝的理念，但上帝的概念卻是從它產生的（A580-7/B608-15）。理性神學就像所有超驗形上學，陳述了理性追尋無條件者，且理性需要一個絕對必然存有者的存在（A584/B612）。因爲一個最高存有者和一個絕對必然存有者的理念是密切相關的（如果一個最高存有者存在，他必然存在），而理性總是致力於統一其種種理念，兩者是被當成同一的（A585-6/B613-14）。一個最高存有者的理念因此被先驗幻象之網所捕捉且加以實體化，也就是被當成是眞實存在的超驗事物。此存有者於是被想成是世界的創造者。一旦加上取自道德人格的種種特性，就產生了在宗教信仰中出現的上帝概念。按照康德的新解，上帝概念因而不是一個理智既有的基本概念，而是由若干更原始的概念的合成物，也就是最高存有者的概念，絕對必然的存有者和自然的創造者。

康德區分了對上帝存在的三種論證（A590-1/B618-19），而它們都是我們所耳熟能詳的：存有論論證，宇宙論論證和設計或「自然神學論證」。每個論證試圖以不同的描述和在不同的基礎上，證明上帝存在。存有論論證是建立在先天概念的基礎上，神學家只藉此推論出最高存有者存在。宇宙論論證則建立在事物是偶然存在著的「不確定的經驗」或經驗一般的基礎上，由之推論出一個絕對必然的存有者存在。從設計而來的論證是建立在關於世界爲一個有秩序的構成之「確定的經驗」之上，這被認爲是確立自然的創造者的存在。康德宣稱，它們一同含括了理論理性中所有對上帝存在證明的可能基礎。

對上帝存在的幾種論證

康德從存有論論證（〈理想〉，第四部分）開始。這個論證主張，上帝概念包含了祂的存在，因爲它是一個完美的存有者的概念，而存在是一個完美；說上帝不存在就是說某種其概念包含存在屬性的東西缺乏那個屬性，這是一個矛盾（此論證有幾種版本；康德心中所想的似乎是的笛卡兒所提出的那種）。用康德的話來說，存有論論證宣稱的是，「上帝存在」的判斷是分析性的：它試著在上帝概念中所包含的東西之基礎上，確立最高存有者的存在。

康德由提出這個平常的論點出發，即否認某事物的存在與在其概念中的任何事物並不矛盾，而是說沒有對象屬於那個概念，因此不是矛盾的（A594-5/B622-3）。然而，康德承認，因爲這種理解否定存在判斷的方式無法應用的獨特情況的種種理據，最高存有者的（A595-6/B623-4），此方式以現況來說將受到存有論論證的捍衛者反駁。我們會說，這正是主體的一個「不能去除的，而必須總是保持的」概念（A595/B623）。

康德因而作出他更深的、著名的批評，即存在不是一個眞實的述詞，「不是一個能附加到一事物概念的某物的概念」（A598/B626）。康德當然同意「存在」在占有文法述詞位置的意義上是一個述詞，但它只作爲「邏輯的」述詞（像是「是一個實體」或「是一個思想對象」）才稱得上如此。存有論論證要求的是存在是「實在的」（界定的，規定的）述詞，與上帝的全能和全知等其他正面屬性相提並論。康德同意，這樣思考就是誤解了存在的概念，其內容可以由在主詞—述詞判斷中的繫詞這種同樣的語詞徹底加以解釋：正如在「上帝是全能的」中的「是」只是用來「在述詞與主詞的關係中設定述詞」，同樣在「上帝存在」這個判斷中，「是」這個要素只是用來「把主詞本身與它的所有述詞設定爲在與我的概念的關係中的對象」（A598-9/B626-7）。如果「存在」所表達的是概念和對象的關係，而非對象的屬性，那麼存在就不能被當作是一個完美，而上帝不存在的判斷與上帝作爲一個完美存有者的概念就不是矛盾的：它只否定了任何滿足述詞的東西「是一種具有一切構成完美的屬性的存有者」。

康德照例也按照分析和綜合判斷的區分來闡述了他的批評。按照這些方式，存有論論證不只可被指控爲是錯誤的，它也被指控爲是矛盾的（A597-8/B625-6）：每個判斷必須要嘛是分析的，要嘛是綜合的；存在的判斷不能是分析的，因爲這會讓它們變成僅是同義反覆（述詞沒有給主詞增加任何東西，而存在判斷顯然是有給主詞增加東西）；但如果「上帝存在」是綜合的，那麼就需要指涉到經驗來確立其眞實，這和存有論論證的宣稱相反。存有論論證因而要求「上帝存在」要是分析的且綜合的。

宇宙論論證（〈理想〉，第五部分）說，如果任何東西，例如我自己存在的話，那麼一個絕對必然的存有者存在；因此上帝存在（A604-6/B632-4, A584/B612）（在會被搞混的方式下，它和第四個背反的主題重疊，因爲兩者都關心世界和一個絕對必然的存有者的關係。康德在A456/B484解釋說，兩者的差別在於第四個背反的正題的擁護者受限於宇宙論的脈絡，即主張一個絕對必然存有者的存在作爲世界內的存有者；反之，神學家可主張它作爲不同於世界的存有者。所以在〈理想〉中對宇宙論論證的處理方式不只是重新啟動已被遮蔽的材料）。

康德對宇宙論論證的攻擊主要是，即使我們承認一個絕對必然存有者的存在，沒有好的推論可得出上帝的存在（A607-9/B635-7）：上帝的概念是最高存有者的概念，而某種不如最高存有者的事物，例如一個有限的或衍生的存有者，沒有理由不應是絕對必然的，且當作空間－時間中世界的樣態基礎（A588-9/B616-17）。爲了證明上帝的存在，需要從一個絕對必然存有者的存在推論出最高存有者的存在。但我們已知這個推論是無法做出的。要如此推論，我們需要知道最高存有者是唯一能是絕對必然的事物，唯有最高存有者的概念「適合且符合於必然存在」（A607/B635）。然而，因爲如此，最高存有者的概念必須包含一個必然存在著的存有者的概念，這正是存有論論證的宣稱，它已被我們反駁了。

因此，宇宙論論證暗地依賴於存有論論證，而與它一起失敗了（A607-8/B635-6）（再說，如果存有論論證是成功的，宇宙論論證就會是多餘的，因爲這麼一來我們可直接從先天概念到達上帝的存在，而無需迂迴地經由經驗一般）。

康德也攻擊最初所推論出的一個絕對必然存有者存在：他說該結論被安放在「辯證假設的巢」中，亦即它違反了幾個知識的條件，像是在《批判》中，因果性的原則對感性世界的限制（A609-10/B637-8）。康德的結論是，宇宙論論證所假定的樣態原則的適當角色，即某事物必然存在，是規制性的（A616-17/B644-5）。

對上帝存在證明剩下的唯一來源是我們經驗特定的、後天的特性（〈理想〉，第六部分）。從設計而來的論證試圖從它宣稱在世界中經驗上發現的秩序和目的性，推論出上帝的存在（A625-6/B653-4）。

康德自己曾經支持此論證，賦予它直觀的力量，它是「最符合人類通常理性的」（A623/

B651），但也解釋了它的若干限制（A626-8/B654-6）。經驗不能呈現給我們一個足以勝任上帝概念的對象，沒有一個推論原則能連結有條件者和無條件者之間。該論證無論如何頂多能證明的是一些關於世界的「設計者」而非「創造者」的事（A627/B655），也就是一些關於是什麼造成構成世界的材料中的秩序，而非是什麼使那些材料存在。此外，它所告訴我們的關於秩序的原因頂多是完全不確定的：它所做的只是指出未知的原因和人類智性間的類比罷了（A628/B656）。這當然全然不足以成爲上帝的概念。

這個短缺不足只能由回到宇宙論論證，從而回到存有論論證來補救（A629/B657）。從設計而來的論證暗中訴諸於其他兩個失敗的論證。它像是宇宙論論證，最終依賴於存有論論證（在強調它作爲神學論證的限制時，康德接受世界作爲設計的產物的想法的規制性涵義，說它鼓勵我們指認出自然對象中的目的並因而把自然再現爲一個整體：A685-8/B713-16, A698-701/B726-9, *Proleg* 357-60。康德在《判斷力批判》大大發揮了這個觀點）。

哲學家已廣泛同意，康德證明了所有對上帝存在的證明方式在理論上是窒礙難行的這個嘗試，但其中許多哲學家卻不贊成康德哲學，而想要替無神論辯護。於是知道下列兩點是很重要的。第一，康德比許多其他哲學家更容許神學，換言之，上帝的概念根本上是融貫的，是理性上必然的。他對上帝概念先驗起源的說明乃是作爲一種主觀推證，一種任何理性存有者必然擁有最高存有者的概念的證明。其次，康德反對神學的理由最終轉向他所宣稱的，存在不是一個眞的述詞。此觀點在現代邏輯（弗雷格和羅素）中被奉爲圭臬，而不常受到質疑。然而，這沒有讓它免於受到批評，而康德自己對它的辯護當然也可加以挑戰，因爲他在他的對手可接受的基礎上，沒有證明存在作爲眞的述詞的相反觀點涉及了任何嚴格的不融貫。理性神學或許只要說存在是一個眞的述詞，除了它有設定康德所描述的功能外，並且拒絕康德分析判斷無法擴展我們的知識的假定，說是有偏見的。康德證明的只是存在作爲一個眞述詞並非有強制性的的觀點，以及對同意《批判》的廣泛哲學觀點的任何人來說，〈分析論〉提供了一個理解存在判斷較好的方式。

〈辯證論〉中的先驗觀念論I：對理論理性矛盾的解消（〈背反〉、〈自律〉）

先驗觀念論不是〈辯證論〉最重要的部分，它是在〈感性論〉和〈分析論〉中。如它所應該那樣，因爲對超驗形上學的批判需要不丐題來進行。儘管先驗觀念論與康德在此部分的事業密切相關。如前所見，與康德標出知識界線的看法一樣是不可或缺的，它被證明提供了對哲學難題的解決之道。此學說因而獲得進一步的肯定，並把對超驗形上學的批判帶到其適當結論中。這發生於〈辯證論〉的中心位置，即〈背反〉，但對長久以來的哲學難題如何根據先驗觀念論而得到轉化的證明策略，也以邊緣上較不明顯的形式在〈誤推〉的後面部分來加以使用。康德在此把先驗觀念論應用到一些有關理性心理學的難題上。

〈誤推〉II

首先，康德宣稱有關自我或靈魂的存有論狀態的物質論和二元論間的爭論已得到消解（A356-60, B420, B427-8）。因爲自我不能被認識爲簡單的，或獨立於包括身體的外在對象而存在，所以笛卡兒的二元論論證失敗了。但自我不能被認識爲非物質的這個事實的必然結果是，它也不能被認識爲是物質的：因爲我無法確定我是一個實體，我無法確定我是一個等同於或不同於我身體的實體；任何關於我和我身體的關係的這種知識不能存在。

這只從對理性心理學的批評得出，先驗觀念論使我們可以說出更多關於二元論槓上物質論的東西。根據先驗觀念論，物質的身體不是物自身，而是外感官的對象，而一個外感官的對象必然（在分析上）不是一個內感官的對象。一個思維主體「就它是我們所再現的內感官的對象」不能「從外在加以直觀」（A357），所以它不能是物質的。探究任何關於思維主體的構成就是去問它如何獨立於我們再現它的方式，且就是去問關於它作爲物自身。因此，物質論和二元論間那個至今無解的獨斷論證乃是它們共同的先驗實在論假定的結果，這個假定就是靈魂和身體是物自身。在先驗觀念論的脈絡中，問一個思維主體是否「與物質是同樣的東西……這本身是不合法的」（A360）。

其次，是在先驗觀念論觀點下消失的心物之間互動的難題，康德稱爲「交流」（A384-93, B427-8）。此難題關乎兩種存有論種類不同的事物如何能互動（我們的心靈如何能影響我們身體的活動，而身體如何影響我們心靈的知覺）。二元論提出了此難題，而理性心理學家由於支持二元論而被迫提出；它出名地讓笛卡兒傷透了腦筋，且喚起種種相互對抗的思辨理論。但康德也需要提出此問題，因為他雖否定二元論，但也否定物質論，因此無法接受以物質論者世界在存有論上是同質的宣稱，來供作對該難題的解答。

康德堅稱，如果心靈和身體是物自身的話，那麼它們的互動設定了一個不能克服的難題：如果物質世界包了物自身，在構成上與思維主體分離，那麼我們便眞的無法理解物自身應產生在我們之內的表象。但對康德來說，心靈和物質的異質性在於它們是兩種顯象，心靈包括內感官的對象而物質包括外感官的對象：它們不是「在內地」有別，而是呈現模式有所不同。如果物質身體僅是顯象，互動的難題便是可以解決的：爭議不再是不同種類的實體如何能交流，而是「內感官的種種表象」如何與「我們外在感性的變型」連結（A386）。對這個問題的回答是：外在對象甚至不可能獨立於我們的表象而存在，它們的連結的本性已在〈分析論〉中加以說明，作為一件我們經驗的合法融貫的事。關於心物如何相互關聯的憂慮因而在先驗觀念論的觀點中降臨，它的回答是，心靈與物質以思維主體與外在對象關聯的方式關聯在一起，這是一種康德先驗的經驗理論中所解釋的關係。

理性心理學提出以解釋互動的種種理論——「自然影響」、「和諧」、「超自然干預」（A389-91）因而是多餘的。互動難題的不可解決性可被想成是迫使我們擁抱物質論，在此程度上，物質論的論證也就被去除了（康德同意，我們可以思考「在物質顯象底下有什麼，如物自身或許（與呈現給我們為心靈之下的東西）不是那麼異質的」，B427-8；但它只不過是一個思想）。能被思考為徘徊不去的難題中，唯一剩下是「在一個思維主體中外在直觀如何可能」。康德說，但這是「一個沒有人有可能回答的問題」，因為那需要關於物自身的知識（A393）。

〈背反〉II

我們要回到〈背反〉的最後部分，在那裡解決問題的批判策略以粗體來詳加說明。〈背反〉的第三到第七部分包括了〈辯證論〉的頂峰，也是康德著作中的論證最美和最豐富的開展。如前所述，康德有資格僅在理性宇宙論單純結論的矛盾結構的基礎上，得出它是不合法的，且並未解決那些背反。對那些背反批判解決的第一步在於更深入理解宇宙論幻象。理性為何往與宇宙論中相反的方向離開？

康德指出，在宇宙論的脈絡中有兩種設想無條件者的方式（A417-18/B445-6）。它可被設想為條件序列中的一個特定成員，一個約制所有其他者，但本身是不受限制的並終止這個序列。或者它可以等同於種種條件的整個序列，其中所有成員都是受約制的，但其整體是不受限制的。顯然正題是以第一種方式設想無條件者，反題則是以第二種方式設想。

然而，這只是對理性宇宙論反題形式的部分解釋，因為我們仍可以問說為何理性有這些選項的這個事實會產生種種矛盾；排他選項的存在一般來說不能解釋兩者皆選的意圖。完整的詮釋必須與理性和知性的不同要求有關（A422/B450），兩者都在宇宙論思辨中起作用。在理性宇宙論中，不像在理性心理學中，理性所處理的材料是經驗的，這意味著必然涉及知性在內。於是理性尋求的全體性受到兩個限制：它必須與理性自己所要求的全體性相和諧，但因為討論中的全體性涉及按照規則的一個綜合，它也必須與知性相和諧。所以雖然尋求全體性不是知性本身所致力的工作，理性必須繼續其觀點並代替它表達要求。現在問題是，每個機能所要求的全體性並不一致：那些表達在正題中（如世界有一個起點等）的理性要求超出了知性認為可能者，那些表達在反題中（如世界在時間上是無限的等）的理性要求則不足以滿足理性的要求（A486-9/B514-17）。理性把無條件者等同於一系列條件的一個特殊成員，知性則把它等同於整個系列，而無條件者不能同時採取兩個形式。結果是，理性「甚至在思想中」無法（A462/B490）制定出一個對象的一致理念，亦即能同時滿足其自身和知性要求的理念。理性和知性不同的本性因而被表現爲理性和自身的衝突。

這個對理性宇宙論矛盾形態的解釋是批判式的，因爲它按照我們的認知模式詮釋了一概念結構，而前批判式的思想則按照事物如何眞是如此的另類的表象來理解此結構：它把關於理性理念與認定對象的關係的一個外在問題，轉變爲關於認知能力的關係的一個內在問題（A484/B512）。理性被迫從一個有爭議的參與者轉變爲仲裁者的立場，而宇宙論的問題被證明是不能是「獨斷」解決，使他們的批判式解決成爲必需，康稱爲「懷疑的方法」（A423-4/B451-2）。

現在可以呈現康德對二律背反的解決之道了。讓宇宙論的種種矛盾成爲似乎無法避免的是這個自然的假定，即一個或其他正題或反題必須爲眞，即使我們無法知道是哪一個（A501/B529）。康德挑戰這個假定。爲了達到這個目的，他引入了對不同種類的判斷對立的區分（A502-4/B530-2）。一對不一致的判斷會形成了一種對立，即當每個判斷直接得自於對另一判斷的否定時，這麼一來否定其中一個就是在邏輯上肯定另一個。當對其中一個加以否定不直接蘊涵另一個，因爲它們共享了一個共同的預設時，我們就有一種不同的對立，否定該預設就會使兩個判斷都是假的。在這樣的情況下，判斷是對立的，而非矛盾的：兩者在邏輯上都被否定，而拒斥其共同預設就消解了它們之間的衝突。康德稱建立在錯誤的共同預設的對立爲辯證的，亦即虛幻的。舉例來說，如果X事實上根本沒有味道，則X有好的味道的這類判斷和X有壞味道的判斷形成了一個辯證的對立。

因爲唯有二律背反的正題和反題不產生矛盾，它們才可加以消解，康德繼續在辯證對立的模式上來拆解它們（A503-5/B531-3）。第一個背反構成了世界是有限的和是無限的判斷。我們自然而然把這想成是矛盾，但如康德所指出的，兩邊都假定了世界是在其量中被規定，亦即世界眞的有一個大小。如果那個假定遭到駁斥，那麼我們就有可能在沒有肯定世界是無限的情況下，否定它是有限的，而在沒有肯定世界是有限的情況下，否定它是無限的：我們可以同時肯定世界不是有限的，以及世界不是無限的。如果世界不在其量中被規定，第一個背反就消失了。

在什麼條件之下，世界是「在其量中被規定」的假定能遭到駁斥呢？康德的回答當然是：唯有在先驗觀念論的假定之下。根據先驗觀念論，世界不存在於其自身，而只在它在經驗中被構成；所以它不作爲一有限整體或是一無限整體而存在於其自身（A505/B533）。（在A517-23/B545-51詳細提出的）對第一個背反的解決之道因而在於，說既與者只是對空間—時間條件的回溯要無限延伸：「我們必須總是探究系列中更高的成員，無論該系列會不會藉由經驗成爲我們所認識者」（A518/B546），且「絕不應假定一個絕對的限制」（A519/B547）。超出此規制性眞理，關於世界的量就沒什麼好說的了（A519/B547）。

第二個背反得到了一個對稱的解決之道（A505-6/B533-4；更詳細的細節在A523-7/B551-5）。先驗觀念論蘊涵了「整體不是在自身就已分開的」（A526/B554）。如果實體不在其自身有關它所包含的部分的數量上被規定，那麼說它包含簡單部分，以及它由無限的許多部分構成就是錯的。經驗上所給予的只有實體的無限可分性，即部分本身是既與的且只有藉由對象的分開而被規定，它授予我們一個沒有任何有限終點的任務。關於實體的複合性我們也無法再多說什麼。康德對數學的那此背反的解決之道因而造成了它們的正題和反題都是錯的結果（我們將會看到，解決力學的那些背反的方式與此大相逕庭。現在討論的其餘部分是只關於數學的那些背反）。

於是，康德的一般觀點是，在那些假定背後的先驗實在論產生了宇宙論的種種矛盾，亦即一個或其他正題和反題必須有道理（A498-9/B526-7）。藉由把那些背反當成是辯證對立的例子，它們所共同預設的是先驗觀念論，理性的自我衝突就被終止了。康德的批判式解決摧毀了「讓理性與自身不一致的幻象」（A516/B544），也就是有宇宙這樣一個東西存在，世界作爲一個整體而存在的根本幻象。

先驗觀念論對〈背反〉的證明

最後，也是最引人注目地，康德得出了第五章所記述的推論：

> 〈背反〉間接證明了顯象的先驗觀念性，此證明應能使任何對〈先驗感性論〉給出的直接證明不滿意的人信服。此證明在於如下的兩難。如果世界是一個存在於自身的整體，它就要嘛是有限的，要嘛是無限的。但兩種選項都是錯的（如分別對反題和正題的證明所示）。因此，說世界（所有顯象的總合）是一個存在於自身的整體是錯的。由此於是得出，我們表象之外的一般顯象什麼也不是，這正是我們藉由顯象的先驗觀念性所意指的東西。（A506-7/B534-5）

此論證可以重新陳述爲：如果先驗實在論是眞的，那麼世界作爲一個整體存在（宇宙論判斷不只預設了先驗實在論，且必然需要先驗實在論：如果世界存在於自身，它作爲一個規定的整體）。如果世界整體存在，那麼它能被證明爲同時是一有限整體和一無限整體（因爲對那些背反的證明是有效的）。因此，我們可以從先驗實在論得出種種矛盾。因此，先驗實在論是錯的，因此，先驗觀念論是眞的。

此論證取決於兩件事：先驗實在論同意在宇宙論脈絡中，有一個關於那件事的眞理，這是它所不可避免的，以及對那些背反的證明是有效的。第一個是相對來說毋庸置疑的：在先驗實在論的架構中，事物獨立於關於它們的知識的種種條件而存在，所以沒有一個理由可以否定任何既與的有條件者的所有條件本身是既與的，亦即存在於某種或其他規定的形式。基於這個理由，先驗實在論者沒有立場把宇宙論的問題拒斥爲無意義的或是不合法的。

第二個更加可疑。如在第五章所說的，一般的觀點是對背反的證明如康德所認爲的那樣並非無懈可擊。一方面，它們堅固地在他自身的哲學遣詞用句中被固定，並包含直接反思他自身哲學觀點的若干前提（例如，我們關於全體性的理念即是完整綜合的理念）。但即使這不是事實，問題仍然存在（對〈背反〉的批判式評論提出），對每個背反來說，我們總是能擬出多少有一些特別的一組假定，而那些假定將會避免產生矛盾。

然而，對二律背反證明的弱點必然防止〈背反〉實現其目標。先驗觀念論仍可從那些背反得出，儘管不是那麼直接，只要康德能確立對它們的唯一可能解決之道要是批判式的。這需要指涉到在此尚未考慮到的方法論上的討論，康德以之爲他對那些背反的批判式解決的開端（〈背反〉，第四到五部分；亦見 *Proleg* §56）。

假使康德的證明不是無懈可擊的，我們可以藉由思考爲什麼不應做出宇宙論的問題僅是無法回答的或無法確定的。我們可以主張，宇宙論爭論的存在所顯示的大多不是沒有關於世界自身的眞理存在，而是此眞理無法（被我們）認識。把事實問題和知識問題分開的先驗實在論者可能會欣然提倡這一種解決之道。在這種觀點下，康德的整個論證似乎要嘛依賴於宇宙論的問題必須是我們可確定的這個單純、未加辯論的假定，要嘛預設了檢證論，在關於我們可決定的眞理上，把可能存在什麼等同於我們可以規定什麼。而從先驗實在論的觀點，這樣的假定是任意的且以假定爲論據。

現在如果這是康德的論證，那麼〈背反〉就對先驗實在論毫髮無傷。然而，議題並非是可決定性。先驗實在論的問題不是它讓我們陷入無知或不確定，而是在此脈絡中不可決定性不能當作一個哲學的解決之道。

假定有關於宇宙的構成的眞理，例如它在空間和時間上是有限的。假如我們知道這點，我們就會知道第一個背反的正題是眞的，而反題是假的。但我們仍不能了解反題如何有可能是假的：雖然我們知道其證明是不健全的，它似乎仍繼續確立宇宙的有限是不可設想的。背反繼續「使我們從一種不可設想陷入另一種不可設想」（A485/B513），因爲每個宇宙論的聲稱持續「在理性的本性中找到其必然性的條件」（A421/B449）。因此，我們的困惑實際上增加了，「無論獨斷的回答會是什麼，它只讓我們更加無知」（A485/B513），因爲我們會面對到相信反題是錯以及不可設想它不應是眞的的另一個矛盾（假如上帝告訴我們事實上2加2並不等於4，我們就會處於這種困境）。把此論點推到極致，背反替思考正題和反題無法表達候選眞理給出理由。因爲我們能由「世界在空間和時間上是有限的」這個判斷所能理解的不是某種我們可以始終能認爲是可設想爲眞的東西，我們無法把它當作正在再現一個可能的事態；所以我們不能做出第一個背反的正題和反題乃是我們仍不確定的選項的結論。

此論證所需要的是，對每個正題和反題應該有一些讓它的眞理變成不可設想的方式，在不是任意的原則之基礎上，對理性是合理的且可論證地持續帶有這些用來獲得經驗知識的東西。換句話說，康德只探究純粹理性在宇宙論中達到矛盾是可能的，而這是他呈現那些背反的某種東西，而的確被解讀爲人類理性自然傾向的一個紀錄的哲學史，確實使他有資格如此假定。從此較弱宣稱的觀點來說，理性能以在宇宙論中避免矛盾的方式固定此假定是無關緊要的。

先驗實在論者爲了把關於此物質的未知事實的設準轉到一個哲學的解決之道，它需要做的是說明爲何此眞理是一種我們理性無法使之成爲可適當設想的東西，來加以補充。但對於主張我們認知模式要符合於關於物自身的知識的哲學立場來說，這是一個表面上無法說明的某種東西：在先驗實在論的脈絡中，說「我們理性的限制」太過「狹窄」（A481/B509），或說「事物的本性向我們提出無法解決的難題」（*Proleg* 349）是沒有意義的。無論如何，允許宇宙論的難題應在一個主體的、反思的方面來重新思考正是開始走在批判的道路上，康德對此有舉足輕重的論證來加以證明，此道路最終導向拋棄關於宇宙構成的物質的任何事實（同樣地，如果先驗實在論者試圖以把宇宙論難題轉移出哲學領域而進入到經驗科學領域的方式來否認那些難題，問題又是，純粹理性爲何不應有資格規定宇宙論的事情，如我們自然會相信的那樣，也如其原則在經驗脈絡中引導我們所期待的那樣。先驗實在論者再次發現他自己面對到哥白尼式的轉向）。

先驗實在論不能使理性的矛盾傾向成爲可理解的，這是與批判觀點的診斷能力針鋒相對的。後者允許宇宙論的矛盾可以在環環相扣的三套方面得到解釋。第一，康德證明背反要是產生自對應於不同認知能力的要求之設想無條件者的不同方式。

第二，與此相關的是，宇宙論的矛盾被證明是去反思顯象與物自身的混淆。因爲經驗對象呈現自身爲有條件的，因而不是自存的，它們與的連結是必然的，這些對象確實是如此；但同時如反題所觀察到的，經驗對象被給予的空間和時間模式，即在空間和時間中被給予爲必然無限延伸，防止它們被規定爲與任何無條件者有關。因此宇宙論的理念與其意指對象「不能相一致」（A486/B514）：任何對正題的辯護必須與經驗的自然相矛盾，而任何對反題的辯護將隱然把錯誤的自存性歸屬於顯象的領域。

第三，批判觀點允許理性宇宙論無法看清世界要回溯到它無法掌握到人類知識有其界線，這是其背後先驗實在論關於世界的構想的一個必然結果。它需要一種沉思整體經驗的方式，此方式破壞了，而非越過了知識的界線，且不會混淆這些邊界和實在的限制。康德對宇宙論理念的說明有規制性意涵正支持了這點。然而，由理性論所引發的正題以一種超出知識界線的方式來應用宇宙的先驗理念，而沒有領會到經驗不約束自身的經驗論式反題則把經驗的限制誤認爲是世界的限制。正題太過頭，而反題則不及，各自的錯誤都爲另一方所表達的先驗幻象提供了基礎。於是，這些背反爲何應揭露「一個辯證的戰場，其中被允許展開攻擊的一方總是得勝，而被迫採取守勢的一方則總是落敗」就得到了解釋（A422-3/B450）。

先驗實在論者或許會反對說，對一個主體認知難題的先天化再次顯現了他所未分享的批判式偏見。但康德可藉由主張一個批判式解決可藉由主張一個批判式解決的可利用性讓允許理性待在不確定狀態變成是非理性的，來應付這個反駁。就前批判上來說，沒有在獨斷的聲稱和反聲稱間持續猶豫不決之外的選項，這是「懷疑論的絕望」所強調的（A407/B434），因爲唯一能被想像的可能解決之道是關於對象在其自身構成的那種。然而，康德已經證明此後設哲學的假定並非強制的。前批判的形上學**預設**了對象被給予於純粹理性，以及此**對象**對我們提供了一個問題。但康德已證明了關於絕對全體性的種種問題不是「由對象自身加諸於我們的」（A483/B511），因爲絕對的全體性既非一個經驗的對象，也不是解釋任何既與顯象所需的，且另一個觀點是可利用的，即純粹理性的問題可以按照主體的認知能力來解決。種種宇宙論宣稱的差異不像相互競爭的經驗理論，不是來自於證據的不同部分，而是來自於一個單一的源頭（純粹理性），而這破壞了它們要是實在性的可能表象的這個宣稱。認爲我們的認知能力都再現了世界整體這個對象，並以必然呈現給我們矛盾性質的方式再現它，這是不融貫的：如果同樣的認知過程（使用純粹理性，應用充足理由律）使它似乎有一個關於有些要被決定的東西的對象，也產生了關於其本性的一個矛盾表象，那麼我們就有最強而有力的理由認爲已涉及了一個幻象，且沒有要加以決定的東西。

一旦我們承認在純粹理性的脈絡中，我們不能自動假定那些相對於僅是理念的對象是有爭議的，那麼我們就無法對其種種問題「正當地讓自己免於給出一個決定性的答案」（A477/B505）。「把過錯歸咎於對我們隱藏起來的事物」（A482/B510），如先驗實在論所做的那樣，就是混淆了理性宇宙論和經驗探究。因此，宇宙論的問題有答案，只是我們不知道的這個宣稱會被哲學解答的情況所否定，這不是因爲它讓我們在有關宇宙方面陷入迷惘，而是因爲它讓我們在有關我們自己方面陷入迷惘。如此理解，〈背反〉的論證就很清楚不是檢證論式的：它不是建立在背反所威脅的不可決定性之上，而是建立在那些背反呈現給我們的那個有關我們認知能力的問題。如果康德的論證是正確的，〈背反〉就證實了康德所要求的哥白尼式轉向。

要注意的是，假使〈背反〉對先驗觀念論的論證以康德所設想的方式成功了，它會實現了康德的權宜的存有論否定，即他物自身無法在空間—時間中的宣稱。〈背反〉已證明了，在空間—時間中是與作為一個規定性的全體性不相容的。所以也證明了經驗世界無法等同於（必然形成一個規定性的全體性）物自身，證明物自身無法具有空間和時間的特徵。然而，在此所給出的重建上，〈背反〉的論證並沒有為康德的存有論否定提供比〈感性論〉的論證更大的支持：就像〈感性論〉，它通向一個關於我們認知能力的結論，即我們對空間和時間的表象，基於第五章所給出的理由，這卻無法證明關於物自身不可能是在空間—時間中的任何明確的事情。

〈辯證論〉中的先驗觀念論II：權宜的智性世界（〈背反〉、〈自律〉、〈純粹理性的理念〉）

先驗觀念論在〈辯證論〉中扮演另一個角色，超出了它使理論理性擺脫衝突的應用方式：它藉由把對道德和宗教有意義的種種理念重新安置在危及它們的理論反思的脈絡之外，來確保那些理念。先驗觀念論在此解消的種種理性的矛盾是那些存在在理論理性和實踐理性間的矛盾（康德把宗教信仰奠基在道德和實踐理性等之上）。在〈辯證論〉中再三重複使用此策略。它在第三個和第四個背反中大幅出現，但在〈誤推〉則是首次遇到。

〈誤推〉III

康德把我們「訴諸」理性心理學當作有一個主要動機：「確保我們的思維自我沒有物質論的危險」（A383），即摧毀任何人格不朽希望的一個「無靈魂的」（B421）學說。現在康德拒絕超驗形上學，從而拒絕二元論，可能使不朽學說似乎必須分享共同的命運。然而，康德宣稱（A383-4），批判哲學可以確保人格不朽的**可能性**，雖然它不是事實。首先〈誤推〉已證明物質論無法被認識爲眞。因爲我們沒有理由認爲思想的存在依賴於物質，沒有理由認爲當我們的身體結束時，我們就結束了。其次，不朽性並不預設二元論，就如前批判哲學所假定的那樣：「我」獨立於其體現化的這個思想不要求，在有同樣是內在顯象的「材料」所組成的意義上，其構成是心靈的或「精神性的」，而是只要求我們能超出經驗思考自身，亦即對一個可理解世界的那個思想。而先驗觀念論使此思想成爲可能。

所以儘管《批判》沒有給我任何正面的理由思考在我的身體毀壞之後，我將持續存在，這是無法在理論的基礎上得到證明的，因爲這要求關於物自身的知識，康德補充說「我會在不只是思辨的基礎上發現原因」（A383）以假定我是不朽的。這是在（B424-6 所概述的，而在第九章討論的）

第二批判實踐理性的基礎上期待對人格不朽性的證成。康德觀察到，引導我們認爲我們的存在是獨立於自然的這個最強而有力的考量與思辨的證明無關（這些「絕不能對人類的通常理性發揮任何影響力」，B424），以替此人格不朽的信念基礎的重新安置辯護，但在我們的意義中，我們的理性有一種有關顯現在道德法則的「目的的秩序」的目的。康德在實踐的脈絡中陳述說，關於自我的非經驗性知識，關於我們自己作爲「在關於我們自己存在方面完全先天立法，並規定此存在」，是可能的（B430-2）。道德完成了理性心理學的目標。

儘管理性心理學被賦予「相當負面的價值」（A382）。它藉由表達出先驗幻象提供我們知識界線的正面認知。此外，它形塑了一種適合在非理論的脈絡中使用的靈魂概念。康德說，理性心理學的那些結論不應在每個意義上都被宣告爲不合法的：就它們自稱要給我們關於一個**概念**而非一個對象的知識來說，它們是合法的。雖然它們沒給我們「新的洞見」，它們確實證明了「諸如『我』在概念中是實體，在概念中是簡單的」（A400）等。

〈背反〉III

儘管在某種層次上，力學的二律背反的主題是宇宙論式的，它們同樣被設計來證實人類自由和上帝的理念的理性完整性。

第四個二律背反中危急的是一個提供世界基礎的絕對必然存有者的理念，它對神學家來說是必要的，卻在反題中被否定。第三個背反（A444-51/B472-9, A532-5/B560-3）關於經驗上無條件者的一般想法，即「原初的」因果性。這在神學上被用在上帝作爲最初動者的想法（A450/B478），康德主張，如果我們要把自己想像成理性的行動者，它也更爲急需。

第三個背反：人的自由

康德主張，他稱爲「實踐自由」，即我們歸於人類而非動物的理性行動性的能力，預設了「先驗自由」，即在第三個背反中啟動一經驗因果序列的，絕對主動的、經驗上無條件的那個能力（先驗自由是在 A446/B474 中首次被提到，而在 A533-4/B561-2 與 A801-2/B829-30 與實踐自由做比較）。它如此是因爲實踐自由或理性行動性乃是按照判斷什麼是應該的情況而行動的力量，而應然判斷在經驗世界中沒有位置（A547-8/B575-6, A550/B578, *Proleg* 344-5）：

> 「應當」表達了某種必然性，以及某種在整個自然中本來並不出現的與種種根據的連結。知性從整個自然中只能認識到什麼是現在存在的，存在過的，或是將會存在的。我們不能說在自然中應當存在著某種不同於在這一切時間關係中實際上存在的東西。當我們只關注於自然的進程時，「應當」就沒有任何意義了。追問自然中什麼是應當發生的，和追問一個圓應當具有什麼屬性一樣，同樣都是荒謬的。
>
> （A547/B575）

康德始終宣稱，我們對我們自己**因爲**有理由去做而做事的想法，顯現在我們做出應然的判斷，這我們除了承認自然的存在，也承認因果性的存在，即理性的因果性，且接著承認我們自己在先驗上是自由的，作爲其意志不僅由經驗原因所決定的存有者。道德的應然最明白地顯露出這點（依照 A554-5/B82-3 所給出的「惡意的謊言」之例），但康德打算把他在此所說的東西應用到理性行動性一般。先驗自由構成了在對人類自由討論中的「眞正的絆腳石」（A448/B476）。然而，它的否定會「涉及所有實踐自由的消除」（A534/B562），它最深的影響是滅除「應然」的範域，從而毀滅道德。因此人類自由只是日常經驗因果性的一特定形式這樣的兼容論看法是不恰當的；康德把它否定爲只能實現「看管烤肉叉者的自由」的「惡劣藉口」（*CPracR* 95-7）。

情況因而如下。力學的背反的正題表達了對道德和宗教的種種興趣，反題則對立於那些背反（A466/B494, A468/B496）。但即使反題無法勝過正題，反題的存在卻威脅了那些興趣，因爲如果反題未得到解決，我們就無法正當地把我們自己想成是自由的，或者無法設想世界奠基於上帝（這是先驗實在論的結果，因爲它讓背反成爲不可避免的，A535-6/B563-4, A543/B571, *Proleg* 343）。然而，這將不只消除體現在那些正題和反題間的理性的衝突，如在第一個和第二個背反中所做的那樣。如果力學的背反和數學的背反是以同樣的方式得到解決，正題和反題同時都必須被否定爲假，而關於道德和宗教的種種興趣就會被犧牲掉了。然而，康德宣稱我們可以藉由提供力學背反一不同於數學背反的批判式解決之道（A528-32/B556-60, *Proleg* 343），來避免這個結果。他解釋說，在現在的情況下，正題和反題有可能同時爲**眞**，且先驗幻象有可能被當成是在於它們無法相容的現象中。康德爲解決形式之所以有差別給的理由是技術性的：在力學背反的情況中，爭論中的無條件者的實在性是與種種條件的序列「異質的」，而數學的背反並非如此（A530-1/B558-9）。從對第三個批判式的解決之道（A535-57/B563-85），我們最能把握其中的意義。

先驗觀念論允許我們設想經驗事件一般，因爲它們的身分僅是顯象，具有經驗的和非經驗的原因。一個事件或許是由某種不是顯象的東西引起的，就像有在經驗範域中的原因一樣。先驗觀念論蘊涵了這種可能性（A537-9/B565-7），因爲它主張顯象不只與其他顯象相關聯，或許也以某種未規定的方式奠基在物自身。在此輪廓中，一個事件或許由於其與一個外在於現象序列的智思的原因，在經驗上是無條件的或自由的，而由於其與經驗條件的關聯，在經驗上仍被規定。這麼一來，一個且同樣的事件就有可能由自然和自由引起，亦即自由有可能與自然因果性同時並存。自由和經驗規定將關於不同的因果序列，因此不與另一方競爭或削減另一方。

康德藉由引入「智思特性」（A539-41/B567-9）的概念來豐富這個圖像。他主張，任何有因果性的東西是由構成其「特性」的「因果法則」所控約，亦即因果力量。因此，每個顯象都有一經驗特性，在經驗上受到制約，且讓它的行動可根據自然法則來加以解釋與原則上加以預測。如果一個事物運用可理解的和經驗的因果性，那麼它將也有一經驗上無條件的、智思的特性，作爲物自身或本體將屬於它。因爲智思特性不受制於時間的條件，我們不能說它改變，或開始或停止行動（A551-2/B579-80）。因爲我們無法說其行動是開始或停止，無法把它們當成是從屬於自然法則。當然，沒有東西是智思特性「立即知道」的，因爲對我們來說，能立即知道的只有顯象，如康德所說，但它卻能「根據經驗特性來思考」，也就是說，我們能以某種對應或類比於其經驗特性的方式，思考一事物的智思特性（A540/B568, A551/B579）。智思特性還可以被思考爲規定著經驗特性

（A551/B579）。這麼一來，當一個事物運用因果性時，其智思特性在智思上引起一個事件，且也引起事物的經驗特性在經驗上產生同樣的事件（因此，康德的雙重因果性並不意味著多重決定，或是一種只能由設定一個預先確立的和諧來避免的奇蹟般的形上學巧合）。

此模式應用到我們自身時，產生了對人類行動性的雙重構想。一方面，人的一個行動乃是自我作爲物自身（智性的或本體的自我）的一個自由的、經驗上無條件的影響，所以是智思因果性或理性因果性的一個結果。另一方面，它是自我作爲顯象（經驗的或顯象的自我）的結果，藉之它受到約制且在經驗上受到規定，而呈現出經驗的特性。

就我們能把智思結構設想爲對經驗特性的解釋來說，我們就更加理解此結構，但我們無法設想解釋智思特性本身（A556-7/B584-5）。智思的因果性毋庸置疑也是不可知的，因爲我們關於非時間性的行動性不能形成規定的概念；所以如果這是我們自由之所在，我們不會理解我們**如何**是自由的（康德在 *Groundwork* 458-9 對這點有清楚說明）。然而，這並不是對此想法的反駁。在現在脈絡中的重點是，自然的統一不妨礙此圖像，因爲人的行動仍是受到自然法則所左右：在那些行動與行爲者的經驗特性相關聯的程度上，我們原則上能「有把握地預測」每個單一的人類行動，因爲它被當作經驗特性本身「沒有自由」（A549-50/B577-8, A553/B581）。

我們是自由的嗎？

假定此結構是融貫的，就產生了一個問題，我們有理由把我們自己思考爲是智思因果性的例子。在此有人或許會反駁說，對於康德的模式是以它不應用到經驗世界中的其他事物的方式應用到我們的這個想法，我們沒有加以證成；如果我們把我們自己當作是智思因果性的例子，那麼我們應該把此因果性歸給所有自然對象。所以康德不能區分我們的行動和石頭的因果性。

康德在《批判》中沒有打算全然處理這個挑戰，而它嚴格來說超出了對第三個背反的批判式解決方法的職責範圍，該解決方法僅限於證明「自由至少**不是與自然不相容的**」（A558/B586）。在現在的脈絡中，康德專注於概念間的種種關係：人類自由的實在性，甚至是其可能性，在對立於僅是邏輯可能性的關於真的先驗意義包含了綜合判斷，是另一回事（A557-8/B585-6）。對第三背反的批判式解決方法僅顯示了正題和反題立場的相容性：它證明了所有自然中的事件如反題所主張，充分受到經驗條件規定，而自由的因果性儘管是未知的，至少可加以**設想**，在此程度上證實了正題。此有限的結果仍為人類自由的真實可能性創造出一個開端，就我們不再必須擔心自然的因果性會排除這種可能性來說，確實學到人類自由的**非**存在是某種無法證明的東西（康德在 A739-40/B767-8，A753/B781 解釋說，我們獲得的優勢是「有爭議的」）。

雖然它超出了〈背反〉的信念，康德確實指出了思考我們是有智思因果性的主體的一些理由。如我們已見到的，應然判斷似乎證明了我們運用經驗世界中無法容納的理性的因果性。再者，我們在理論理性的領域中發現關於先驗自由的暗示，因為我們知道我們自己是不在經驗上受約制的統覺的主體，且擁有產生純粹概念而不是感性直觀的對象的種種機能，亦即我們的知性和理性（A546-7/B574-5）。

然而，康德承認這能證明的東西非常有限。它證明了我們的理性必須**再現**自身為自身擁有一種非自然的因果性，而沒有證明它有這樣一種因果性（A547-8/B575-6）。康德承認，懷疑論在這件事上完全是有可能的，我們稱作我們的自由的東西或許「在與更高和更間接起作用的原因的關係中，還是自然」（A803/B851）。若是如此，那麼我們因此就把我們自己再現爲是自由的，但卻不眞是自由的，我們統覺的自發性與我們的實踐自由是一個幻象；我們每個人相較於一個牽線木偶，是一個「思考著的自動裝置」（*CPracR* 101）。於是，我們頂多可以從《批判》的觀點說，我們有一些理據可把我們理性的機能擁有先驗自由看作是「至少是可能的」（A548/B576）。

一個已經提出的，但應加以強調的論點是，先驗觀念論對人類自由的眞實可能性是**必要的**。根據先驗實在論的假定，有條件者和其條件（即人類行動與其原因）都是物自身，因而屬於一個單一序列（A535-6/B563-4）。先驗實在論因而不可避免地讓自由和自然的因果性彼此競爭。因此，我們只有放棄先驗實在論才有自由，而我們對自由的興趣提供我們另一個如此做的理由（*CPracR* 6, 94-8）。

康德對評價的自由之說明

關於康德對自由的說明會產生一個基本的詮釋問題，也就是根據康德的說法，智思的因果性和決定論是否在經驗領域中**共存**，這使他的立場成爲相容論的一個新形式，或者它是否在經驗未規定的地方以不相容地方式**干預**。

大部分的第三個背反傾向前者，但我們也可發現相反的跡象，像是在A534/B562，在那先驗自由可相對於自然原因的「逼迫和影響」而得到實行，且藉此「開始一系列全然關於自身的事件」。相容論式的解讀使我們能理解康德自稱要調和自由和自然的意圖，但理性的效力為何便不清楚；不相容論的解讀則有相反的結果，它承認理性效力似乎破壞了和自然因果性的和諧。康德似乎需要各圖像的某些部分已是自由成為可設想的。

姑且不考慮康德究竟打算如何應用先驗觀念論，這無論如何無法在未檢視康德後來的倫理學著作而加以解決，《批判》提出了一個關於投入本體的策略的更基本問題。康德的自由理論似乎由於它要求的形上信念而遭到許多直接的反對：康德似乎說，哲學上可辯護對自由的信念包括了形成本體的概念，以及藉由指涉到顯象的東西來固定本體，這在《批判》的其他地方都沒有要求。因此，對康德倫理理論的辯護傾向於要嘛拉開它與《批判》的形上學的距離，要嘛重新解釋在非存有論方面的有關本體的談論。

此回應的正當理由卻是沒有實際意義的。如果我們知道，康德所預期從自由的邏輯可能性到眞實可能性的轉換無法成功，這是一個遭到放棄的結論，那麼他的智思因果性的理論就失去任何吸引力了，把自由的基礎交付給一個不可知的領域會是無意義的。如果我們已經擁有一個關於自由的適當經驗理論，這同樣也是眞的。但在這些都不是事實的程度上，應用先驗觀念論去解決自由的難題可以從對立的觀點來看。先驗觀念論蘊涵了我們無法理解自由，這正是證明其中哲學上棘手之處。康德的學說提供了對這為什麼應該是事實的解釋，彷彿它已在看得到人類自由而特別得到設計（康德在〈前言〉Bxxvii-xxviii 中如此暗示）。先驗觀念論把人類自由的神祕性轉化為某種至少可否定理解的東西，它賦予我們對其本性的無知理性形式。在這些理據上，我們可以主張第三個背反中對自由的說明至少走在正確的方向，以及接下來的步驟應該是，第一，提出一個自由的推證，第二，縮減自由和自然間的差距。康德在第二和第三批判中分別嘗試這些任務。

第四個背反：上帝

康德對第四個背反的解決方式（A559-65/B587-93）對應於他對第三背反的解決方式。一個絕對必然的存有者的理念以與先驗自由的理念同樣的方式被處理。先驗觀念論允許當正題和反題「以不同連結得到接受」，兩者都爲眞（A560/B588）。當反題是對的，即經驗中的每個事物是經驗上受制約因而是偶然的，這個系列卻如正題所宣稱那樣，有一個經驗上無條件的智思條件。這是一個顯象序列之外的絕對必然存有者，因而不屬於這個世界（在這最後方面，康德的解決之道違反且修正了把絕對必然存有者置於世界之內的正題，A560-1/B588-9）。理性的絕對全體性的理念是得到允許的，而因爲在經驗中的每個事物仍是偶然的且經驗原因的回溯是無限的，知性也得到滿足。我們無法知道一個絕對必然存有者存在，但藉由同樣的方式，我們也無法知道它不存在，反題聲稱一個絕對必然存有者的不存在是世界的根據，這是錯的（A562-3/B590-1）。所以上帝作爲一個絕對必然存有者的存在至少是可以思考的。再說，這是在先驗觀念論的嚴格條件上，而它證明的是一種邏輯的，而非一種眞實的可能性（所以它對證實宇宙論論證毫無助益）。

〈理想〉II

〈純粹理性的理想〉繼續進行這個涵義。如前所述，〈理想〉使其他要求上帝的可設想性（即最高存有者的理念）的理念有效，因此（如〈誤推〉那樣）預備了在非理論脈絡中使用的概念，且允許我們作出無神論就如神學的那些宣稱一樣是未證成的（A640-1/B668-9）。〈理想〉也證明上帝的概念，一旦脫離理性神學的先驗實在論，便不與自然科學的那些宣稱相衝突或不妨礙我們追求經驗知識。事實上，在它侵犯科學的程度上，它是起著正面的作用，因爲世界作爲一個神的作品的想法具有有益的規制性涵義。康德證明，許多理性表達即是科學自身；科學依靠於理性的規制性使用，所以訴諸科學來支持無神論就是把科學從其自身的智性根源切割出來。

靈魂、自由和上帝的概念因而分享了一個共同的不可比擬的情況，而我們應該注意其深刻的特殊性。它們都關於一個智思世界，從理論理性的觀點，我們對其存在既無法肯定也無法否定（即使知道物自身一般是存在的，至於規定性的智思存有者也得不出什麼東西）。此權宜的智思世界全然不像是一個假說。我們不能說它是其實在性享有或缺乏任何程度的或然性的某種東西，我們只能在知性的範圍內作出或然存在的判斷，而權宜的智思世界則是全然與知性無關的純粹理性的表達。因此，我們對於智思世界，無法抱著與我們對於科學思辨或前批判形上學的獨斷聲稱所設定的假定存有者同樣的知識態度（信任、懷疑等等）。如果對關於是否智思世界存在的問題有任何進展，這只能以獨立於《批判》的理論關懷的方式開發純粹理性的資源。

哥白尼式革命最深的影響之一就在於，我們關於實在性的構想的轉變甚至要比把自然重新構想爲僅是顯象還要更徹底。超驗形上學中假定靈魂、自由和上帝的實在性在於某種適合我們的理論機能規定的東西。這個假定仍是根植於先驗實在論：如果智思的和經驗的對象全部都是物自身，那麼它的共同實在性必須以同一個方式被給予我們，也就是說，藉由理論的方式。因此超驗形上學的另一個假定，即關於智思對象的知識可以由盡可能使用在經驗知識中的同樣資源而獲得，彷彿智思對象的實在性本質上與經驗對象的實在性是同一種，而我們與兩組對象的知識關係本質上是同樣的。反之，〈辯證論〉使我們承認靈魂、自由和上帝是那種其實在性與理性在其理論模式所適當關心的東西並不相同，而且唯一一種其實在性是關乎理論的主體是帶有智性直觀的主體。由此不能得出，靈魂、自由和上帝確實有實在性，如果它們有，除非它們的實在性也不是超驗形上學所認定的那種。權宜的智思世界於是離開了那個自身關心證據問題的論述範圍，就像通常對這個想法的理解一樣，也就是按照經驗—理論的模式來理解。然而，智思世界不是我們理論認知的可能對象這個事實，並沒有給我們絲毫理由相信它不存在。第九章會討論康德從邊緣重新取回權宜的智思世界，即證明人類自由的實在性，並重新奠定宗教信仰的基礎。

康德的解構性成就

總之，我們可以簡短評估康德對超驗形上學的批判的整體效力。〈辯證論〉無疑補充了〈分析論〉（並闡明其學說），且讓在本章開始所描述的受到威脅的「反彈」理性論式反推論。但康德在什麼程度上決定性地讓形上學的思辨不足採信呢？如我們已全然了解的那樣，康德的批判不是全然獨立於他自己的知識理論與相關的形上學。康德在理性心理學的脈絡中，訴諸他自己對統覺的分析；他關於理性宇宙論的說明也圍繞著他關於綜合的理論以及對其矛盾的另一個哥白尼式說明；而他對理性神學的批判則最終開啟了一個關於存在概念的爭議性觀點。而且，也只有接受康德對表象和對象的關係的廣泛說明，以及他區分一般邏輯和先驗邏輯的人，才可看出康德在超驗形上學推理中所指出的種種形式錯誤。

這意味著康德無法宣稱提供超驗形上學一個完全內在的批判，亦即一種全然在用其對手的術語來對付他們的批判。然而，這沒有讓康德的批判失去效力。我們不如說，康德的系統性的、全面性的與基礎紮實的批判所作的，正是重新安置證明的重擔：他證明了任何替超驗形上學所做的有意義辯護都預設了建構一個新的知識理論，此理論超過在〈分析論〉所詳述的理論，而能逐一破壞康德訴諸他自己的學說。特別是，在任何這樣的破壞中必須提出更好的說明，以代替康德對認知中直觀和概念功能的說明。有待商榷的是承繼康德的絕對觀念論者經營一些這種東西，即發展一個新的哲學方法論，但他們大部分是藉由重新修改康德自身的洞見來達到這點，最合理的宣稱是，形成〈辯證論〉歷史標的的古代哲學或理性論傳統擁有如此做的資源。

第八章　先驗觀念論的意義

有關先驗觀念論最有趣的一篇評論或許是與康德同時代的雅可比著名的評論，他年復一年困惑地被迫一再重新閱讀《批判》，因爲他發覺沒有預設物自身的話，他就無法進入康德的哲學體系，而即使有那個預設，也無法待在其中。

由於雅可比的困惑，他宣稱要找出體系核心本身的一個矛盾。雅可比說，康德要求我們把我們知覺的對象思考爲僅是對我們存有的主體規定，同時也思考爲我們受到影響的產物。就先驗哲學希望何符合我們的基本信念，即我們所知覺的是眞實的事物，且那些事物是獨立於我們的表象而在我們之外呈現的而言，後者是根本的；且因爲經驗的對象不能扮演影響我們的事物的角色，物自身的存在對先驗哲學堅持我們關於世界的客觀有效性來說是必要的。但是先驗觀念論也告訴我們，我們對於物自身以及它們影響我們的模式一無所知，雅可比聲稱，承認了這點之後，康德的體系就是無法理解的，因爲它同時肯定和否定了我們能達致在我們感官上產生印象的那些對象。先驗觀念論唯一能採取的途徑就是完全放棄物自身的預設。它藉此達到了一致性，但也因而成爲一種訴求最強的觀念論，這種觀念論直接與我們關於知覺對象的實在性的日常信念相牴觸，且剝奪了我們思想的客觀有效性。

許多後來的評論者分享了雅可比的觀點，主張先驗觀念論因爲上述種種理由而在檢視中崩解。部分的問題是，雖然用康德自己的術語來陳述的學說本身是夠清楚的，但當在它被問到與其他更熟悉的哲學立場如何有關係時，就顯得模稜兩可了，於是對該學說的內容的觀點便形成了，這讓它暴露在一波反對的浪潮之中。認爲先驗觀念論無法達成康德一再提出而被描述爲康德形上學的「標準圖像」的目標的這個觀點有兩個主要成分。第一，康德關於經驗對象的說明被詮釋爲是把與柏克萊觀念論的純粹現象對象沒有太大差異的存有論地位歸於那些經驗對象，這使康德一再堅持他和柏克萊的差異，以及堅持先驗觀念論能免於柏克萊「獨斷論」所遭到的種種反駁，亦即被反駁是僅是經驗觀念論，這些都成為空響。第二，康德被詮釋為基於完全獨立於批判哲學的核心思想的理由，把物自身的存在引入到他的圖像中；導致這個宣稱被棄除為對他而言有不良動機的異常想法。問題是，對先驗觀念論的兩條批評路線之一是否成立。

康德的經驗實在論：顯象的本性

於是，第一個議題便是康德接近柏克萊之處。這問題之重要性在於，根據通常的假定，柏克萊的觀念論不能作為對常識的證明，這是一種康德自己同意的假定。對康德而言，讓自己與柏克萊保持距離是有必要的；至少，在先驗觀念論與我們對經驗世界的實在性之日常觀點相一致，且因而對懷疑論提供了一個令人滿意的回應，他這個宣稱要成立的情況下是如此。

如第六章所言，出現在 the Feder-Garve 或「哥廷根」評論中對《批判》（在第一版）的最早評論指控康德提出一種本質上與柏克萊沒有差別的觀念論。我們可完全理解這項應得出的裁定。除了〈第四個誤推〉之外，還有一個關於更普遍本性的證據。

在〈感性論〉中，顯象首次被定義為「經驗直觀的未規定對象」（A20/B34），而康德在大多時候都把顯象與表象的對象相關聯（B207）。這讓我們把顯象想成不同於我們表象的東西，與我們表象有關的東西。但康德也說它們「只是我們表象的活動，最終將歸結爲內感官的種種規定」（A101）：顯象「不外乎是表象」（A250），「只是在我們之內」是「我們同一自我的種種規定」（A129），「只相對於它們固有的主體」而存在（B164）；外在的對象「只是種種除了我們之外絕無法遇到的表象」（A365；A384-92 包含許多這樣的陳述）。這點的重要性毋庸置疑：如果正確解讀康德顯象的概念，或是它對康德的最終意義，即是一種表象的概念，那麼，設若康德也聲稱經驗的對象是顯象，康德似乎將接納柏克萊式的心靈存有論。藉由康德談及自然作爲由我們有系統構成的與規則連結的一組表象，以及現代現象學家對物理對象作爲出自我們感官經驗的邏輯建構的想法，兩者明顯的相似性，這種印象就得到強化了。康德在經驗對象要等同於顯象的嚴格先驗意義上（A29-30/B45）的強調可能暗示著，但本身並不蘊涵著一種他的觀念論與柏克萊觀念論的差異，因爲我們或許可以問說，爲什麼先驗意義中的顯象不應也是柏克萊式的觀念。有鑑於此，康德那個由於先驗觀念論具有獨特處理懷疑論的能力，它是建立經驗實在論的唯一方法的宣稱，似乎是虛僞不實的。

康德的回應

康德對於指控他只是重新改寫柏克萊的反駁是，那些指控者錯在誤讀了他的作品，而在《序論》（見 372ff.）以及第二版（如第六章所說，它爲以〈對觀念論的駁斥〉取代聽起來是柏克萊式的〈第四個誤推〉提供了動機）。康德陳述說，他肯定他與柏克萊的差異在於，柏克萊所否定之物自身的存在（*Proleg*, 289），以及柏克萊把經驗化約爲「僅是幻象」（B71；亦見 B274、*Proleg* 375），而先驗觀念論則不如此化約。

僅僅聲稱顯象與物自身的共存並不能區別出康德關於經驗世界的觀點與柏克萊的不同，因爲設定補充顯象的存有者不就等於是增加了顯象的實在性。康德說，不同之處在於，他宣稱顯象是**奠基**在物自身；藉由使康德有權說，他的觀念論不像柏克萊那樣，並不是一種注重對象**存在**的觀念論（*Proleg* 289, 293），在本質上區別了康德的顯象與柏克萊的觀念。

康德所宣稱第二個差異，最初似乎是丐題，對柏克萊也不公平，畢竟柏克萊明白否認他的說明讓知覺世界變成是虛幻的，且主張它爲實在與顯象的區分留下空間。但康德心裡所想的是，關於經驗的先天形式的存在，當然尤其是在第一個例子中，空間作爲這樣一種形式的分類上（*Proleg* 374-5），柏克萊和他自己的差異。康德的論點是，對柏克萊而言，經驗的內容絕不是由任何事物所囿限，因而相當於是幻象：無論柏克萊會在其中所作出什麼區分，都將不會捕捉到眞實與虛幻經驗之間的眞正差異，且將不會適當地應被描述爲實在與顯象的區分。反之，對康德而言，經驗是充滿著必然性的。

因此，康德對問題的答案有兩個互補的方面：現象是由於什麼東西才具有經驗的實在性？它們是由於它們奠基在物自身，以及由於它們必然符合於擴及〈駁斥〉所要求的外在經驗的種種先天條件。顯象的實在性的第一個來源開啟了經驗與經驗之外的某種事物的關係，第二個來源則使經驗的實在成爲一種在經驗之內所進行的功能。顯象因而從兩個端點，以及在兩方面得到奠基：它們是奠基在關於其形式的主體，以及關於其存在的物自身之上。

康德是以有資格宣稱顯象不能同化於幻象：顯象實際上不依賴於經驗的偶然性，因而不是任意的對象，不僅是幻象。這是以一種先天條件的方式得到證明，按照康德的說法，這些統管顯象的先天條件意味著關於對象的一個公開的、主體際的世界是必然的，這是柏克萊的觀念論眾所周知無法支持的想法。

要注意的是，我們可以合理主張，康德嚴格來說不需連結到物自身，以確保對經驗實在性採取一種非柏克萊式的說明，在這個基礎上，康德的那些先天條件自己就能完成這項工作。若是如此，康德就可以向否定他有權肯定物自身存在，或是否定他有權談論顯象與物自身間的奠基關係的人，堅持他的經驗實在論。

康德的非現象論與柏克萊的先驗實在論

我們或許會感到疑惑的是，這對康德想要造成與柏克萊的深遠差異是否足夠。儘管引入了物自身作為顯象基礎，我們知識的範圍，那種落在其範圍之內的對象，似乎對康德與柏克萊都是相同的，即由種種現象要素所建構的現象論式的對象。康德畢竟十分清楚，即使顯象奠基在物自身，只有顯象才是對我們來說的對象。於是，我們不清楚的是在現在的脈絡中，康德顯象的先天形式帶來什麼意義，此先天形式乃是先驗對象以及〈分析論〉的所有非經驗的裝置：如果柏克萊的觀念論把世界化約成只是幻象，那麼我們就可以認為康德所提供的正是區分眞實的感官經驗與僅是幻象的必要方法；結論則變成是，先驗觀念論其實只是柏克萊式觀念論更爲複雜且合理的版本。

最終確立康德與柏克萊的差異的是這種考量，即康德關於經驗對象的存有論不是，也不會是現象論式的。這是決定性的：如果康德的顯象是現象論式的建構物，那麼把康德的觀念論描述爲柏克萊的觀念論的一個進階形式或許是適切的，但是如果那些顯象不是如此，那麼我們就應該否定把兩種觀念論相提並論的這種想法。

對康德來說，所有的對象都存在於經驗的架構之內，有條理經驗的種種可能性提供固定對象同一性的同等物（如同康德在 B521-3 關於無經驗的經驗對象的討論中所詳加說明的那樣）。但這並沒有讓那些對象在存有論上與柏克萊的觀念成爲同一種類。**從屬於**可經驗性的**那個條件**下，亦即必然以某種方式與直觀相關，不等同於在任何意義上由經驗**所組成**，尤其是不由柏克萊式的經驗所組成，這些要素依賴主體的模式不是一個質的感覺存有者依賴主體意識到它的這種模式。這不會是康德的觀點。如果顯象是現象論式的建構物，那麼在康德存有論中的基本要素會是一種〈分析論〉的經驗理論所排除在外的對象，亦即獨立於概念而被給予的全然可感對象。於是建立在〈對觀念論的駁斥〉的對象辨認中的依賴順序是顛倒的：對內在經驗的認知，主體的感覺狀態會先於外在的對象，而主體的狀態會從那些外在對象獨立出來。

由此可知，對柏克萊來說，對象依賴於主體的意義遠不同於對康德來說對象這樣子的意義。「依靠主體或心靈」的術語事實上是非常歧義的。對柏克萊來說，對象的基本依賴模式是僅依賴感覺意識。柏克萊承認認知或判斷本身是某種不僅是感覺的東西，在這種程度上，對柏克萊而言對象就不依賴於認知或判斷本身：觀念存在完全是在被感覺事物中形成。柏克萊式的依靠主體或心靈因而基本上是當我們注意到沒有感覺的痛是一個矛盾的想法時，所表明的那種。反之，康德聲稱對象基本上是依賴於我們對對象認知（判斷）條件。對康德而言，只要對象是依賴直觀，這點就可以從直觀對認知的必要性得出，而不是得自於直觀對象的本性（存有論的地位）：概念性的活動是對象在直觀中以現象學的方式呈現給主體的條件，而直觀自身本質上是指向對象的表象，不是一個單純的像痛感的感覺性質。依賴模式的差異蘊涵了一種依賴對象的本性中的相應差異。因此，知性在先天綜合運用的規則不能與現象論者對對象的邏輯建構相提並論。

單就這點就足以顯示康德的觀念論不是柏克萊觀念論的發展，但還有更多東西要說。作爲現象論式建構的現象概念不屬於先驗觀念論，而是屬於先驗實在論。只憑著他對存在即是被感知（*esse as percipi*）的說明，亦即除了他賦予上帝的角色外，就說柏克萊是一位先驗實在論者似乎是令人驚訝的，但這點卻能以如下方式加以證明。

如果先驗實在論在於斷然否認我們知識的對象是從屬於依賴任何種類的心靈，那麼柏克萊當然不會是一位先驗實在論者。但先驗實在論不等同於這項否認，先驗觀念論也不等同於依賴心靈的全體聲稱。先驗觀念論與先驗實在論乃是由其分別肯定和否定我們的認知模式決定認知對象的構成所界定，亦即它們對於認識物自身的可能性的觀點是對立的。現在柏克萊的確主張經驗的事物在其自身是由現象論式的要素所構成，而不只主張我們的認知模式決定那些事物要如此呈現；對他來說，對象的現象論式存在從人的觀點來看，不只是我們關於對象唯一有效的認知。所以，按照柏克萊的說法，我們的確如其所是地認識事物，雖然是心靈的事物；假如我們要從一個超驗的、非人類的立場來思考經驗知識的對象，那麼會見到的是人類心靈中的種種觀念（按照之後現象論式的學說分享了先驗實在論式的意涵，主張感覺與料享有一種「中性的」，非心靈的地位）。柏克萊式的觀念，以及經驗論一般的觀念因而是一種物自身的限制情況。

適當地把柏克萊歸類為一位先驗實在論者的基礎非常深。因為他主張對象在其自身是現象論式的，亦即它們獨立於得到認知，且它們如其自身被給予我們，對柏克萊來說，事物之能作為對我們而言的可能對象，靠的不是認知的關係，而是僅歸功於對象「存在我們心靈中」的事實。柏克萊因而表明對實在性問題的的方式，此方式確屬先驗實在論：藉由一種對於對象和物自身（推測的但未加闡述的）關係，來說明對象的可能性，換言之，在柏克萊的情況中，是一種對象和我們心靈及其現象論式內容的關係。

至於康德的立場，除了〈分析論〉否認現象論所要求的全然感覺對象在知識論上的優先性外，他認為先驗觀念論與一種現象論式的存有論的融貫結合是不能設想的。一種現象論式的存有論不能是先驗觀念論基本構想的部分，因為先驗觀念論正好要避開任何對基本的存有論的篤信。現象論式的存有論也不可能在任何後來的時刻加入。一個先驗的經驗理論時時從事於說出存在的事物如何得以呈顯給我們。現象論式的存有者是那種其存在盡在其立即的感官呈顯過程中的對象。於是，這些對象是那種無法區分其存在為顯象和其存在於其自身的事物。對一個經驗論者來說，這提供他們哲學的吸引力，但這也是先驗觀念論無法促成現象論式的存有論的理由：如果先驗觀念論與現象論式的存有論結合，那麼先驗觀念論會藉由經驗觀念論，轉變成柏克萊的那種先驗實在論，而先驗闡釋的計畫將會對存有論闡釋的計畫讓步。康德當然承認全然現象的存有者像是心靈圖像是經驗世界的內容，但是那些存有者在他對經驗對象性本身相當於什麼的說明中，並未扮演任何角色。現象化的經驗對象是追問什麼使對象對我們成爲可能的先驗問題的一個選項。感官經驗的功能是在康德關於對象的先驗闡釋中作爲一個可能性的條件，只因爲對象自身在現象論上是無法設想的。

我們因此不應懷疑康德的經驗實在論的力量，以及他與柏克萊的差距：先驗觀念論非但未施壓於現象論式的觀念論，它還排除一種現象論式的存有論。康德可能因此宣稱，一旦〈分析論〉之先驗的經驗理論證明經驗對象如何與爲什麼必須獨立於心靈的經驗狀態，這是適當的話，康德的經驗實在論就掌握到「實在的」與「客觀的」在常識上應用於物理對象所帶來的充分意義；先驗觀念論沒有把「X未被知覺的存在」化約成表達感覺的種種可能性的任何條件式。康德自己的觀念論蘊涵經驗的對象唯有在先驗的意義上是現象，這點因而如康德所說，具有絕對的重要性。

了解先驗觀念論如何能支持任何在存有論上比感覺與料更堅固的東西是困難的，其根源在於我們習慣依照前批判的二分法的角度來思考，此二分法遮蓋了康德關於顯象陳述的先驗意義。我們強烈習於從洛克與柏克萊之間抉擇，在非心靈的與心靈的存有論之間抉擇的角度，來思考外在世界的實在性的議題。在這點上，我們自然而然會認爲因爲康德沒有直接站在洛克這邊，所以康德必須跟隨柏克萊。

但用康德的話來說，依照此對立來訂定這個議題，就是去預設先驗實在論的看法，而如果我們難以了解經驗實在論如何能以洛克之外的說法得到保證，這是因爲我們無法把經驗的實在論與先驗的實在論分離之故。按照康德的說法，只有當經驗世界的種種認知條件已得到滿足時，我們才有可能把對象分類爲存有論之非心靈的與心靈的種類。由於先驗論述是關乎對認知條件的指認，它不能運用這幾種存有論的概念來完成它的工作。

在先驗論述中，表象自身的概念在心靈的經驗內容的意義上沒有指涉到心靈的項目，這些項目被當作是經驗的個殊事物，而是指涉到主體的認知要素，這些要素在先驗上被當作是使對象的認知成爲可能。

如果康德的經驗理論要是眞正的先驗，而不是在最初隱然地假定一種經驗論式的（或者其他）關於對象可能性的說明，對康德表象一詞的刻意抽象，以及它所意味著的主體地位完全不確定的特性就是必要的。康德把顯象描述爲只不過是表象，從而是自我的種種規定，這種描述不是任何一種存有論的分類，也不能被解釋爲把顯象歸於心靈狀態。依此方式，康德的經驗實在性的想法避免了直接選擇洛克或柏克萊。

顯象的兩種意義

有一個獨立的問題仍然存在，即康德爲何對顯象與表象的關係顯然含糊其詞：他爲何有時把顯象描述爲表象的**對象**（現象O），而在其他情況則描述爲表象自身（現象R）？舉例來說，〈反駁〉的結論說，必有「在我之外的一個**東西**」不僅是「在我之外的一個東西的**表象**」，這意味著一個有表象的外在顯象的對比；而康德在〈第四個誤推〉從頭到尾談論的是外在的顯象作爲一種表象。

要注意的是，先驗觀念論的學說似乎沒有直接要求第二個描述。在經驗上，亦即從人類立場之內來思考的顯象確實必須被設想爲顯象O，在先驗上思考顯象不明顯蘊涵把它們設想爲顯象R：說我們所認知的事物都是顯象而不是物自身，這並不是從表面上說我們所認知的東西是表象。所以經驗的/先驗的區分不在於獨自解釋顯象R的觀念是從哪裡來的。

不同脈絡所建議的且適合於不同脈絡的不同說明能夠理性化，也可以消除康德的用語中模稜兩可的印象。顯象O與顯象R可以被理解爲指涉到康德分析認知過程不同階段所思考的經驗對象：顯象R是爲認知提供直觀與料的感性呈顯，顯象O則是被認知爲如此呈顯的對象；按照康德的說法，兩者在那過程中有關聯，正是某些其他條件的滿足〔這是在〈分析論〉所說明的知性貢獻〕使顯象R轉變（「客觀化」）爲顯象O。

按照另一種說明，顯象R與顯象O之間的差異再度在於它們如何被思考的功能，但這次是注意到它們與物自身的關係。在引入物自身作爲經驗領域的存在基礎之前，顯象（就它們滿足諸如〈類比〉中的經驗條件而言）必須被設想爲我們的表象是**關於**什麼東西的表象，因而它們適當地被設想爲顯象O。但在引入物自身之後，這種設想顯象的方式便不再是適當的，且它們於是必須要被貶低爲主體的「種種模式」，亦即被重新設想爲顯象R。在第一個脈絡中，現象是事物；在第二個脈絡中，顯象即爲**關於**事物的種種呈顯而非其自身，且因爲感性的種種呈顯在形上學是異質的，而這些其他非感性的事物必須被等同於主體的狀態。換言之，經驗直觀是否要被當作實現顯象R或顯象O是依靠在這圖像中的其他東西而定：依據它們的思考的框架是否讓它們與提供它們基礎的另一種事物形成對比（在此與康德處理統覺的方式有一個相似之處：正如先驗哲學把關於主體必須如何再現它們自己的宣稱，替換成關於一個同一主體的眞實存在的宣稱一樣，它把關於顯象必須如何看待的宣稱，替換成關於顯象眞的是什麼的宣稱）。

主體際性

總之，在康德對經驗實在論的說明中，我們應該關注主體際性的地位。康德從他對經驗實在性有必然的、先天基礎的說法，得出經驗實在性本質上是公共的：任何具有客觀有效性的判斷必須對所有的主體都具有有效性，反之亦然。然而，對康德而言，經驗實在性在它是由主體際互動所構成的強意義上，並非是主體際的。最近「後笛卡兒」的哲學已了解到（在分享語言實踐中具體化的）主體際性乃是客觀性之可能性的一個條件，但康德堅定的觀點是，判斷的主體際有效性是奠基在個別主體的客觀性構成之上（*Proleg* 298）。所有理性主體的同意，即共識的可能性，提供一個判斷的客觀有效性的「試金石」，但這只在外在指標的意義上是一個判準，而不是客觀有效性所在之處（A820-1/B848-9）。儘管在〈對觀念論的駁斥〉中和其他地方顯露出與笛卡兒有很大的差異，康德以這種方式賦予主體優先性，而仍在「笛卡兒」哲學傳統之內（康德因而不能被解讀爲預料到維根斯坦的私有語言論證。我們可以認爲，這是由於康德相對來說不太注意我們關於他心的知識；參見A347/B405，A353-4，A362-3）。

物自身的存在

由於受到雅可比之前所提的有說服力的例子的批評，先驗觀念論的「標準圖像」的第二個構成要素即是康德對物自身存在的肯定，而這與第六章極具爭議的原因有關。

我們一開始可以如雅可比所建議的那樣駁回如下反駁，肯定物自身的存在即是聲稱我們有關於我們沒有知識的事物的知識，而這是全然是矛盾的。如我們在第五章所見，這只有藉由區分我們在物自身的情況中所缺乏那種確定的（富有內容的）知識，以及我們確實擁有的不確定的（無內容的）知識，才能加以應付。我們關於物自身的知識不規定任何對象：唯有在我們知道某種不由我們的感性形式所構成的東西必須占有經驗之外的概念空間的範圍內，我們才認識物自身。因爲與物自身的關聯不受到〈感性論〉與〈分析論〉中所分析的對象個別化的條件所擔保，所以甚至不可能規定與它們的關聯該是單數的或複數的。是以我們知道物自身的存在，而不知道任何有關它們的（綜合的）事。在許多其他的哲學脈絡中這個區分是不可表述的，但康德的知識理論讓他能融貫地作出此區分。

意義和範疇

另一個緊密相關的反駁方式也應加以否決，此反駁大致是說康德在這裡直接違背了他自己對意義的限制。思考物自身存在所使用的那些概念當然必須是未圖式化的範疇；否則康德會陷入試圖在經驗上規定物自身的混亂之中。然而，據說康德在〈分析論〉中致力於概念孤立於感性之外則無意義的這個原則，此原則排除了他自己物自身存在的宣稱是全然無意義的。

事實上，康德在概念的意義上並非抱持這樣的看法。康德的確一再強調，脫離了直觀，範疇就

「沒有**感覺**，也就是沒有意義」（A240/B299），「完全缺乏內容」（A239/B298）諸如此類（亦見 B149, A240-1/B300, B308, *Proleg* 312-13, 315）。但取自脈絡的這些陳述，以及我們要記得「意義」這個語詞對康德而言並沒有在哲學上隨後形成的種種內涵，絕沒有使康德說單由未圖式化的範疇所構成的思想具有無意義的地位。範疇孤立於感性而欠缺的意義，特別是認知的、客觀的確定意義：說脫離感性範疇就無意義就是去說沒有對象能確定地藉範疇的方法來加以認知，是說那些範疇沒有「對象」（A287/B343），沒有「與對象的關聯」（A241/B300），沒有「確定的意義」（A244），或是「與任何確定的對象沒有關聯」（A246; A258/B314）。康德所專注的限定原則只有關於概念的**應用**：範疇需要感性的中介，不是爲了具有意義，而是爲了應用到對象。康德**必**須賦予範疇某種取自它們自身的意義（如他在 A248/B305 所稱的「先驗意義」），這是出自於康德所說的，範疇是思想或是判斷**本身**的形式，以及對象一**般**的概念，如第六章所說的那樣；範疇不是從經驗對象的概念抽象而來，而是對認知有獨立的貢獻（康德在 *CPracR* 54-7 強調這點，在那裡他明白爲對理論理性而言的本體的可思考性辯護）。如果康德認爲孤立的範疇缺乏任何意義，那麼他會說範疇的意義在知性與感性互動之際即應運而生，而就會完全無法說明感性如何從無中產生此意義，以及如何結合直觀與範疇便使對象的認知成爲可能。假如康德認爲範疇如空間和時間一樣，是人類認知所特有的，或者假如有其他理由認爲物自身無法符合思想的形式，聲稱物自身存在便當然會有矛盾；但如第六章所述，康德沒有支持此一觀點，先驗觀念性並不會僅來自於對象的範疇性。因此，物自身的可思考性不會讓康德捲入任何矛盾。

為康德的主張找尋基礎

不過雅可比說對的是，康德聲稱物自身存在的種種理據附近有一個謎。顯然這個宣稱與先驗哲學的其他命題無法相提並論。不像〈感性論〉與〈分析論〉的結論，它不關乎經驗的結構，而確實超出了經驗。因此問題是，如果它不是先驗證明的結論，也不被當作是超驗形上學，那支持它的是什麼。換句話說，問題是，即使我們不需跨出我們觀點的界線以思考物自身，那似乎正是我們**知道**物自身存在所需要的東西。在面對這個謎上，康德幾乎沒有給我們什麼幫助：他持續撰寫，彷彿顯然除了假定物自身存在外別無選擇。但事實上如下所示，這根本不明顯。

我們很清楚的是，在經驗上思考的內在於感覺的東西都不意味著與物自身有一種關係，因爲康德把感覺設想爲先於所有的表象，且就它相應於現象的內容來說，無論如何是只在經驗上爲我們所認識。

因此，感覺不能包含任何我們受物自身影響的後天線索。同時，如第六章所見，物自身在客觀性的構成上沒有扮演任何角色：它的位置被先驗的對象所取代，而我們使用先驗對象這個概念不須爲設定任何超驗事物的存在。

許多更有可能的候選者或許會建議自己可作爲康德宣稱的理據。康德似乎要主張，物自身的存在是從顯象這個概念而來的：物自身存在是因爲顯象（由於其概念）必然**屬於**無法等同於顯象的事物，是以必須等同於物自身（見 Bxxvi-xxvii, A251-2, B306, *Proleg* 354-5）。但這是不對的，因爲儘管康德的顯象概念當然暗指物自身**概念**，而且有一些滿足顯象概念的對象，但這些都不意味著有任何滿足物自身概念的對象。任何對物自身存在概念上的論證，如同對顯象存在的論證所暗示的一樣，無論如何讓康德原本把經驗對象描述爲顯象的做法變成是以假定爲論據。

康德的另一個選擇似乎是要把物自身的存在建立在因果推論的基礎上，從作爲結果的顯象存在，推到作爲原因的物自身存在（見 A494/B522，A496/B524，A695-6/B723-4，和 *Proleg* 314-15）。然而，這也是不對的，因爲顯象是任何事物的結果的假定，正好預設了需要加以建立的東西。再說，康德也主張在經驗範圍之外使用因果原則是不合法的。

一個可以選擇的方針（見 *Proleg* 353-4）是去假定物自身的存在是以，某種方式出自於必有一個解釋事物的終極目的這樣的思考，而且顯象的範圍不是最終不言自明的。換個稍微不同的說法是：顯象的範圍並不包含它自己存在的理由，而這樣的理由必須存在；或者，到頭來某種事物必須無條件是眞實的，以使任何事物在有條件下是眞實的。但從表面上來看，說任何這些事物，用康德的話說，就是把物自身存在建立在理性對無條件者的需求之上，或是試圖從萊布尼茲式的充足理由律導出存有論的結論，而〈歧義〉與〈辯證論〉不允許任何那樣的事情。

沒有物自身存在的先驗觀念論

由於物自身存在宣稱所伴隨的晦澀難解，我們值得考慮把它丟棄後會有什麼損失。此辦法的提倡者認爲損失微乎其微，而物自身概念對康德哲學來說的重要性不要求物自身存在。他們宣稱需要一種概念性的，而非一種存有論的物自身與顯象的對比，以表達康德關於我們知識的本性與範圍的洞見。物自身這個概念被詮釋爲絕不指涉，而專門充作消極的目的，彷彿物自身是一種「反對象」，它吸納一切會使一件事成爲反題的特性到我們的認知。物自身概念因而被賦予那個間接闡明人類知識對象概念的角色：它藉著告訴我們，我們是如何無法認識與我們無法認識什麼來告知我們，我們如何認識與我們認識的是什麼。與此相關地，我們也承認在追溯前批判時期構思對象的方式中，一種有爭議的使用讓那些對象成爲不可知的。

如果這個觀點甚至與從存有論的圖像中去掉物自身的存在是融貫的，那麼存留下來的先驗觀念論作爲（仍然充滿內容且十分獨特的）學說，據之所有能被認識的爲存在的即是顯象。而只要之前區分康德與柏克萊的觀念論的議論被接受，康德的經驗實在論就能如願地維持強的立場，以至於雅可比我們知覺的客觀性需要物自身存在的說法便是錯的。

這個對先驗觀念論的負面詮釋或許也假定了一個更強的「無神論」的形式，據之物自身的存在不僅對不可知論來說是個不可理解的假定，且或許會被如此正面否定。如果主張經驗對象是唯一可理解的對象性候選者，這就是其結果（主張這個立場通常的理據是，我們最終無法區分範疇未圖式化的形式與圖式化的版本，以及康德把範疇思考爲可從判斷形式得出的對象一般的概念，這是錯的）。如果採取這個更進一步的步驟，那麼無條件的或絕對獨立的實在性的整個想法都將消散無蹤，而任何經驗對象與其他事物的存有論對比都會變得沒有意義。說我們認知的對象是顯象，或是先驗上是觀念的，那就正意味著唯有獲得某些條件，關於對象的知識才是可能的：這些對象的實在性的程度低於其他眞實的或是可能的事物的程度，這個涵義被堵住了（「顯象」不再意味只是顯象）。

承認這樣的一個與對康德分析式的詮釋一致立場可能會利用在〈感性論〉與〈分析論〉裡的某些材料，我們該注意的是，它如何徹底地脫離康德的意圖。它除去我們的知識是受到種種**限制**的想法。而且，它還與康德在〈辯證論〉中，爲理性的理念建立權宜的地位的意圖相矛盾：如果存在作爲一個對象的想法與經驗存在的想法形成對比，那麼上帝與靈魂就停止作爲眞實存在的候選者。負面詮釋的無神論版本因而阻撓了康德最終打算使理論哲學朝向實踐哲學的貢獻，而基本上與康德解決理性衝突的那個更廣泛計畫脫離（事實上，它把勝利讓給了經驗論）。

這些回響或許因爲與康德的意圖相矛盾而受到歡迎。於是重要的是，觀察無神論的詮釋如何也鬆脫與康德供給先驗觀念論的哥白尼式動力的關聯。哥白尼式革命確認下列說法而受到歡迎，對於無論在實在中有什麼東西，我們只有在放棄它們在它們自身有實在性，我們才能解釋對象如何對我們是可能的。撤回達致實在自身的宣稱，亦即交換與（經驗的）實在的一個可理解關係，免除懷疑論者的質疑，且將理性得到安寧，就是康德所主張的，理性的自我矛盾迫使它進行的交易。因此，如果現在我們在〈分析論〉的結尾，聲明實在在其自身的想法是無效的，我們就解除了哥白尼式革命當作前提的對比，而懷疑論者和理性論者將在其權限內質疑〈分析論〉已著手進行的整體基礎。具體來說，它們或許會反對說康德的方法暗中預設了檢證論，或是一種關於概念的經驗論式觀點。負面詮釋的無神論版本可能是一個前後一致的哲學立場，但是它不能依賴康德對於先驗觀念論的後設哲學證成。在我們仍贊同康德更廣泛的哲學計畫的程度上來說，喜歡負面詮釋的較弱的、不可知論的版本有其令人信服的理由。

因此從康德的觀點，由於負面詮釋的較弱版本的有效性，拋棄物自身存在的宣稱並非是災難性的。但我們不該假定，在這方面反對康德的事情是確定的。支持康德對物自身的宣稱的一個方式是由關於物自身與顯象的「兩個構想」所提供的，這有待之後解釋。一邊主張物自身存在是因爲，且只在一種意義上，物自身即是以另一種方式描述的顯象。另一邊則嘗試代表康德表達爲其異常地位的辯護。

影響

由於康德對物自身存在的宣告，在《批判》的文本中，亦即在〈分析論〉的結尾來得很晚，我們自然會想到它必然是一個後來添加的想法，是一種先驗探究之前結論之外的宣稱，所以要嘛是一種被認爲跟隨趕上它的經驗分析，要嘛需要額外的論證。但這個假定也可能是不正確的，且物自身的存在之所以沒有得到明顯論證的理由是，它是內建在先驗哲學的眞正架構中。具體來說，康德或許把它當作是他對認知的基本分析所暗示的。

〈感性論〉第一段的陳述確實提出在感性中「我們受對象影響」（A19/B33），因爲在這裡的「對象」指涉到經驗對象是不可理解的，在這點上，其基本預設得到分析，這句話要求被解讀爲指涉到物自身（在 A68/B93, B129, B156, B207, B309, A494/B522 以及 *Proleg* §32，§36 也提到了影響）。我們可以主張，除了這個假定之外沒有其他可理解的選項。在我們內在提供顯象存在的感覺；感性形式和概念性形式所應用於其上的感覺，必須被設想爲有**某些**基礎，然而對這些基礎的設想卻是不確定的。爲了設想感覺不關聯到**任何**基礎，亦即認爲無法因爲經驗對象的事而產生基礎的問題，就是把它提升到自足的存在，從而賦予它實在性本身。那麼康德整個先驗的說法就會沒有意義。

否認感覺是先驗上在我們之外的事物的結果，因此藉由消除，讓我們只能選擇說其基礎是先驗上在我們之內，亦即由主體產生出它。但要說感覺是我們先驗主體性的結果，就是要把我們的主體性設想為始終是自發能動的，這與設想人類主體是它們自己和所有其對象的非有限的、類似上帝的創造者無法區分，結論又是經驗對象成為物自身。把對象說成顯象而不是物自身的哥白尼式革命因此要求我們的對象由之得到構成的資料是奠基在某種先驗上的「其他」事物。

按照這個說法，康德的認知的基本分析必須假定感覺是物自身的結果，而物自身存在的議題在〈分析論〉要開始所最早設立的基本假設那時得到解決。這解釋了康德為何彷彿物自身的存在是理所當然的而撰寫，不會在任何時候停下來為此宣稱提出理由，以及為何他似乎應是為了物自身的存在而提出了一個概念性的或因果的論證。事實上，這裡不涉及因果的推論，而把感覺描述為一種物自身的結果不應讓我們想起洛克的知覺因果理論（康德當然允許對於知覺的因果分析，但這種受經驗對象，而非物自身所影響，對立於先驗的影響之「經驗的」影響是另一回事）。說感覺產生於我們被物自身所影響，就是說感覺是主體與先驗上在它之外者的關係的直接主觀的、先於認知的表現或顯現。它感覺是我們受物自身所影響的產物這個先驗論述中感覺概念的部分。

在這點上，我們可看出物自身存在的聲稱如何與否定在經驗之外使用範疇有確定意義這點有關：前者是認知的分析的條件，而後者則預設了前者（在康德致力於任何屬於當代哲學提到一種「意義理論」的東西的程度上，他的語意學理論是依賴其形上學的脈絡，而不是如更近晚近的哲學所討論的，意圖要在邏輯上先於任何形上學）。物自身的存在作爲顯象的基礎是獨特的事例，其中爲哲學反思有資格從受條件約制者移至無條件者，而它在此事例有權如此做是與它在其他更確定的脈絡中缺乏權利是相互依賴的。因此，物自身存在是顯象的基礎的宣稱，並不准許任何進一步關於超越經驗領域的宣稱。它所做的一切是表達人類主體的認知是有限的。我們忽視我們受物自身的先驗影響的本性，是該概念的一個根本部分，而康德同意雅可比（A392-3），在物自身存在的事實與我們被提供構成現象的材料的事實，兩者間的連結的本性是某種我們一無所知的東西。我們能說的是，**除非**某種獨立於我們之外東西先於顯象存在，否則無一物會受到表象，且顯象世界不會產生。

如果物自身存在是顯象的基礎的宣稱是以這方式直接關聯康德的哥白尼式思想，且其基本理由是出自於單純承認我們的知覺是受約制的且有特定觀點的，那麼它就不違反任何獨立建立的批判規則：反之，〈分析論〉有必要走它的路線，且有必要建立把我們的知識限制於經驗對象的規則。康德可以始終主張，從經驗的領域內出發的推理無法把我們從中帶出來，而先驗的反思揭露出物自身的存在。

物自身與顯象

下一個產生的問題是關於物自身與顯象的關係之本性。這不會因爲物自身藉由提供顯象所相應的感覺雜多，為後者的存在提出理據而一勞永逸。

物自身的顯象

我們因為在先驗上考量我們的情況而發現顯象僅是觀念性的，且奠基在物自身，顯象就帶有一種超越它們自身之外的指涉的意義：它們對我們可說是代替了先驗上真實的對象，此對象被給予一個認知上無限的主體，那是我們到達辨認為其終極認知目標的事物最近之處。因此有一種意義是，顯象除了奠基在物自身之上，現在也是物自身的顯象（Bxxvi-xxvii, B164, A252, *Proleg* 289）。由此不能得出，顯象即是物自身的**表象**（A272/B332）。這會要求顯象在完全有意的意義上，呈顯物自身給我們，亦即把物自身變成我們的對象，這是一個顯然與物自身不可知相矛盾的宣稱（康德認為那是錯誤的，並將之歸於萊布尼茲，A270/B326）。因而不要混淆顯象和物自身的關係，與對顯象和超驗對象的實際再現關係。

兩種對象對上兩種構想

然而，說顯象是屬於物自身卻讓另一個關於它們的關係的更基本問題不確定。康德有在存有論不同的兩組對象的意義上，把物自身與顯象設想為構成兩個世界嗎？或者物自身與顯象的說法是表達單一一組對象的兩種觀點？

康德在許多地方談到「從兩個不同的觀點看相同的對象——一方面與經驗連結……而另一方面……作爲只是思想的對象」（Bxviii-xix[n]）。這暗示了，區分不是**對象**中的一個，而是關於（那些我們辨認爲構成單一經驗世界的）對象被**設想**的方式。因此，康德說「對象作爲**顯象**要與對象本身作爲對象**在其自身**有所區別」（B69），以及「如果感官表象給我們某種僅如它所呈顯的事物，這個某物必也在自身也是一個事物」（A249）。對事物「雙重構想方式」的想法，在康德的自由理論的脈絡中當然特別的明顯，在其中主體的因果性是「從兩個觀點來考量的」（A538/B566），而在康德的倫理學著作中經常使用這種語言風格。如康德在（一七八三年八月七日給Garve）一封信說：「能被給予我們的一切對象可以用兩種方式來詮釋：一方面是作爲顯象；另一方面是作爲物自身」，而自由中所涉及的矛盾「一旦考慮到對象所具有的不同意義時，就會消失」。

這些陳述意指物自身這個概念有意指涉到我們認識爲顯象的相同對象，但在一種非經驗的描述下，即是指涉到顯象的非經驗方面。不同於上述對物自身概念全然負面的詮釋，這種**兩種構想**（或「雙面的」）觀點解決了關聯康德物自身存在這個宣稱沒有修正的困境：它承認物自身概念一種正面的、關聯性的使用。

對立於這兩種構想觀點的是**兩種對象**的觀點。康德對顯象建立在物自身上的基礎性的談論（例如在A695-7/B723-5）自然會被當作是對下列這件事的談論，存有論上不同對象與一種存有論上的差異，讓我們最容易理解顯象必然是在空間與時間中的，且物自身必然是不在空間與時間中的，以及康德強調兩者實在性的不同程度。

替各方辯護時有很多東西可以說。兩種對象的理論者可能會宣稱康德說物自身和顯象彷佛是一事物的兩面，只爲了說出它們是不相容的，因而強調在存有論上區分它們的必要性；而當他說到顯象時，顯象彷佛在另一種描述下是物自身，他這麼做只是爲了避免我們把顯象等同於柏克萊式在我們心靈中的觀念。兩種對象的觀點也可能與一個複雜的（Erich Adickes 所闡述的）「雙重影響」學說連結在一起，據之主體先驗上原來就受物自身所影響，然後受到第一次影響的產物經驗對象所再次影響，這次是天生具有的種種感官的一種經驗影響。

代表兩種構想的觀點，我們可以注意到的是，我們無法確定康德物自身「不是我們感官的對象」（B306），物自身「全然不同於顯象」（*Proleg* 318）等等任何陳述，接受兩種對象的說法，因爲康德聲稱的不同之處可能不是存有論上的：「對象」可在一種全然認識論的意義上來解讀。而且，我們也許可以宣稱，物自身的概念是某種在存有論上與顯象是不相同的東西，它要嘛僅是負面的與有爭議的，正如討論超驗形上學的對象時那樣，要嘛當它被正面使用時，是一個僅保留給實踐理性的特殊脈絡的概念上衍生的想法。我們也可主張，在支持兩種構想的觀點上，康德使用「物自身」的措詞是一種省略的表現形式，他有時也用「物在其自身來思考」：「在其自身」有副詞的功能，以限制表示事物如何被思考或設想。但可疑的是在所有的脈絡中「在其自身」都能用這種方式來看，康德在〈背反〉中便以一種不適合這個意義的方式談到「世界自身」，而無論如何這個語文學的論點似乎頂多可建立的是，康德術語的文法不會使他在所有的脈絡中採取兩種對象的觀點。

既然康德文本本身無法在這兩個觀點間作出抉擇，從對先驗觀念論達到一種融貫詮釋的觀點來考量各自的得失就是適當的。

那些採取兩種對象觀點的人典型上（雖不完全是）繼續指控先驗觀念論不融貫，由於（如上所討論過的）種種困境據稱圍繞著範疇在經驗之外的應用，以及由超感性的對象所影響的想法。於是，那些替康德物自身學說辯護者（允許不只一種有爭議的解讀）傾向於成為兩種構想觀點的支持者。採取這種觀點的令人信服的理由是，當對物自身提供一個直接的證成，就不再需要存有論上不同對象的任何世界：我們已經有對於關聯到顯象的證成，由之我們可以得出一個對關聯到物自身的證成，單藉著把這些看成在一個不同的描述下挑選出來的相同對象。此進一步的描述必須該被保證。康德對影響的談論濃縮為我們受經驗事物影響的觀念，或許是在一非經驗的模式中思考這些經驗事物和它們影響我們。雙重影響的複雜性被消除了。

然而，與這種進路相連結，產生了一些問題。就它被設計來提供一個對關聯到物自身的證成，重新把顯象描述為物自身的理由無法得自於一個優先且獨立的假定，即實際上有事物在其自身的一種方式。因此，這理由必須來自方法論的考量。在這點上，我們可以說因為先驗反思把事物看作我們所認識的那樣，亦即顯象，這強迫我們也把事物想成是從我們的知識抽離出來的，如它們在其自身那樣。但我們不清楚的是，思考從認知抽離的事物的方法論指令有什麼意義，因為我們不明白為什麼抽離與認知的關聯應被認為是留下任何要去思考的思想對象或指涉對象。為什麼思考經驗對象減去認知應該會比思考經驗對象減去其存在，或者消除其偶數性質來思考數字2要更有內容？我們或許會想到，智性直觀的想法是藉由承認一個在其自身被思考的事物是一個在智性上可直觀的事物，來回答這個問題的。雖然這是真的，它卻無法提供遺失的正當理由，因為理性仍想假定一個給予感性直觀主體的對象允許自身被思考為是智性直觀的對象。我們可以理解，對象一般，即一種某些或其他種類的主體之對象可以被當作物自身，如果這只意味著它開放一個知性直觀的主體之對象有待確定。但說一個對我來說的對象，一個由感性直觀主體確定爲已知或可知的對象可如此加以思考，就不是同樣可理解的。總之，方法論的思考方式似乎足以證成對「物自身」（經驗的對象並非物自身）一種非關聯性的使用，但卻不證成有關聯性的使用。

即使上述的困難可以解決，方法論的進路要面對另一個嚴重的反駁。它從顯象與實在的對比中，分離出顯象與物自身的對比：物自身不再結合康德明白意指的具有比（「本身眞實的」，Bxx）顯象有更大實在性的意義。方法論進路的傾向意味著「物自身」正是指「脫離我們關於它的知識來思考的事物」，而當這確定是康德所認爲它的意義一部分時，它就不是全部意義。像是對之前思考過的先驗觀念論的無神論詮釋，這種說明無法觸及康德對較低的顯象實在性的觀點。

我們可以觀察到的是，對於這些困難的補充，如前所述，如果有另一個合理化物自身存在宣稱的選項，那麼給予兩種概念觀點優先於兩種對象觀點的動力便傾向消散。兩種對象觀點通常被反對爲是形上學上極過度的，但假如它所參與實行的最小內容幾乎消失的話，也不容易用什麼標準（缺乏支持實證論的宣言）看出它會成爲如此。無論如何，很難看出任何存有論節儉的原則爲什麼應被想成在先驗反思的脈絡中具有有效性。

一種分離的觀點

然而，這不是說我們應接受兩種對象觀點。因爲一則很難把所有康德的兩種構想的談論打折成僅是啟發性的。再則，現在可以指出許多康德陳述提出某種不同於目前被思考的兩種觀點：「無疑地，確實有相應於感性存有者的智思存有者存在；也有與我們感性機能無關聯的智思存有者存在」（B308-9）；「換言之，問題是與任何那種〔感性〕直觀完全脫離的對象是否存在……這是只能用不確定的方式回答的問題，就是說由於感性直觀不能不加區分地擴及一切事物，所以就爲其他不同對象保持開放」（A287-8/B344）。還有從（一七八三年八月十六日寫給孟德爾頌）的一封信說：「這可能經驗的領域並不包含所有的物自身；因此除了可能的經驗對象之外，還有其他的對象」。這些陳述可以說不支持兩種對象觀點，甚至於挑戰物自身與顯象的關係有一統一的概念化過程這個假定。它們建議有兩種情況要加以區別：物自身作爲顯象的基礎（它的存在是已知的，因爲理性之前給予），以及物自身作爲存有者滿足諸如上帝的概念（它的存在是未知的，它的概念是權宜的）的本體概念，這些對象與顯象顯然是非同一的。前者在兩種概念方面被設想，但後者卻需要兩種對象的模式。

不確定性

我們接著進行到第三個分離的觀點，據之康德的立場是有些物自身能在存有論上知道與顯象不同，有些則否。然而，在這裡有個把物自身的概念一分爲二的風險，而一個較好的結論如下。

達到物自身與顯象之滿意構想的困難不只在於對康德表達的選擇反覆不定，而且在我們經驗到難以處理先驗反思脈絡中的對象觀念有其根源。我們在此的處境是無比艱難，在任何經驗的脈絡上要辨認對象都是要加以考慮的。首先思考的是對於康德的經驗實在論來說很重要的，先驗反思應帶有一種對象性的**意向**構想來進行，據之足以把某物看作對象，並先天構成，且被主體所當作如此。如果康德對顯象的說明沒有遺漏其**眞正**空間－時間性質可以斷言的對象，那麼先驗觀念論會不得不宣稱覺察到顯象相當於扭曲覺察到實在。其宣稱會是沒有空間和時間必然性的對象，呈顯給我們彷彿是如此，亦即它們其實不是，因此必然會被我們這種主體所**誤解**。甚至更有問題的是，由此可得出顯象只有從人類的觀點來看被當作是對象，以及其實以先驗反思的觀點來看，它們不是這樣，那只是事物呈顯的錯誤方式。我們也許可以這麼說，由此可得出只**似乎有**顯象存在。爲了要從人類的觀點擔保對顯象的對象構想，先驗反思因此必須承認一個意向的對象性構想，而當然這個構想是在〈分析論〉中（具體關聯到空間－時間中直觀的對象）而得到闡明。

這允許經驗判斷被設想爲事物（顯象）眞實性質的客觀判斷，但是它卻產生兩種構思觀點的困難，因爲物自身不是在意向意義上的對象。爲了要把顯象與物自身視爲兩種對象，以及是同一對象的兩種面向，需要一種對對象性不同的、非意向的構想。物自身的眞正概念需要一個對象的非意向意義。現在先驗反思完全有權使用這種構想，但它在如下範圍內讓兩種概念觀點聲稱的同一性變得難以理解，第一，據說要是同一的對象是在十分不同意義上的對象；第二，在這些意義上，顯象與物自身意義也不是各自的對象，似乎就如同是它們是一個對象的兩個面向。於是，有個困境隱含在兩種概念觀點的陳述中，也就是，作爲意向意義上對象的顯象與作爲某種其他意義上對象的物自身的同一性，似乎是無法說清楚的。然而，在先驗反省思中，對象意義的異質性也不支持兩種對象觀點：假如顯象是與物自身迥然不同的對象，它們被設想爲「兩種對象」的意義也同樣模糊難解。

我們被導入的有關對象在先驗反思中的對象同一性的困惑指出了第三種觀點，也就是先驗反思無法確定辨認顯象與物自身的關係。我們既沒有被迫把物自身概念化約為顯象的非經驗面向概念，也無權宣稱顯象與物自身是必然非同一的，我們可以說，這都符合康德自己設想物自身的多變方式，以及我們知識限制的一個適當的結果。雖然先驗反思揭露物自身的存在是顯象的基礎，它並未允許我們說物自身與顯象是或不是「同一事物」。為了要這樣做，我們需要能說在經驗範圍之外區別對象的東西是什麼，以及區別同樣一個對象的諸多面向的東西是什麼；還有區分在「對象」的存有論意義上的對象的東西是什麼，以及在知識論的意義上又是什麼。這預設了我們無法擁有的，對物自身個別化的原則的把握。我們在思考物自身時，並不因此思考任何我們能確定它和顯象有關聯的東西：最多只能說某些脈絡（像是人類自由）提出一種比其他設想它們關係的方式更強的方式。

這解釋了兩種對象觀點與兩種概念觀點的對立為何會陷入膠著的困境。因為「對象」的意義不以任何單一的方式被固定，兩種對象理論者總是能訴諸一種對象的意義，其中顯象與物自身不是同一事物，而兩種概念理論者則訴諸一種不同的對象意義，它讓兩個世界的談論變成是多餘的。每一個都能把另一個當作是使用一種誤解了存有論事實的對對象性的構想。若且唯若每一邊都證明另一邊設想對象同一性的方式是錯誤的，才能確定此論證。但這如上所述，要預設把握了只能從超驗觀點才有效的對象性，而先驗觀念論否認我們有這種觀點。因此沒有意外，先驗反思應該缺乏確定論證所需的資源。

基於這些理由，我們或許可以下個結論，從進行先驗反思的一個有限認知主體視野看，這兩個觀點之間是沒有什麼爭論的：除了像人類自由的具體脈絡外，無論我們說有一個世界被設想成兩個方式，或者兩個世界，都是無關緊要的事。

自我的先驗觀念性

如我們所見，康德主張先驗的理想性擴及到自我，如同它擴展到與它不同的種種事物一樣。康德明顯地區分自我知識的兩個面向，即內感官與統覺，後者提供不確定的自我認知，而謹愼地被設計來當作他的正題，即我們不認識作爲我們在我們自身的自我。然而這個宣稱面臨到特別的困難，即一些不處理先驗觀念論一般的實例，且這些引導一些人認爲在這情況下，我們的知識對現象的限制會崩潰（有人力陳是推翻康德的整個形上學）。

基本上有兩個問題。第一，藉著康德自己的說明，我們有很多確定的但非經驗性的有關自我的知識，暗指我們在這裡終於必須把自己當作穿透到某種東西的本性如它在其自身。比方說，我們知道自我是如何按照其功能構成的，它執行不同的綜合指令，以及「先驗的心理學」標題下的每個其他東西。所以即使〈誤推〉成功地證明理性心理學無法取得關於作爲物自身的自我知識，而康德自己對統覺的說明避開了那個信念，康德似乎仍藉由不同的先驗途徑完成了像是理性心理學所做的工作。

第二，康德所突顯的替自我理想性辯護的論證（在〈感性論〉的第二個〈一般觀察〉，

B66-9，以及B版〈推證〉的§§24-5，B152-9）遇到困境。它說自我知識不能屬於先驗上是實在的某種東西，因爲它預設了影響（被動性）；自我的知識作爲物自身被充當智性直觀的主體，它不受感性限制，在任何方面都不會影響自己（其自我直觀僅是「自我活動」，B68）。在這裡的問題是因爲自我知識著名的特性，說自我受動眞的發生的意義似乎足以與懷疑那個結論的外在影響相異。

第一個問題的處理可以用堅持差異，在〈推證〉及〈背反〉中已說地相當清楚，在自我作爲先驗的主體性或是對象的條件之間，以及自我作爲物自身或本體之間。兩者都是非經驗的，但是對於前者康德意指歸於先天綜合，且站在經驗的邊緣，而非遠方。它依然固定在那界限點上，因爲在先驗哲學中我們概念化我們的主體性全限於有關對象的可能性。因此認識有關它所綜合的先驗自我等等，等於認識它只作爲經驗構成的綜合來源，而如果有不認識非關聯的基礎，它即是這綜合的活動（智性直觀必要的條件）。因此，它不是認識作爲在其自身的自我。

所以，雖然廣義地說我們先驗上所知的自我與其他物之間有不對稱是對的，這卻不應該與顯象知識和物自身之間的對比相混淆。最終，所有它等同的就是主體在主—客關係中有優先性的事實，這種關係的最高條件是它自身的主體性。這是使它看來彷彿是什麼，且它提供了我們的自我知識比我們關於任何其他東西的知識更深這個最好的見解。

第二個問題的發生是因爲內感官與外感官間無可否認的天壤之別。內感官沒有屬於它自己的雜多（Bxxxix[n]）：康德說它的「材料」只由對外在對象的直觀組成（B67），而這些對象的直觀活動似乎沒有包含知覺或其任何類似之物。自我意識排除了意識與外在知覺中的對象，或意識同種類的被動性間的差異。這使得我們很難看出一個蘊涵著觀念性的說法如何能被說是關於內感官。康德有正當理由主張，爲了讓內在直觀產生自我知識，亦即爲了讓我們得以認知內在表象的流動以及讓自我被確定爲經驗上實在的，有必要把概念性內容引進內在直觀。如康德在〈推證〉中所說，帶有「其結合直觀的雜多的原始力量」的知性必須「在內在」「規定」內感官，內感官「因而受到影響」以及在其中產生「雜多的結合」（**B153-5**）。這種知性的活動可能確實被描述爲自我受動，而康德可能宣稱他的自我知識的理論至少跟驅散環繞這想法的弔詭氛圍的任何其他東西一樣有效（**B155-6**）。但他在這裡所預設的是一種影響，其中（內感官的）雜多的形式（時間）變成確定的，而不是雜多在其中被創造且最初接受到形式。

這意味著對康德而言，藉由直接訴諸自我經驗的時間性，以演練要建立自我的先驗觀念性的〈感性論〉的論證是不夠的。我們可能想到的是康德會簡單地主張：對象一般的可能性預設了若干先驗的條件，內在的對象在此情況是由時間來提供，而時間作爲感性的形式，必須被認爲是在先驗上觀念的；因此，僅在時間中被認識的自我在先驗上是觀念的（康德似乎會去主張像這樣在〈感性論〉中對時間的先驗觀念性的討論，**A32-6/B49-53**）。但這論證並未成功，因爲既使〈感性論〉已證明**外在的**對象有關其時間性在先驗上是觀念的，也不表示它已對**內在的**對象做了同樣的事。它需要證明而不是僅是假定自我知識在某種相對類似於外在的知覺的意義上預設了感性，且此預設被內感官與外感官的種種差異所破壞。因爲相同的理由，即對從同樣角度來看待內在與外在的任何清楚的需求，在把自我當作先驗上觀念的〈分析論〉沒有現成的根據。

這不是說，我們與我們種種心靈狀態的直接性，在我們如何經驗我們心靈狀態（它們的 *percipi*）與我們如何假定它們存在（它們的 *esse*）之間，如我們能在物理對象那樣嵌入一個楔子的事實，**蘊涵**了我們心靈狀態的先驗實在性；由這些考慮而來的是一個客觀的眞實，那就是我們的經驗具有時間的形式，亦即經驗的而非我們自己作爲有時間性的先驗實在性。重點應該是一個懸在把先驗實在論的概括論證應用到內在對象之上的問號：爲何自我自己的狀態不應正是沒有先驗條件的中介而被給予的對象？在那種情況對象的時間性（雖然不是外在對象的時間性）將把那些內在對象的特性刻畫爲它們是在它們自身。

在這點上値得注意的是，只要自我的先驗實在性或觀念性的問題至今尚未解決的，康德就毋需追究這件事，因爲他憑著他的見解可以依賴他的道德理論去解決這個爭論。如他在第二批判說：「雖然思辨性的（第一）批判的無可置疑的主張令人感到奇怪，**它說即便思想主體在內在直觀中對它自己來說也只是顯象**，這在《實踐理性批判》得到如此完全的證實，以至於即使第一批判根本沒有證明這一命題，我們也必須想到這點」（*CPracR* 6；康德在 B430-2 預見這結果）。然而，在《批判》有意爲康德的實踐哲學鋪路，使它更容易被人接受的程度上，它應該說一些讓我們正面支持這個自我在先驗上是觀念性的論點。

經驗體系中的自我

考慮到自我在康德整體經驗理論上的位置，我們就能有所進展了。在〈分析論〉中我們學到，我們自己在時間中存在的知識預設了經驗單一系統的結構，在其中我們的表象受到我們的外在對象所約制。現在只有當我們的表象若不完全從屬於作爲外在對象的同樣先天原則，則至少部分與之結合，這樣的一個好系統就是可能的。因此，內在對象可被賦予與外在對象的相同的、內在世界上的地位是必然的，而因爲外在對象只是顯象，所以自我的狀態也必須如此（在重新概念化的這點上，而不是在之前，主體在熟悉的經驗意義上取得**心理學的**種種性質）。因此，雖然自我的先驗觀念性不是得自於僅作爲知性活動的自我受動，卻是得自於活動所蘊涵的在經驗秩序中的自我對象化。這也解釋了康德爲什麼應該在一點上提出（B67）先驗的觀念性把自身從外感官的材料轉成內感官的材料：它這麼做，不是因爲意識一般必然呈現出任何它所意識到的東西，而是因爲兩組對象必須被納入一個同樣的顯象系統中。

最後，我們應該強調這整個議題的重要性。如果我們有關於自我如它在其自身的知識，那麼先驗哲學就可轉變爲關於一個眞實存在對象的確定知識：關於我們的認知模式以及經驗的條件與結構的先驗知識，變成等同於關於自我的結構與能力的知識。在那情況下，以我們的認知模式來解釋對象的哥白尼式策略就等同於按照一個具特殊地位的眞實對象，即提供一個基本的**存有論**條件給所有其他對象的自我，來解釋對象。康德的先驗的經驗理論於是變成一種先驗實在論（雖然是一種新的）。因此，將自我知識限制到自我作爲顯象是康德的哥白尼式計畫的一個根本的伴隨之物。

（在這脈絡中，値得注意的是康德鮮少談及我們關於我們認知模式的知識地位這個問題，以及我們如何得知先驗哲學的種種命題，這些是常常歸入「後設批判」標題下的議題。如第十章將會指出的，他觀念論的承繼者大多未參與任何對康德的後設批評理論。）

進入，且待在康德的哲學體系之內

我們已經了解雅可比的論點是，康德的哲學體系包含了一個未證成的悖論。說我們的知覺對象在先驗的（而沒有其他的）意義上是在我們之內的，且這些對象（在先驗的意義上）預設了某種外在於我們的東西，我們關於這些東西可以有否定的和存在性的（但沒有其他種）知識，這並沒有矛盾；我們知道自己要被某種不可知的東西所影響。而雅可比誤以為，我們對我們所知覺的客觀性基本信念是與康德對經驗實在性的說明相矛盾的。

對雅可比來說，康德的圖像似乎是自相矛盾的，因為他沒有保持經驗的和先驗的兩個層次的分別，因而把物自身與顯象之間的關係誤認為是經驗範圍內的一種關係。這讓他認為，康德的物自身學說好像是把洛克的實體學說與柏克萊否定有與我們觀念之外的東西的關聯存在結合在一起，好像它是柏克萊的存在與意義理論重疊在洛克的因果—表象之知覺理論的產物。事實上，如我們所見，康德不是引入物自身來修正柏克萊式對於對象的另一種構想；此構想對康德經驗實在論的貢獻並不像雅可比所認為的那樣粗糙直接。物自身存在作為顯象的基礎是一個特殊的先驗命題，且讓此宣稱遠到而不超過知識的界限。如果為了認知經驗的界限，而有必要開始採取第二個對我們觀點的觀點的話，那雅可比就是對的，但這不是必要的；與物自身的關聯可以從我們觀點的邊緣開始。如康德所說，允許且確實迫使我們走向此邊緣的是經驗有界線但不會限制自身的想法，就如我們的思想超出我們認知範圍的這個事實所證明的那樣。

按照批判哲學的說法，我們認知狀態的特質是，我們只可以藉由關聯到在它之外的觀點而把握到約制我們知識的那個觀點，在其中我們可以形成一種構想，卻無法占據該觀點。這個關聯在物自身的預設中已表達過了。只要我們在先驗實在論之內運作，而認爲人類認知的正確哲學圖像必須是像實在本身那樣，是不帶任何觀點性的特色，在此觀點方式再現我們的情況就將會是不融貫的。然而，康德的哲學在先驗實在論並非觀點性的意義上，注定是觀點性的。

根本上區分先驗觀念論與其批評的因而是一種後設哲學的差異。先驗觀念論主張，人類的知識能說明它自身，且在這麼做時可以認識實在：它假定人類知識的基本條件是等同於實在的構成要素，且對於自身不能被認知的認知沒有什麼是必要的。先驗觀念論可以說採取實在的觀點，並試圖把我們對實在的觀點融入實在性自身的結構，此結構把主—客關係歸入實在與它自身的關係中。它因而主張，關於認知的情況沒有最終的觀點。相較之下，先驗觀念論主張認知受到自身無法被認知到的種種條件所約制，就像對象被認知那樣，從而人類的知識只有藉著與它領域之外的關聯才能說明它自身。因此康德有對我們認知情況的觀點性圖像，且它闡明了在使對象對我們成爲可能的種種條件，以及辨認實在的基本構成要素之間所作的對比。先驗哲學的命題於是必須被理解爲表現了表**象的必然性**：它們都有「我們必須再現它爲……」的形式。依照這種說法，哲學的知識並不包含對象的知識，亦即關於它們一般特性從而關於實在的知識，而只包含關於對象知識的種種條件。知識只是我們觀點的「外形」。對觀點的想法意指我們知識的貶值，但在康德這只在有關我們認知對象的總體存有論地位時發生：固定我們世界的人類觀點自身，也自我固定。因此，既使沒有洞察到這種超出統覺的統一之固定的基礎，固定對我們來說仍是可能的，康德觀點主義的結論與相對主義正好相反。

就先驗觀念論露出它服膺於我們認知情況的無可逃避的觀點性特徵眞正的特性而言，雅可比反對說先驗觀念論是混淆不清，這是得到證成的。就康德哲學體系與我們認知情況將以非觀點性的方式來闡明的期待相矛盾而言，進入康德哲學體系有一個困境。然而，此體系是從思考構成我們作爲主體的同一性的那個觀點這個任務的方面，在自身內承認並解釋這個困境的。而由於解除了康德哲學體系內部的這個困境，雅可比應已發現留在其中是毫無問題的。

第九章　完整的批判體系（〈純粹理性的法規〉）

如果我們回想〈前言〉所設定的哲學任務，便可以了解就康德至〈辯證論〉的結束所完成的一切而言，形上學的問題在一個重要的方面上仍然沒有得到解決。這個原初的問題是，儘管哲學中眾說紛紜的嚴重程度讓任何形上學知識的宣稱變成是空洞的（獨斷論是無法令人接受的），人類理性仍即刻迫切需要形上學知識（漠不關心是無法令人接受的），且道德與認知的合理性也預設了形上學知識（懷疑論是無法令人接受的）。康德已證明一種形上學知識是可能的，它足以保全認知作為一種理性現象的構想，以及從而保全我們作為一種理性存有者的構想，這對立於休謨如下的主張，由於我們知識的種種限制，我們必須放棄上述這種構想。但康德還未解決〈辯證論〉所證明的關於超感性實在的知識是不可能的，以及因為我們對形上學的自然傾向（「在超出經驗界限之外找尋堅實的立足之處乃是我們無法根絕的欲望」，A795/B823）和對道德的需要而加諸人之對超驗形上學的需求，這兩者間依然存在著的衝突。如第一章所說的，康德對道德的觀點是需要形上學的，這讓他終究無法接受休謨放棄形上學與理性而擁護自然。因為康德哲學的動機便是以這種方式與道德的命運休戚與共，除非先驗哲學解決了道德（和宗教）與科學式世界觀的衝突，它才得以穩固。

康德在〈前言〉告訴我們，儘管《批判》不會提供一個道德理論，它卻包含了替道德的適當基礎所做的一個根本預備（Bxxv），此預備接著替宗教提供正確的、合理的基礎，康德宣稱「已發現揚棄**知識**，以讓出空間給**信念**是必要的」（Bxxx）。康德在掩藏於〈先驗的方法論〉中的，而帶有那個沒什麼前途的標題「純粹理性的法規」的一個章節中，提出了他解決形上學問題策略的最後一個部分：亦即闡明了批判哲學能夠藉由證明經驗形上學，以及批判超驗形上學，使理性和諧且使道德秩序變得有效。如此一來，〈法規〉就為批判哲學未來的發展提供了一份計畫書，以及為整個批判體系提出了一個初步的概要，其基本計畫等於是回答三個問題（A804-5/B832-3）：

1. 我能夠知道什麼？
2. 我應該做什麼？
3. 我可以希望什麼？

其中第一個已經在《批判》的主要部分加以答覆了。康德對第二個和第三個問題的回答則在〈法規〉中來概述。

「我應該做什麼？」道德法則

我們表面上完全看不出，康德在〈辯證論〉的結束時能實現〈前言〉所承諾的對於道德與宗教的辯明。無論我們從康德替上帝概念所做的反無神論辯護得到什麼，不只依靠於信仰恣意轉變的宗教前景似乎極爲渺茫。同樣不明顯的是，康德能使道德價值更爲有意義。他不能允許道德依靠於關於上帝或任何種類超驗領域的知識：猶太—基督教的道德認爲我們是服從上帝律法的不朽靈魂，《批判》斷然摧毀了此道德基礎。批判哲學不允許道德具有對普遍道德眞理那種直接、先天的領會這樣的來源，因爲這種來源會摧毀道德知識觀點所要求的知識論。此外，〈分析論〉替牛頓特有的自然秩序的構想辯護，在此構想中道德價值不是根本的部分。這似乎讓道德的善以某種方式出於種種自然的事實而得到建構。但康德藉著把自然化約到一個只展現機械因果性的形式單元，他排除了任何在目的論上思考我們自身的客觀基礎，像是具有有待實現的自然目的，從而阻止在亞里斯多德的德性倫理學基礎上，健全刻畫出人類的特性。

於是，對批判哲學來說，唯一可能有效的就是效益主義式的或是主觀主義式的道德構想，此構想乃是一種在經驗上以某種方式立基於人的欲望和感受的倫理學理論：由於《批判》的形上學把所有可知事實化約爲經驗事實，而這些事實全然是非規範性的，所以任何其他形式的道德實在似乎就被排除了。進一步來說，審美價值的後果大抵上也是相似的。但康德正是抱著想避免休謨的情感倫理學，並根據盧梭所概述的更深與更穩固的路線來重新構思道德的觀點，而從事《批判》的工作：所以如果從《批判》遺留下的材料建立的道德只能是效益主義式的或是休謨式的，就康德在他的理論哲學中強烈反對經驗論，卻迫使他自己接受經驗論關於道德價值的想法（這種想法是，道德與一般人類價值是我們喜好與感受的作用，而只具有偶然的、後天的基礎）而言，會是一個極大的諷刺。康德《批判》有道德意涵的宣稱，至此似乎十分令人感到困惑。更一般來說，從充滿意義的人類活動的觀點來看，《批判》的景觀似乎是荒涼的：即使它的世界是由我們的心靈所構成的，我們身處其中卻無法立即在任何深刻的意義上感到自在。難怪有一個康德的同時代人（雅可比）竟指控康德式的觀念論會傾向虛無主義。

倫理學上的哥白尼式革命

但如果康德是對的，那麼認定這一切就是重蹈《批判》所批評的中心的、先驗的實在論的覆轍：那就是從對象，而非主體來尋找證成的來源。根據康德的說法，在無論是經驗的或是先驗的實在的世界尋找價值的根基與道德的基礎，就是找錯了地方，而所有先前道德說明的不足之處正是在於，那些說明試圖把道德要嘛建立在如上帝的超驗對象（「理性論式的」倫理學），或是建立在如我們自身作為自然存有者這樣的經驗對象（「經驗論式的」倫理學）。正確構思道德的關鍵在於第二次的哥白尼式革命，這次革命涉及到實踐理性。相對於之前已把倫理的優位性賦予一些或其他關於善的構想，康德把倫理的優位性賦予主體意志的力量。

康德假定，人的行動是首要的理性運用。這首先意味著，理性在實現我們經驗的種種本性，亦即我們關於對象的經驗提供我們行動的動力，向我們提出的任何目的過程中扮演著必要的角色。在我們追求這些（由康德稱為「愛好」所決定的）目的之範圍內，理性並沒有設定任何自己的目的：用休謨的話來說，它僅只是熱情的奴隸。現在如果康德對道德的說明與他對理論知識的說明是相稱的，那麼從屬於自然（愛好）所設定目的的實踐理性的觀點就確定了人類行為中理性牽涉到的限制。因為在理論的範圍，我們智性機能的合法角色僅限於進行統一且為經驗材料給出形式，相對稱就會蘊涵理性在實踐的範圍能做的頂多是創造手段與目的的統一體（判斷必須做什麼以使特別的愛好得到滿足），並且把我們的傾向組織為融貫的行動計畫（判斷哪些愛好與其他的愛好一致，並決定它們的優先次序）。

然而，根據康德的說法，這種關於實踐理性的有限想法是不眞確的，因爲實踐理性能夠獨立於愛好來決定自己的行動，而當它這麼做時（沒有受到其他條件約束），它就在道德上決定了自身。康德對這個宣稱的論證十分複雜，而在〈法規〉中只稍微點到。因此，康德在晚期的著作插入開展倫理學的著作（《道德形上學的基礎》和《實踐理性批判》）：康德從日常的道德意識著手，這種道德意識主要且顯著的特性是，道德法則「以絕對的姿態下命令」而不是僅「在假設上」，也就是說，那些那道德法則沒有假定經驗目的而要求有效性，不像實用的「明智規則」是得自於幸福的動機，而只告訴我們如果我們希望我們的愛好要得到滿足，我們必須做什麼（A807/B835；亦見 A800/B828）。康德主張，這種假定可以訴諸「每個人的道德判斷」而獲得支持，且可以用責任的日常概念來清楚表達：如果我的責任是要做Φ，那麼我就有義務去做Φ，無論我所諮詢的欲望告訴我要做什麼。現在如果道德法則在這種方式下是必要的，基於眾所周知的康德式理由，那麼它必也須是先天的。康德主張日常道德意識的另一個中心事實決定了同樣的結果，換言之，我們把個人的道德價值當作單單取決於其意志的品質，也當作獨立於任何其他事物的善的東西，沒有其他事物可以與之相提並論，亦即「無條件的善」。康德主張，這迫使一種賦予（爲了獨立於愛好的責任而從事的）行爲道德價值的行爲想法，以及既之而有的一種責任的動機在於尊重或敬畏道德法則的想法，再次必須是先天的法則。

因此，如果道德不是荒誕不經的計畫，那麼必然有某些行動的原則存在，那些原則是先天的且是限制一切理性行爲者，不管他們是否是偶然經驗的構成。康德主張，唯一能滿足這先天性與嚴格普遍性的條件的原則是定言令式，以各種方式被陳述爲「除非我也願意我的格律（以一種普遍化和非個人的形式表達之我的行爲的理由或根據，替它證成後，我能訴諸的一個規則）應該成爲一個普遍的道德法則，否則我絕不應該去行動」（*Gr* 402-3）；以及（康德同樣主張）是「如此行動，無論在你自己人格還是任何其他人人格中的人，你始終同時當作目的，絕不只作爲手段來使用」（*Gr* 429）。康德指出，在一個行爲者能夠按照這個原則來決定自身的程度上，他就是自律的或是自我立法的，因爲引導他行爲的法則會是出自於他自己作爲理性行爲者的本性的法則，也是他沒有由本性（廣義地說包括他自己的經驗構成）來決定這麼做而規定自己的法則。現在顯然，只要人類的行爲者擁有相對於僅是實踐的，康德就稱爲先驗的那種自由，這種康德稱作「純粹實踐理性」的超乎自然的自我決定是有可能的。

然而，把道德奠基在先驗的自由的直接困難在於，先驗自由的概念以被證明是有困難的。康德的解決之道是去說，我們是否眞正擁有道德所需之先驗自由的問題「是一個在實踐領域與我們無關的問題」，且「在理性實踐運用的範域內不會產生此問題」：「它僅是一種思辨的問題，只要我們意圖思考什麼應該或不應該做，我們就可以把它置之不顧」（A801-4/B829-32）。這點在《基礎》接著得到開展：理性存有者「在實踐方面」必須被假定是「眞正自由的」，且因爲「一切與自由密不可分的法則」正是對一個「除了**在自由的理念下**否則無法行動的存有者」是有效的，正如那些法則對一個其自由可由理論理性證明的存有者是有效的，從一個實踐的觀點假定自由便脫離了必須「在理論方面證明自由」的責任（*Gr* 447-50），儘管它當然要求自由在理論上要是可設想的。因爲先驗自由的觀念在於現有的、已由理論理性預備好的，我們全然有權把我們的道德意識當作理性自我決定能力，亦即純粹實踐理性能力的表現：這獨特的先天「理性事實」提供了相當於道德法則的推證。

康德在對第三個二律背反的批判式解決之道中主張，先驗的自由預設了先驗觀念論的形上學；否則它不是可思考的。雖然〈法規〉沒有明說，康德在《基礎》和第二批判卻肯定道德必須被認爲是預設且使本體的自我與行動者的概念得以應用，從理論的觀點這仍是權宜的。道德法則因而提供我覺察到自我，在某個方面就如同理性心理學所宣稱的，它揭露出我意識到我存在包含了「某種先天的東西」，而這種先天的東西使我與「一個不可感知的智性世界」相關聯；雖然它不允許我宣稱任何關於我自身的更確定的知識，且當諸如因果性的範疇具有的意義運用於道德—實踐的脈絡時，它是嚴格類比的（B430-2）（這種表現道德意識的形上學觀點再度表達了康德在《通靈者之夢》首次提出的想法）。

在這點上，我們就很清楚康德在〈前言〉所陳述的意義，也就是《批判》的正面價值在於其對道德的貢獻（Bxxiv-xxv, Bxxviii-xxix）：若對形上學的批判沒有帶有先驗觀念論的涵義，就無法支持人類自由的可能性，且因爲道德「（在最嚴格的意義上）必然預設了自由是我們意志的性質」，於是道德將「必須屈服於天性的機制」，實踐理性對感性界限的超越會被毀滅。先驗觀念論必須讓道德擺脫它之前依賴理論理性的思辨運用的命運。雖然批判哲學沒有證明人的自由，但它至少允許我們思考自由，而這就是道德由於它本質上非理論性的本性所要求的。

康德的道德理論揭露出，行爲的先天結構以定言令式的形式，類似於經驗的先天結構，二者不同之處在於，經驗的先天結構必然在現象世界中實現，且如實際所是那樣顯現給我們，而行爲的先天結構則最初顯現給我們什麼應該是事實，且只在我們行爲實際上是出自於道德法則時，才符合實情：它在現象世界的實現在實踐上是必然的，但從理論的觀點來看卻是偶然的。世界「就它合乎道德法則而言」，即它可以是理性存有者的自由行動的結果，且它應該按照道德法則，康德稱之爲「道德世界」（A808/B836）。道德世界是在康德的前批判時期的《通靈者之夢》中，所假定的精神世界的批判性後繼者。在這樣的世界裡，每一個理性存有者的意志乃是置於「使意志進入包括自身和每個他人的自由的完整系統性統一體」的種種法則之下。雖然道德世界的觀念純粹是智性的（因爲它不與任何經驗的東西相關聯），它在這個首先是感性的世界中卻被視爲「純粹理性在實踐的使用上的一個對象」，亦即可以藉由行動來產生。因此它是「實踐的理念」，亦即一個能夠且應該影響感性世界的理念，使感性世界與其自身相符。在《基礎》裡，道德世界被重新描述爲「目的王國」，而在康德其他的著作中，康德主張它的實現需要政治組織的自由與共和原則。

理性的實踐實現

因此純粹理性正好能夠在實踐的範圍內，做出它在理論上所做不到的事：在理論上它被限制在規制性的使用，但是純粹實踐的理性是構成性的，且它的原則有客觀的實在性；所以「正是在其實踐的，亦即其道德的運用上，純粹理性的原則具有客觀實在性（A808/B836；如康德在〈前言〉（Bxxi-xxii）所宣稱的）。道德世界的理念不藉由指涉到智性直觀的對象而獲得客觀的實在性（此對象它是理論理性的理念要得到客觀的實在性所需的），而是藉由指涉作爲純粹實踐理性對象的感性世界來獲得。當實踐理性被非經驗地運用時，它的對象即是主體所創造的東西：它的概念「立即成爲認知而不必等待直觀以取得意義」，因爲「那些概念產生它們所指涉的實在，也就是一個道德上意志的善的決定」（*CPracR* 66）。因爲純粹理性在實踐的領域所做的，是只有神性的、直觀的理智在理論上能做到的，即創造出它自己的對象，擁有非神性的、辯解的理智主體的純粹理性有可能在實踐領域內，完成它在理論領域所做不到的事。

雖然我們要在現象世界中來建構道德的秩序，但道德的秩序不屬於某種超驗世界，在道德判斷中（藉由先驗自由的概念）隱然指涉本體的意義上，它在本體世界中有其實在性。如理論理性所設想那樣，因爲本體的實在性乃是無條件的領域，所以就有一種見解是，我們憑藉道德而與超驗實在性聯繫起來，而《批判》顯示出，渴望要認識超感性者在思辨領域注定是要受挫的，這不是以原本設想的形式，而是以能滿足我們整體理性的那種方式得到了拐彎抹角的實現。道德的預設與理論理性所要求的無限制互相一致並非是偶然的：在更深的層次上，它們是藉由超越經驗實在性的共同指涉而得到統一的。

「我可以希望什麼？」從道德到上帝

在〈純粹理性的理念〉的最後部分，康德根據上帝存在的理據把神學乃分成好幾種，並指出還有一種理據是我們從未被考慮到的，也就是自由的因果性與符合於相應於它的道德秩序（A632/

B660）。因此一扇開向上帝存在的窗戶可能仍是敞開的。康德對此的探究採取如下方式（這概述於A589/B617）。假如像康德自己所證明的一樣，我們擁有關於道德義務的實踐知識，而這知識在理性上是必然的。現在如果我們可以證明這種知識預設了上帝存在，那麼我們在實踐理性所提供的理性必然性的基礎上，就有權設定上帝的存在。這就是說，我們有權把上帝存在的信念奠定在**應該成爲**什麼的基礎上，即奠定在義務的存在上，而不是奠立在**實際**是什麼之上。這就相當於道德神學（不同於神學倫理學以上帝的存在爲預設）。

最高的善

康德爲了證明上帝存在的信念是道德的預設，轉向論述道德與幸福的關係。從康德對道德的分析可知，幸福的動機不屬於道德動機的部分，以及幸福不構成或作爲道德善的理據。康德主張，對任何有限的、感性的行爲者來說，幸福仍是意志的必要對象，而幸福作爲人性的自然目的，它本身雖然不是道德的，卻必須被當作是一個善的東西。現在康德提出一個問題，那就是實踐理性二律背反。沒有先天的保證可以確定道德法則不會與追求幸福有所衝突，甚至會要求捨棄所有對幸福的冀望。於是，如果批判哲學教我們人的行爲者實際上純然是本體的存在者，現象的存在是**幻象**，那麼斯多葛學派那種我們應追求道德善而對幸福的指望漠不關心的學說，在理性上就是可以接受的。但按照康德的說法，人性的感性的那一面並非幻象，而是對它的實在性是不可或缺的。因此，我們不能否定感性上得到的動力是加諸我們的理性要求，如同我們自己天性的「聲音」所表明的那樣

（*CPracR* 127）；康德譴責那個相反的看法爲厭世的。

這意味著，在缺少任何對道德與幸福各自宣稱的分歧點的沉思下，實踐理性分裂成這兩個原則，而我們面對到一種「實踐理性與其自身的明顯牴觸」（*CPracR* 115）。由此可知，人類最終的或完美的善，即康德在〈法規〉所謂的「至高善」，與在第二批判所謂的「最高善」不是獨立於幸福的道德完美：它必須包含幸福在內。但康德主張，最高善也不能只是道德完美與幸福的結合體；一個只是偶然的個體將因爲欠缺它各部分必要之連結，而不能提供實踐理性一個密合歸一的意志，同時二律背反也將無從克服。至高善的幸福因此必須結合快樂價值成爲一種道德價值與幸福的聚集：由於一個僅是偶然的統一體缺乏其部分間的必然連結，無法提供實踐理性一個融貫的且統一的意志的對象，且無法克服背反。最高的善因此必須「與配得幸福相統一的」幸福，也就是說道德價值和幸福的統一體，前者是後者的基礎。單是這點將提供實踐理性一個融貫的目的，讓我們經由獲得道德價值來朝向幸福，以克服其二律背反。

如果有了這最高的善的想法，道德法則就可以重新被表述爲「**去做那使你配得幸福的事**」（A808/B836），因爲它現在被想成是指出「〔一個理性存有者〕的自由能與按照〔道德〕原則分配的幸福相和諧的唯一必要條件」（A806/B834）。

過渡到上帝

現在必須落在（理性上）所希望的範圍之內的是，這分配可以實際得到實現：否則實踐理性它把自己設想爲藉由行使自身就無法帶來任何東西，最高的善便無法作爲意志的對象，而再次陷入二律背反。理性因而被要求提供幾套理論性的判斷，這些判斷將理性化純粹實踐理性運作所預設的希望，而康德主張，這是上帝存在以及靈魂不朽的種種說法顯現其理性必要性之處（A809-11/B837-9）。在我們的道德世界的理念中，幸福是按照的應得而分配，因爲在那裡自由是幸福分配的直接原因。這樣一個「自我獎賞的道德」系統只是一種理念，而在現象世界中，本性或我們行爲的因果性都無法確保與應得成比例的幸福分配。在現象世界中我們獨自可確保的道德與幸福之必然連結是無法得到證實的。於是我們需要假定有一個「**至高的理性**」（上帝）按照其應得來使幸福得到分配，而我們也必須假定發生這件事的世界是「我們在感覺世界中行爲的結果」，也就是「爲我們而存在的一個未來世界」（在《通靈者之夢》中有德者會希望來世的宣稱所預言的一個理念）。因此理性「發現自己被迫假定」一個「在智慧的創造者與統治者之下的智思世界」，「我們必須把這樣的世界及其中的生命當作一個未來的世界」（A811/B839）。沒有「一個上帝也沒有一個我們現在不可見的世界，而只有希望」，那個「璀璨的道德理念」是「贊同與羨慕的對象，而非目的與行動的源頭」（A813/B841），而道德法則將必須被當作是一個空洞的虛構之物（A811/B839）。

有鑒於此，道德或許會被重新設想爲是，伴隨一個神所操控的賞罰體系的上帝的意志，但是在嚴格的條件下我們不應「因爲它們是上帝的命令，就把行爲看作是我們有義務去做的」；而「要因爲我們對那些行爲有內在的義務，而把它們看作神的命令」（A819/B847）。這種道德神學的終極基礎在於，它所禁止的「理性的信仰」必然使我們「履行我們在現今世界的使命」；對上帝存在的道德論證是「先驗的」論證（A589/B617），因爲它關乎（屬於一個道德上善的意志的）可能性條件。理性與信仰的衝突現在被拋棄了，關於信仰的事情已被帶到理性的領域之內，但卻以一種保有（虔信派）的信仰想法的方式，來作爲一種比理智更深的自我表達。康德全然不是虛無主義，說「他的哲學祕密是絕望所無法思考的」（T.W. Adorno）是公平的。

理論理性可以同意那些實現希望的、實踐理性在理論上表述的命題，因爲康德堅持，用來表述那些命題的概念，像是先驗自由，是權宜的（理論理性沒有反對它們的客觀實在性），而因爲這些概念得到肯定的脈絡是實踐專有的（理論理性無法使用它們，彷彿它們在理論的基礎上是可以證成的）。雖然理性的行動者肯定上帝的客觀實在性，以及在實踐基礎上的未來生命是一件眞正信仰的事實，康德卻強調，那不等同於理論上所建立的信仰：上帝的存在與不朽的靈魂只是「被設定的」，信念本身只是「道德信念」，而道德信念的確定性只依靠於道德情感的主觀基礎上（它「源自於道德傾向本身」，*CPracR* 146）。於是我不該說「有一個上帝等等**是在**道德上確定的」，而該說「**我是**在道德上確定的等等」（A829/B857）。

〈辯證論〉否定關於上帝以及靈魂的理論知識的可能性，因此它與康德的道德神學不矛盾，且它確實已證明了我們關於上帝與靈魂的理念的實踐證明是必要的（退回一步已讓我們得以向前進二步）。這是因爲，假如上帝與靈魂是理論知識的對象，訴諸它們將與道德的自律不相容（*CPracR* 146-8），且它們也無法在實踐脈絡中扮演設準的角色。康德實踐理性能導致對上帝的存在的信念的這個理念的深層基本理由再次在於，對在道德意識中內在的感性界限的超越：純粹理性藉由在實踐領域中達到無條件者，它取得權利把自身放在一個位置以在理論理性所設想的種種形式中去肯定無條件者的實在性。

理性的統一性與種種目的

康德因而在純粹實踐理性的基礎上，建立他所謂的一種「實踐的—獨斷的形上學」。在這麼做的時候，他依靠的是一套有關理性的本質的學說，獨立於那些學說則他的推論就不是全然可理解的。說清楚這些也就讓批判體系中人文主義的願景映入我們眼中。

實踐理性的優先性

首先，康德從道德意識所提取的上帝與不朽性的設準，預設了一個他表述爲「實踐理性的優先性」的學說。當彼此獨立運作的二個或更多認知能力導致不同的結果時，就像當實踐理性需要解決其二律背反的方法時「此二律背反是（上帝與不朽的靈魂）這些理念要被肯定有客觀實在性，而理論理性以其自己的手段不把客觀實在性歸於它們」，有關優先性的種種問題便在先驗的脈絡中產生。要賦予實踐理性優先性意味著賦予它有權在此脈絡中解決問題，亦即允許它的「興趣」優先於理論理性的興趣（當然這項權力是有限的，它的條件是理論理性不應因而與自身產生衝突：實踐理性不能要求理論理性假定它所判斷的某種東西的存在是不可能的）。

實踐理性在此意義上有超越理論理性的合法優先性的看法，對於康德道德與宗教的理論是根本的，但當他承認（*CPracR* 143n, 144-6）此學說就它暗示根源於意志的考量可以指定我們所主張爲眞的東西來說，如果不是不理性的，也似乎是奇怪的。康德推論中的不理性的現象要藉由進一步說明他的理性構想中的種種元素來加以去除。

理性的統一性和目的論

雖然我們必須把理論理性和實踐理性再現爲不同的能力，康德堅持它們最終只是一種理性，且它們的運作隨後必然會合而爲一。我們必須把對它們合而爲一的要求當作是絕對的，因爲如果不加以滿足的話，純粹理性將有可能與其自身相衝突，則這意謂著放棄關於理性的想法。理性的統一是「擁有任何理性的條件」（*CPracR* 120）。早在《批判》的〈前言〉（Axiii）便已提出理性是必然統一體的想法。對康德而言，它並非源自（先驗實在論者）所主張的，因爲理性是實在性的表象的一個條件，所以避免矛盾是迫切需要的這個思想，而是來自對（哥白尼式的）主體要能保持判斷的正確性的想法，以及本身作爲理性存有者的相關想法的需要。

如果理性必須是統一的，在什麼基礎上提出這個問題，是什麼原則支持它要求統一。在此先驗的觀念論證明它們對康德的論證是根本的。按照先驗實在論的觀點，理論理性與再現實在性的功能密不可分，這意味著它必須被賦予優先性（更精確地說，對先驗實在論來說不會以對康德來說的形式產生理性統一的議題，因爲先驗實在論者會按照實在性的表象來分析關於理性的想法，把所有理性統一的種種問題化約到正確的問題）。有著不同的認知構想的先驗觀念論，消除之前被當作是決定性的這個基礎，以賦予理論理性卓越性。在它那裡就開啟了一個新的觀點。如果我們的理性能力量基本上不被想成是可以回答自身之外並獨立於自身的某些東西，那麼那些理性力量就可以，也必須被想成是可以回答它們本身。

我們的理性能力在目的論上被設想，且它們在它們之內實現其目的的這個看法，一再出現在《批判》之中。第一，它涉及理性規制角色的學說，按照理性表達爲爲知性設定目的。第二，在〈背反〉（第三部分，A462-76/B490-504）康德按照它們所增進的理性目的來衡量正題和反題的宣稱。他問說，「如果我們只顧念我們的興趣的話」，「我們該寧願爲哪一邊奮戰呢？」（A465/B493），他並觀察到，正題符合理性實踐的目的及其統一的興趣，而反題則藉由剝奪我們「道德與宗教的基礎」，造成實踐理性「無可彌補的傷害」，而阻撓理性的統一要求。第三，康德在〈法規〉中說，所有理性的興趣都導向回答三個問題，即我們能知道什麼、應該做什麼，以及可以希望什麼，他據之而提出理性的終極目的的問題（理性必須有個終極的目的是從其統一性的必然性，以及在目的論上設想理性的必然性而得出的）。由於〈辯證論〉純粹理性用在理論上時無法產生知識的這個結論，康德主張我們可以推得，理性的終極目的不是理論性的，而是實踐性的。有關理性「具有興趣的」的三個對象（A796/B824）和構成形上學探究的「適切對象」（B395n），亦即自由、上帝和不朽性，理論理性的興趣是「很小的」，因爲這些理念對解釋顯象毫無貢獻，而且「在無論如何對**知識**都不是必要的」。但是康德的道德與宗教理論所確立的這些對象的存在，具有很大的實踐意義。因此我們可以合理認爲，自然的目的在於以吸引我們思索自由、不朽性和上帝的方式構成我們的理性，讓我們面對到「**我們應該做什麼**，是否意志是自由的，是否有上帝和一個來世的問題」，也就是引導我們道德的目的。康德是以補充對先驗幻象另一個層次的解釋：理性在實踐理性的命令下擴展自身超出經驗的範圍（「神學與道德是人們致力於那些抽象探究的兩個動機，或者說兩個參照點」，A853/B881）。

主體的能力必須在目的論上被當作是具有種種目的和興趣，這提供了解決康德對〈設準〉論證的關鍵（*CPracR* 121）。因爲關於主體的哪種能力有優先性的種種問題，都是關於其興趣的相對力量的問題，且所有的有關興趣的問題都是實踐的問題，由此可知，優先性的問題都是實踐理性要解決的適當問題。於是理性的統一性必須在於一個實踐理性的原則。在這基礎上，理論理性合理地被要求接受任何解決實踐理性的背反假定都是必要的（提供這些假定不會導致實踐理性與其自身相衝突）。

因此，理性的終極目的不是獲得知識而是意欲最高的善。最高的善具備由純粹理性所設立的目的，歸攝所有其他的目的，並且賦予這些目的的系統性的形式。它因此滿足了理性的「建築學式」興趣（這是在〈法規〉之後的〈純粹理性的建築學〉中所解釋的），以及滿足它把「一切我們的知識都當成屬於一個可能的體系」的需要（A474/B502）。在理性所尋求的體系中，「知識的雜多模式」被帶到「一個理念之下」，以致整體如同在有機論那樣，以目的論的方式規定了它與所有部分之間的關係，而部分都是來自「一個單一至高的內在目的，整體藉之首先首先成爲可能」（A832-4/B860-2）（對康德來說，理性的系統性與目的論的組織化是相等的）。因爲整體理性的終極目的在於人性的道德使命，理論探究本身現在就受到這些道德條件約束：數學、自然科學以及經驗知識一般從它們對最高善的貢獻，來得到它們的終極論點（A850-1/B878-9）。再者，正如有一個我們要去實現的目的，而其他目的都從屬於該目的，所以創造必須被當成是有其人作爲一種道德存有者的最終的目的：對於創造最終的、無條件的目的，沒有任何自然事物可滿足的，所有自然之內的事物都受其約制的描述是，人被設想爲本體，即在他自己之外與之內的自然的超越。自然的世界因而假定富有目的的樣貌來作爲人類追求道德使命的場景，並被歸攝在理性目的之下。最後，這道德—目的論的觀點在神學中登峰造極：理性的道德使用要求這世界「被再現爲從一個理念中產生」，從而導致「至高存有論的完美理想」，亦即上帝，「作爲目的的系統統一的原則」（康德預示他的道德神學且在 A815-16/B843-4 把它與「先驗神學」連結起來；這在《判斷力批判》有適當的陳述，§§ 82-7，在那它納入了上帝的存在的道德論證）。

批判哲學置身於理性目的架構之內並非偶然。如康德在《批判》最後的一節〈純粹理性的歷史〉所指出的，一旦感覺論與理智論，獨斷論與懷疑論以及所有其他的二律背反的哲學立場各就其位，運行無阻之時，《批判》的「路徑」就變得清晰可見。批判哲學帶到「康德說原本是粗糙的且在道德興趣的壓力之下才在文化中演進的（A817/B845）」理性創作的系統性與方法論的秩序，乃是試圖清楚說明哲學理念的長久歷史之頂點（A834-40/B862-8）。按照康德的詮釋，哲學史展現出的是一個理性最先從它自身分裂，然後又與它自身重新統合的敘事。自始理性即由於它實踐的興趣，形成了上帝、自由與不朽性的概念。一旦這些關於無條件者的概念被引入，就被理論理性所取用，而理論理性（不限制自身從事規制知性的任務）在理論上把可知的實在性歸於這些概念。實踐理性因而是原本引導理論理性進入超驗形上學的原因。然而，理論理性對實踐理性擺出最大威脅的姿態，因爲它無法則的思辨導致它表述決定論、自然主義、物質主義和經驗論等等無神論與摧毀道德的學說。批判哲學興起以回應因此產生的理性的種種衝突，並試圖消除原初的錯誤，藉之實踐理性不小心讓理論理性破壞了它，因而確保實踐理性的「所有權」（A776/B804）。這麼一來，形上學就對「眞實且持久的人類福祉」作出貢獻，正如康德在撰寫《批判》多年前所聲稱的，我們有義務去如此做。

康德藉由他的實踐哲學，不僅否認反啟蒙運動那個我們必須背對理性，以便能握住我們的信仰的宣稱，而且也面對盧梭對啟蒙運動的挑戰，盧梭抱怨說人類的文明和理性的運用既沒有帶來幸福也沒有帶來德行。對康德而言，理性與文化是否直接增進幸福與它們受到的評價完全不相干，因爲順著最高善的脈絡，幸福不再被認爲是它們的直接目的。而至於德行方面，對付盧梭的指控的是把道德等同於自律，這保證理性本身，純粹實踐理性對立於理性經驗使用偶然作出的東西，是超出批評的，而且也保證個體仍能從事達致道德價値的任務。

康德的道德理論也產生了一個對關於神義論問題的解決之道。這世界如何在從最壞的可能到最好的可能的等級加以評價，即其固有的好壞，用康德的話來說，這是個沒有理論可決定答案的問題。理性要決定的是我們應當在道德上變得更好，從而更値得有幸福。在這個我們面對到的任務上，人類歷史的過程，即對立於個體的內在道德發展之人性本身的外在發展，採取了一個新方向。歷史是否眞正證明進步且提供樂觀的基礎再次不是個可決定的事實（康德在這一點否定啟蒙運動的自我滿足）。眞正的哲學問題是，什麼樣的歷史觀點在規制上與我們實踐進展的任務融貫，關於歷史我們可以抱著什麼合理期望。康德在此主張，我們有機會設想幾個世代的苦難與犧牲並非徒勞無功，因爲形塑人類社會（實際上，人混合著社會性與非社會性）的自然力量如它依天意所爲，正引領人性邁向其能力的完全發展，以及一個公正合法的政治秩序。

《判斷力批判》

然而，康德在第二批判中所證明的實踐和理論理性的統一，第二批判所帶有這一切分支並不終結批判體系。在《判斷力批判》的導言中，康德承認，就自由與自然各自合法的範域仍相距甚遠（「彷彿它們是兩個不同世界」，*CJ* 176）而言，一個「廣大的鴻溝」仍持續把（分別在人內部與外部的）它們分隔開來。按照康德的說法，理性的統一目前爲止是以一種受限的方式被設想的，而這是他所不滿意的，假如道德法則和自然法則必須「最終在一個單一的哲學體系中」被顯現的話（A840/B868）。爲了深化理性的統一，康德在第三批判對判斷的機能，特別是對在目的論的和審美的脈絡中的判斷進行檢視。後者對康德總結批判事業來說至爲重要。康德分析的形式再次是哥白尼式的：對象是美的這種判斷並不把一些眞的性質歸於對象，而是表達了一種由對象與我們的認知能力有目的的一致所引起的一種愉悅；審美經驗也預設了主體這部分的自主性。康德認爲，在一複雜的方式中，這種判斷藉由表現一對主體來說先天的自然世界的合目的性，而關聯到一超感性事物的新構想，這種構想允許理論理性和實踐理性，以及其相應的自然及自由領域得以統一。

因此，美在批判體系中占有最高的中介角色。它的特有位置依靠作爲「道德上善的象徵」（*CJ* 59）的地位，從而依靠道德意識的條件而十分鞏固。康德也把崇高理解爲根本上是一種道德經驗（*CJ* 28-9）。道德法則向來提供價值流進世界的管路。對審美經驗的批判式詮釋使它前後一致，且本質上與理性意識連結在一起，而與反啟蒙運動和浪漫主義相反，根據它們的說法，兩者並不一致且審美價值也是理性所無法理解的。在審美的脈絡中，如同在所有其他的脈絡一樣，哥白尼式的革命（首先在理論哲學上，接著在倫理學上，第一個使第二個成爲可能）是康德對啟蒙運動的人本主義加以明確表述與辯護的關鍵。

第十章　對《批判》的接納及其影響

我們很難誇大康德哲學的重要性：十八世紀以降幾乎沒有任何主要的哲學運動敢自詡不受他所影響。康德讓現代哲學的歷史不可能認眞回復到之前的哲學思考模式，因而改寫了現代哲學史。《批判》迅速終止了理性論，康德之後的經驗論則對於自身的基礎感到焦慮不安，而被迫採取更爲複雜的形式。除了黑格爾之外，後來的哲學體系都無法與康德的高度並駕齊驅，康德試圖把自然科學、道德、政治學、美學和宗教等不同領域融合爲一個有系統的、包羅萬象的知識論和形上學整體。此外，與其他重大哲學體系相比，康德的哲學體系是那種我們在某種程度上，似乎仍可能整體贊同的體系，而不是那種要拆解才有最大貢獻的龐大體系。因此，關於康德成就的確切性質仍爭議不休。

《批判》所衍生出的種種發展顯露出許多有關這本著作的內容。本章有意提出哪些內容是如何豐富多元的，並追溯康德的思想發揮影響力的一些主要途徑。

對《批判》的隨即採納

從《批判》在它付梓後的幾年內隨即受到接納，顯示它迅速成爲德國哲學興趣的中心，且很快就聲名遠播。那些對《批判》的第一波批評回應所強調的是，批判哲學的種種面向對於康德的讀者造成極大的困難，並指出許多後來後康德哲學所採取的方向。

有些學者贊成批判哲學且將它發揚光大。其中最著名的要算是萊因厚德，他評註性質的《論康德哲學書簡》旨在進一步呈現康德的思想。然而，萊因厚德並非無條件接受康德，他起初普及化的工作（這個工作得到康德的同意，也極爲成功）很快就被更具野心的計畫取代了。這牽涉到康德其實未曾在任何單個第一原理的基礎上，發展他的哲學：他哲學內的最高原理，即先驗的統覺統一性絕不是導出他體系裡其他要素的根據。因此萊因厚德認定批判哲學需要一個堅實的基礎才能成立：因爲如果批判哲學不全部得自於一個單一觀念，就無法滿足康德自己認爲的一門科學的條件（在 **A832-4/B860-2** 所提出）。萊因厚德的「關於要素的哲學」旨在以單一的、必然無疑的、關乎表象一般的笛卡兒式第一原理，來補足佚失的基礎。萊因厚德的「關於意識的原理」則想辦法證明統一的表象機能是存在的。康德一向否認我們可以認識到這個機能：他在 **A15/B29** 說，感性和知性「或許是源自於一個共同的根源，但這是我們未知的」，這個陳述有意略去這個主題，而不鼓勵人去思索它（康德對萊因厚德後來的努力仍不予置評）。萊因厚德認爲，由於康德哲學無法通過系統性的檢驗，不久後就被其他更高超的哲學家，即德國觀念論者所接替。

對康德直言不諱且益趨激烈的批評來自於幾個方向。如第八章所說，在對《批判》首次出版（一七八二年）的（哥廷根）評論中，它被指責爲僅是重述柏克萊的觀念論。評論的作者 **Christian Garve**（一七四二—九八）和 **J. G. H. Feder**（一七四〇—一八二一）都是洛克的信徒，對他們而言，批判哲學顯然是不可接受的。其他人則從辯護他們萊布尼茲—吳爾夫傳承的觀點攻擊《批判》。孟德爾頌這位理性論知識論的最後一位體系闡述者就替存有學證明辯護，反對那個「摧毀一切的」康德。**J. A. Eberhard**（一七三九—一八〇九）設立了致力於攻擊康德哲學的期刊（它也助人從康德哲學導致的「恍惚」中甦醒），他宣稱康德未曾推進，而只是錯誤地偏離了萊布尼茲的哲學。Eberhard 的批評激起康德提出長篇大論的回應〈論一個發現〉，這篇文章決定了理性論的命運，假如《批判》沒有已經這麼做了的話。海涅在十九世紀前半一篇對德國哲學所寫的說明中，把《批判》形容爲「殺害德國自然神論的那把劍」，康德則是「在思想領域中的大破壞者」。更確切地哲學說法是，自然神論或者整個萊布尼茲—吳爾夫體系遭到分裂，並轉變爲一種理性規制運用的理論與實踐理性的形上學，而海涅的評論捕捉到學者通常是如何理解康德的。

對康德的批評也來自於反啟蒙運動這個非常迥異的陣營。這個潮流的根源先於康德，卻隨著批判哲學而迅速發展，把批判哲學當成其主要對手。如前文已見過的那樣，雅可比特別反駁說，物自身使先驗觀念論產生矛盾，但他更一般的宣稱是，他主張應與從休謨對形上學的批評所得出的教訓一樣，從對康德哲學的檢驗中得出同樣的教訓，也就是我們的理智無法掌握實在，或者支持我們的一切信念，那些方面需要有感受，再者，宗教信念在於簡單的信仰。相對於 Eberhard 這種保守批評者認爲康德扭曲了關於理性的眞理，雅可比則對康德始終發展理性與虛無主義之論點，同樣給予不情願的敬意，因而把啟蒙理性自律的宣稱歸爲荒誕。

雅可比不是唯一把康德解讀爲不小心助長懷疑論的學者。康德的批評者 G. E. Schulze（一七六一—一八三三）主張，批判哲學只造成懷疑論假定一個更複雜的新形式，那就是康德自己反懷疑論的努力只建立在獨斷的理據之上。另一個哲學家 Solomon Maimon（一七五五—一八〇〇）則試圖證明，由於康德感性和理性不妥協的異質性，所有懷疑論的舊難題都在康德哥白尼式思想的脈絡中自行再生了：也就是說，即使我們承認對象必須符合我們的認知，仍不能擔保有知識。

Maimon 的結論是，爲了避免懷疑論，必須訴諸於康德試圖懷疑理性論者的那種知識論的材料。這是另一個很快由絕對觀念論者所接受的教訓。

哈曼和赫德和雅可比一樣，都是反啟蒙運動的要角，他們也致力於對康德的批評，哈曼寫了一本簡短的書《對理性純粹主義的後設批判》，而赫德則著有長篇累牘的《對純粹理性批判的後設批判》。他們「後設批判」的攻擊是針對康德計畫的構想，而不是其特定結果。哈曼宣稱，爲了使純粹理性始終維持孤立，理性需要滌除所有語言的要素，因爲語言必會擁有一個感覺的面向，這顯示出康德事業的誤導。然而，這當然不留下任何東西。語言是「理性唯一、第一，也是最終的工具和判準，除了傳統和習俗之外，別無憑據」。赫德則聲稱，康德感性和知性的區分是立基於把結合在一種原始統一體中的本性「任意的」、不恰當的和固執的分離，而語言正是那種統一體的中心表現方式。赫德同樣強烈抨擊康德理性的實體化，他宣稱與整體的、歷史脈絡中的人類有機體的對照之下，「理性機能」這樣作爲研究對象的東西並不存在。根據哈曼和赫德的說法，康德沒有掌握到語言在方法論上的優先性，導致先驗哲學那種玩弄語言遊戲的「一場糊塗」。

絕對觀念論：費希特、謝林和黑格爾

許多對《批判》最早的回應顯示出，康德被誤解爲想要一個對先驗轉向的適當了解，這證成了他的著作有受到誤解，而非受到反駁之處的宣稱（Bxliii）。但同樣的批評不能套用到這些造就出康德之後極其豐饒的德國哲學時期（也就是我們所熟知的德國觀念論或後康德觀念論時代）的哲學家。在這個大的標題下，費希特、謝林和黑格爾一同構成了所謂的絕對觀念論；稍後的一位哲學家叔本華則替在某些方面更接近康德觀念論的論點辯護。

絕對觀念論充分掌握到康德哥白尼式思想的意涵，但只把康德視爲推動這個有待完成的哲學轉變的發起者，好像《批判》只是它所宣布的革命序曲罷了。觀念論者對康德哲學的「完成」是由顛覆大量的康德學說開始的，最終在黑格爾產生出在某種層次上截然對立於康德的哲學立場。這轉變發生的過程從費希特開始分成好幾個階段。費希特以康德之名來修正批判哲學，託詞忠於康德哲學的「精神」而非「字面意義」，正如萊因厚德所宣稱的，其哲學只實現了康德自己設定的系統性這個標準。謝林繼續由費希特所開拓的後康德思想大道，而批判康德體系最持久且全面的黑格爾則聲稱自己遠勝於康德。

絕對觀念論的源頭不是只在哲學。它與德國浪漫主義的繁榮興盛同步，從中獲得靈感「謝林和黑格爾年輕時都是詩人 Friedrich Hölderlin（一七七〇—一八四三）的親密朋友」。浪漫主義把精神性的、準宗教的要求加諸理智，那些要求是諸如康德的有限哲學似乎想要阻撓的，而絕對觀念論則想辦法藉由徹底修正康德學說來符合那些要求，黑格爾確實明白宣稱宗教是歸入其自身的哲學中的（相較之下，他把康德哲學刻畫爲是「化約爲方法」的啟蒙）。關於感到有需要發展觀念論以恢復人類遺失的統一性，有一個特別清楚的例子就是席勒那本受康德啟發的偉大著作《論人類的審美教育書簡》。席勒對康德哲學沒有明確的實質貢獻，甚至還闡明康德自然和理性，愛好和義務的粗糙二元性是如何相互搏鬥且中介以產生更深的統一性，而相應闡明了比康德所允許的在人間存在的可設想者更爲豐富的潛在人類形象如何實現。

從康德哲學到絕對觀念論的轉變與一些對康德影響深遠的批評息息相關。在費希特、謝林和黑格爾的著作中，有個一再出現的主題是把物自身拒斥爲要嘛是無來由的，要嘛是不融貫的，本書第八章有敘述那種種理由。同時，康德似乎也沒有成功把懷疑論從哲學中驅除：反之，至少對黑格爾來說，先驗觀念論把客觀世界化約爲「人自身的觀點和投射」，且康德禁止我們在理論上確定我們關於靈魂和上帝的理念有客觀實在性，這是合乎堅定懷疑論的結論的。然而，絕對觀念論對康德批評的主軸傾向聚焦於圍繞在解決需要系統性和第一原則，或者至少需要全面性的後設哲學的（後設批判的）種種議題。在這些渴求方面，康德對認知的分析立即顯得站不住腳。它因而宣稱，康德提出了感性和知性的區分彷彿只是偶然出現的而無需探究的，這是黑格爾藉由說康德在此的方法變成只是「經驗的」而有爭議地提出的一點。據說黑格爾想要的是一種先天得出之主體的接受性的和自發性的機能的區分，空間和時間以及種種範疇同樣也是如此。抱怨康德沒有奠定那些機能的基礎有另一個面向。根據康德的說法，它似乎意味著，我們整體認知能力只不過是那些無關聯機能的聚集，如黑格爾說的「滿滿一袋的機能」，因而主體性的統一完全依賴於偶然性。對絕對觀念論者來說，這似乎是無法接受的：他們認爲，我們種種機能的統一不能只是集合性的，這個統一本身必須具有能在哲學上加以把握的合理特性。同樣地，康德可以說在令人滿足的強意義上無法建立理論理性和實踐理性的統一：因爲理論理性和實踐理性不是來自於單一的源頭，自然和自由間的鴻溝仍然不可跨越。廣義來說，康德的知識理論以理性的自我批判作爲開端，這整個程序似乎充滿弔詭：在任何（關於對象的）認識活動之前，如何有（關於理性的）認識活動存在？如果理性避免任何預設，它如何確實能參與任何包括批判在的活動？

這麼一來，在對這些不同的（有力卻非定論的）批評的回應中，我們就有可能了解康德觀念論的特性是如何受到全然轉變的。如果物自身是不融貫的或取消了哥白尼式革命的價值，這個問題可藉由一個假定來加以克服，即經驗對象的「質料」，也就是我們表象的內容，在主體中有與那些對象的形式一樣多的來源。這就是說，形式和內容不留下任何未把握的實在殘餘，與我們的表象對象不再需要被貶低爲「僅是顯象」的這個結論合併起來。因此康德之直觀和概念，以及一般邏輯和先驗邏輯的截然二分便遭到破壞，而無條件的或絕對的實在則成爲等同於在思想中所包含的東西。於是，它只差一點就要說所有知識在根源上必須是**自我**的知識。我們可以宣稱，根本不是我們所擁有的認知模式的智性直觀提供了康德體系至今所缺少的單一固定的論點，也提供了所有眞正認知的模型。如果我們無法接受康德感性和知性的單純區分，可以藉由假定它們在一個單一、統一的再現機能中，有一個共同的來源來加以補救，發現這個來源就是把統一性歸還給理性和主體性。於是，呈現自身與主體有關的這個選項不只藉助其**既與**的形式去構成世界，而且自身也**產生**出它構成世界的種種形式。此外，因爲拋棄任何哲學上對知識有原則的限制，所有否認純粹理性思辨的客觀有效性的理由都消失了，而把康德所拒絕的東西從正面來說成是辯證的，而不僅是規制性的方式便是開放的。簡言之，這些是對費希特、謝林和黑格爾以不同方式表述的絕對觀念論的共同觀點。

費希特同意康德的結論，而不接受他的推導過程。費希特尤其肯定所有我們的知識對象都依賴於非經驗性的主體，但主張這種依賴必須比康德所認定的還要更深。如康德式統覺的那種僅是在關於對象概念形式**約制**所有對象的自我，被費希特（在其巨作《全知識學》，一七九四）轉變爲所有事物之絕對無條件的**創生性**基礎。因此，康德設想自我意識只是把所有表象關聯到一個同一主體的能力，我們關於這種主體沒有確定概念，因而沒有知識。而費希特則把自我描述爲「設定」自身（作爲一個自我）且遑論對自身有完全的知識。所有知識的基礎是一種自我設定的行動，自我等同於這種行動。作爲純粹行動，自我設定的自我也等同於其自由。因爲在這種行動中，「我」必須直接且非感覺地意識到自身，自我設定同時是對自我的智性直觀。根據費希特的說法，對立於自我的每件事，即非我的領域，同樣也是（自我限制的）設定對部分自我的一個行動的產物，它是爲了提供自身一個行動的場景及道德自我實現的平臺。康德的第一批判可以說被納入他的第二批判：自然由於從屬於實踐理性，就與自由統一起來。根據費希特對自我對象起源的說明，在統一於絕對自我的意義上，主體和客體在先驗上是同一的。

我們要注意的是，費希特的觀念論（如同謝林與黑格爾）是建立在主體的自發性，而非接受性上，因此並非訴諸於〈感性論〉的感性學說。除了提供觀念論所需的單一第一原則，費希特還藉著賦予自我活動之於表象的優先性，把他的觀念論視爲提供理論理性與實踐理性一個眞正的統一，以及提供比康德爲自由和一切基於實踐理性的東西，即上帝和道德律所提供的基礎更爲堅實的基礎。

謝林的哲學體系由於經常更改其陳述而有些模糊不清，在哲學史則傾向於降低謝林在從費希特到黑格爾的發展中的重要性，讓他成爲一個過渡的角色。謝林早期著作（《關於自然哲學的觀念》以及《先驗觀念論的體系》）的成就至少表達出，或至少承認有需要一種比在費希特那裡關於絕對者更爲複雜與更能說明的構想。謝林分享了費希特的一個觀點，那就是唯有藉著擴展自我的角色，才可以鞏固康德轉向主體方面的成效，但他也打算克服正如他所見到的費希特體系的明顯缺失：即無法藉由「設定」的方式說明外在的自然世界。謝林爲了「返回到客體性」，首先發展一種「自然的哲學」，試圖證明自由自覺的主體性乃是奠基於從目的論來設想的自然，後來在「同一哲學」中，主體與客體同爲原始、絕對統一之內的自我分化的產物。因此原本康德的哥白尼式革命宣布客體從屬於主體，取而代之的是主客共同從屬於第三項，即絕對者，它們在其中被統一起來，無論我們從主體上或客體上設想主－客關係，從自我導出自然或從自然導出自我，都成爲無關緊要了。

正如謝林起初是費希特的信徒那樣，黑格爾是在謝林的羽翼之下，開始發展其哲學事業的，黑格爾在智識上受到的恩惠也相當大。然而，黑格爾既重新構思絕對者，又提供一個費希特和謝林相較之下簡單描述過的對知識對象的系統性推導。

較常見的對黑格爾哲學的詮釋（它所引發的爭議甚至比康德哲學還多）是，它把康德的哲學主體的同一性變成類似於謝林的創見：黑格爾稱之爲 *Geist*（精神），即一種眞正普遍、不具位格的思維主體，它優先於各式各樣的位格或個別的自我意識，且與人的社會存在有一種密切關係，擔任統覺之「我」的角色。按照一種稍微不同的詮釋，黑格爾重要的創新在於顛倒了思想與主體性的關係，如此一來構成實在的概念不再是主體中的表象，而是具有眞實的、半柏拉圖式地位的存有物，主體性從屬於其下；人的理論知識則成爲辨別（而非如在康德那裡，使之發生）對象與概念的關係。按照第一種解讀方式，黑格爾的做法是區分主體性與個別思想家的主體性。按照第二種解讀方式，則區分思想與簡單的主體性，並以概念代替主體性作爲解說哲學和實在自身之根據。我們從兩種解說很清楚地看出爲什麼黑格爾應該把自己的觀念論標題爲「客觀的」，而康德的只是「主觀的」，甚至於「心理學的」。

不像康德，黑格爾從歷史方面思考存有的構成，把存有的構成設想爲一個發展中的運動，可等同爲上帝漸次達到的完全自身意識。因此對黑格爾而言，哲學的工作是在自然與人類歷史上逐步實現的，「自我推動的概念」的動態邏輯的概念體系。這需要一種對於人類意識一種百科全書式的觀點，包括對藝術、宗教以及哲學，而貫穿其所有階段。哲學這麼做便表達出絕對者；絕對者是在現實中，即經驗世界中具體的概念之窮盡的、無條件的以及自我奠基的體系。我們能見到黑格爾這個構思所提供的是一套術語，據之在先驗觀點之內的萬物可以被提升到非相對化的、絕對的客觀性，而對康德來說，先驗觀點僅是相對於主體的客觀性（按照黑格爾的看法，這是一種無價值的狀態）。因爲據此說法，對於遠離主體那端之原則上可認識的任何事物及其再現的思想便不再有存在餘地，對黑格爾而言，如同費希特和謝林一般，物自身即消失不見，而先驗哲學的批判的、限於知識的方面便被拋棄。黑格爾背離費希特和謝林的地方是，否定他們指向設置一個哲學體系展開的單一的固定之點。對黑格爾而言，概念化的循環並無出口，而費希特和謝林嘗試放在先驗的思想來源上的東西在其最後則被黑格爾重新安置：絕對者乃是思想必須終止之處，而不是它所來自之處。

在黑格爾的觀點中，康德的辯證法得到了一個新的意涵。黑格爾認爲，康德所察見的理性自身的衝突不是二律背反中所處理的理念的特有之處：一切思想的必要特色是產生矛盾而又被驅向超越矛盾。黑格爾宣稱，理性克服其二律背反的能力是由他覺察到其自身的不一致所保證的，這迫使它產生新的概念，從而產生新的對象，在其中之前的種種矛盾便得到解決。二律背反因而決定了合理性漸趨複雜和全面形式的演進。以黑格爾的觀點，康德在〈背反〉的裁定因而應該被倒過來：理性的理念必須有實在性，正因爲它是**理性的**，而康德錯誤絕對化的知性機能是不完全的，其形式必須受到批評與修正。《批判》說純粹理性只有主觀有效性的審判裁決，對黑格爾來說，由於康德贊成「可能之經驗」是哲學爭議之仲裁這樣的經驗論成見而變得無效；黑格爾相信康德批判優於思辨哲學這個宣稱背後只有這個武斷的信念。純粹理性的思辨因而被黑格爾所重新恢復。

在我們接觸黑格爾之時，觀念論顯然已具有全新的性質。康德的哲學反思仍在從笛卡兒便熟知的「自我中心的」有利位置之內，在黑格爾，哲學似乎走向一個任何個別認知的主體範圍之外的自主概念性的階段。

爲了試圖概述從康德哲學到絕對觀念論的發展，我們可以說這種發展基本上使絕對觀念論相信有需要發現一種消除康德先驗圖像的最終觀點特質之方法。如第八章所述，康德的理論哲學告訴我們，我們如何必須**再現**我們的認知情境，而不是事物或我們在我們的觀點之外；它也不是解釋爲何是這個，而不是一些其他種類的觀點應是**我們的**觀點。對康德這方面的不滿解釋了「主—客同一性」的主題爲何在絕對觀念論變得如此重要，甚至達到被當作哲學目標的程度（黑格爾稱之爲「唯一眞實的且哲學的」觀念）。康德曾教導說，所有知識及反思皆受到在我們無法跨出的主體與客體範圍所限制，並在此主體與客體範圍之內，絕對觀念論試圖發現一種把這範圍設想爲不只是我們的觀點的方法。於是，他們認爲人類的觀點會停止成爲**只是**一個觀點，它將成爲某種**絕對的**、上帝之眼的觀點，亦即實在對於自身的觀點，而我們便能擦掉畫分主體和客體與在它之外的東西的那條線。

主—客同一性的觀念極爲強大。它不只意味著在主體與對象的所有關聯中，有某種它們所共享的形式的或結構的東西存在，也不只是這共享的形式或結構提供它們關聯的基礎，康德已有這兩種思想，而且主體和客體是一統一**整體的部分**，這是一種**先於**且較其部分總合**更多**的整體。如果這可以得到證明，那麼主—客關係就停止成爲我們可由之獲得對象知識的中介：它將成爲所有實在的基礎，而所有的認知將成爲主—客整體的自我知識。

然而，絕對觀念論者領會之同一性不能只是在之前哲學的獨斷方式中聲稱的，像是史賓諾莎的一元論。它只能從內在證明人類觀點是不受限制的，或（用黑格爾的術語說）是無限的。這麼做顯然不是件瑣碎的事。如果我們認爲主—客關係是一個根本的整體，那麼我們作爲主體，需要以**除了**那些呈現自身給我們的方面去把握主體與客體的區別；我們不要把它把握爲「我們主體觀點的明顯方面」，而且要當作把握爲「被客觀設定的」（黑格爾）。換言之，我們需要能從不只是主體的角度去思考主—客關係本身。我們必須要從我們觀點之內被導向這個想法，即「思辨的」的立場；否則我們就破壞了先驗哲學的基本規則。如謝林所說：「先驗哲學只有在它**以其自己的原則**（亦即自我），能證明（主體與客體的）同一性，即其整個問題的最高解決，才能完成。」

無論先驗哲學在費希特、謝林和黑格爾他們自我設定的方面是否曾經達到此完成，絕對觀念論對康德哲學的標準批評或許不令人意外是，它等於是回復到前批判的、獨斷的形上學。康德在絕對觀念論的最早幾年，一七九九年，自己公開否定費希特的「全然無法辯護的」體系，認爲它與批判思想無關，而嚴厲批評他試圖單從邏輯中「挑出」一個眞的對象（一七九九年八月七日給費希特有關《全知識學》的公開信）。

然而，這項評估當然是未得到證成的。說有一條從康德到後來的觀念論體系邏輯上必然的發展路線存在（由費希特、謝林，和黑格爾相繼有爭議培養的圖像），這是一個誇大，如前所述，有相對清楚的從一端引導到另一端的哲學路徑存在。絕對觀念論不是簡單的退回到前康德的哲學：即使它否定我們知識的對象物僅是顯象，且主張它們是它們所眞正是的事物，它並未回復到前批判的先驗實在論；當它移開批判哲學加諸知識的限制時，它就把康德的教導納入考量了。它試圖運用先驗觀點提出一個獨立於主體性與非感性思想的構成之觀念，因而超越了顯象與物自身的區別，如它所是那樣的，打算把先驗觀念論帶回原地成爲等同於先驗實在論。當然，從康德看來這是不可能的，因爲他把先驗觀念論與先驗實在論當作窮盡這個領域的矛盾；但絕對觀念論致力達到一個比康德更高層次的哲學反思，從此他對立於先驗觀念論和先驗實在論即可被當作僅是暫時的而非徹底的。

絕對觀念論也不是沒有任何康德自身著作的基礎。康德曾把《批判》描述爲只是一個對純粹理性體系的「預備」（A11/B25），雖然這個單獨批評的意義並不明朗（康德後來將之徹回），他也曾在《實踐理性批判》談到「期待或許有一天可以得到對整個純粹理性機能（理論的與實踐的）統一性的洞察，並且從一個原則推導出一切」，正如一個「人類理性不可否認的需要」（91）。絕對觀念論者將此解讀爲先驗哲學成功的必要條件，而不是（如康德可能想要的）一個只是哲學探究的規制性理想。此外，要指出的是批判哲學在康德手中已朝向更大的體系，和一個相應的理性更深的統一發展。絕對觀念論把第三批判當作至少與其他的批判一樣重要，被他們解讀爲緩和了第一批判中採取的反思辨態度。再者，雖然他們並不知道這點，絕對觀念論者對先驗哲學的適當軌道的看法，被康德最後幾年未出版的若干著作所支持，這些片段的筆記與簡略筆記後來被蒐集成《遺著》。這些著作強烈暗示著一種醞釀中的哲學轉變。它們證明康德至少正在對先驗觀念論的試驗一個修訂，其中自我將設定它自身，理論理性將分享實踐理性的自主性，而物自身將成為主體的自我設定的一個相關事物，即一種「無足輕重的東西」，而不是一種存在著的存有者。

撇開康德自己的發展的事實，絕對觀念論可以被辯護為努力闡明康德哲學中仍未充分澄清的東西。特別是康德留下有關先驗主體性的本性這個未被答覆的問題（「我」如何可能伴隨所有我的表象？「我」是什麼？它的自發性何在？）；先驗的「單純事實」，像是感性和知性的二元論狀態，以及我們的感性形式（我們的理智為何是辯解的？我們的直觀為何是感性的？我們的直觀為何能採取空間與時間的形式？）；還有先驗哲學的可能性（主體如何可能得到關於其先驗運作，以及關於經驗條件與知識界線的知識？）。在它們的體系提供這些問題答案的程度上，我們或許可以認為絕對觀念論者已證明，有其他想出康德的哥白尼式計畫的方式。而如果康德的立場的不清楚之處實際上相當於無法以他的說法解決的張力或矛盾，如同絕對觀念論者所相信那樣，那麼他們解開批判哲學精巧編織在一起的思緒就得到證成，而宣稱絕對觀念論乃是唯一與哥白尼主張相一致的形式的道路開放，則是跟隨康德洞見的必然結果。因此顯然對絕對觀念論來說，在哲學史中尋找對康德的批判觀點是恰當的，而它所發展的正當理由對任何對康德哲學有興趣的人來說，是一個最為重要的問題。

叔本華

姑不論上述觀念論的潮流（這是他所斥責的），從這觀點來看叔本華的哲學也有很高的重要性，如在他的《作為意志和表象的世界》（第二版是一八四四）所提出的那樣。叔本華自認已經從絕對觀念論的迷霧中，解救出康德所教導的眞理。儘管有許多深層的差異，叔本華卻拒絕任何對象與表象的區分，而給予他的觀念論一種生理學上的曲解且用充足理由律取代了先驗證明。叔本華確實在一個基本方面上忠於康德：經驗世界即他所稱「作為表象的世界」，對他來說也具有非終極的實在性。

叔本華離開康德最戲劇性的地方是在他藉由康德所忽略的「一種出自內在的方式」，宣稱他已經發現物自身的本性：叔本華宣稱，我們把我們自己覺察為努力有形體的行動者這個立即的、非表象的自我覺察，必須被視為是（儘管不適當）把我們自己覺察為物自身。叔本華認為，意志與物自身的同一性在我們來說可以概化為自然的一切，他又主張，因為個體化只屬於表象的範域，於是實在在於一個單一無分化的意志，經驗實在性即是其表象。

因此叔本華有一個雙重的形上學：一是關於世界作為表象的觀念論，另一種是關於世界作為意志的實在論，兩者皆保有康德顯象與物自身的分歧。叔本華的世界意志讓人想起費希特，謝林與黑格爾的絕對者，但是兩個一元論的構想至少有個很深的差異：叔本華的意志觀點本質上是盲目的，這直接與絕對觀念論把實在看成與生俱來是理性的與有目的的觀點相矛盾。

康德和二十世紀的哲學

十九世紀下半葉，康德的思想在德國經歷了大規模的復興運動。此新康德主義的運動一般的傾向是強調康德哲學的知識論面向，以及它對經驗科學的重要意義。第一次世界大戰後，新康德主義發現自己棋逢敵手，且在德國被現象學所取代，現象學是二十世紀最具原創性與影響力的哲學發展運動之一。

現象學被視爲是已回到康德哲學的觀念論方面，並發揚十九世紀後康德式觀念論者的思想。其創始者胡賽爾強調笛卡兒是現象學的濫觴，但他成熟的著作「先驗現象學」更多歸功於康德，而胡賽爾肯定它與先驗觀念論是不可分的。胡賽爾從布蘭塔諾取得意向性的概念，加以使用來重造康德的先驗主體性的構想。統覺的主體被胡賽爾重新解釋爲一種先驗構成性的**意識**，而康德對象可能性的問題也變成「超越性的問題」，亦即闡明意識與超越它的對象的關係。胡賽爾把自然世界當作是一個作爲意識行動的相互關連者而存在之對象的領域，此方式非常接近康德把經驗世界說成是一個顯象領域。

胡賽爾之後的現象學之康德式的特色受到下列事實所遮蔽，亦即其主要從事者，如海德格，沙特和梅洛龐蒂要嘛不是漠不關心，要嘛就是敵視提供知識宣稱一個合理基礎的任務。這當然表明遠離了康德，但另一方面後胡賽爾式的、「存在主義式的」現象學是哥白尼徹底努力使哲學與傳統知識論的看法與先占據位置拉出距離的結果（比胡賽爾所做的更遠）。這是海德格在《存有與時間》

嘗試在對人類或「此有」的基本結構的一種詮釋的基礎上處理存有論的一個核心要素。海德格藉由在日常實踐存在的領域中追溯主體，把哥白尼式革命帶到超過康德所理解的認知。在他《康德與形上學的問題》這本引發爭議的書中，海德格以他自己對存有論的探究構想，參與康德研究形而上學的可能性與先天的東西。沙特則反而強調康德自由與自然的對立，在《存有與虛無》建構以人類自由的實在性爲前提的世界構想，這是一種直接從康德實踐哲學導出的工作。人類主體的存在模式，沙特稱作爲己者，因而被歸於本體行動者的主要性質，而沙特所達到關於價值的地位部分是重述康德的要點。

在梅洛龐蒂的《知覺現象學》中，康德扮演支持梅洛龐蒂所批評的「主體性思想」的角色。這運動依然朝向梅洛龐蒂提倡取代客觀思想的「前客觀存在」，這是一種揭露集中在知覺身體的構成世界條件的領域的企圖，而其特性很清楚是先驗的。在這些方面，因爲它確實支持一切知識的觀點性性質，這是一種對主體非自然主義的及非實質的構想，而由於其追溯客觀性到它在主體性中的根源，現象學仍忠於康德的精神，並將他的觀念論指引到與絕觀念論相反的方向。

康德的影響受到黑格爾與馬克思的中介後，顯露在法蘭克福學派的批判理論忠，法蘭克福學派在兩次大戰間於德國盛行，之後在美國興盛。在這社會與政治思想的傳統裡，哈伯瑪斯脫穎而出憑藉他捍衛啟蒙運動的遺產與康德密切結合，這對立於現今在哲學上已十分鞏固的後現代運動。哈伯瑪斯擁護一種關於合理性的普遍的、形式的構想，此構想不是建立在康德的統覺主體之上，而是建立在主體際性之上。哈伯瑪斯主張，溝通預設了某些有先驗地位的特定規範，這些規範構成了論述與社會互動的合理性，且提供道德與對現存社會實踐活動進行批判的基礎。哈伯瑪斯宣稱，這些規範是「先驗語用學」的目的，而獨立於任何形上學的基礎。

康德哲學並未同樣激發英語世界的任何主要的哲學發展。這就得回顧它在英國最初的接受情況。介紹康德哲學的思想到英國的，主要是 S. T. Coleridge（一七七二－一八三四）的成就，他在許多其他東西中，把它理解爲對抗當時化約主義式的聯想主義心理學的一個手段。然而，Coleridge 從先驗哲學得到的這種激烈的浪漫應用卻無疑地受到康德本人否決，說那是神祕－蒙昧主義的復辟，而《批判》一向被用來當作它的解毒劑。浪漫提倡康德的結果讓彌爾的經驗論更輕易地忽視康德而盛行於十九世紀的英國，且擁護 Coleridge 感到遺憾的智性力量。只有在十九世紀後半，康德的思想方才得勢，那是藉助於英國觀念論者，特別是 T. H. Green（一八三六－一八八二）的黑格爾學派，甚至於那時只受到黑格爾對康德之批評的庇護。

在世紀轉換之後英國的分析哲學迅速崛起令康德哲學短暫享有威望的時期結束。分析哲學興起於對英國觀念論有意識的反動，對利於英國觀念論的有其創建者摩爾與羅素，他們建立許多基本的、反哥白尼式的信條。這些信條包括了種種有直接知識關係的概念，它未受到任何康德式先驗條件所中介，以及一種截然區分被設想爲是主觀的心理學事件的判斷行動，以及被設想爲是獨立存在的抽象存有者的判斷對象（包含命題對象），這對立於康德之判斷的單一構想，從摩爾－羅素的立場來看，這個構想是心理學式的且令人困惑的。哲學的適當方法是由支持對語句的形式結構的分析性研究所規定的，而這項研究受到數學式的邏輯所影響。在這圖像中，沒有留下綜合先天性的餘地（分析哲學的下一波主要發展是邏輯實證論，它再次肯定且多由知識的前批判分歧所形成）。大致上相同的一套觀點在分析進路的第三大貢獻者弗雷格那裡仍然存在，儘管他分享了康德的先天主義與反自然主義，而對康德抱著支持的態度。因此摩爾、羅素以及弗雷格認爲哲學和哲學邏輯之構想的結合是比知識論更爲基本的，哲學和語意學的進路結合，使哲學的核心概念具有意義，並使它的分析成爲哲學問題的解答的核心模式。這暗示著在康德分析性詮釋中反應出與康德不相容的觀點。

維根斯坦常被算作分析哲學創始人之一，但在他與康德的關係上，情況卻更爲複雜。分析哲學所傾向關注之維根斯坦哲學的面向是他語言意義和優先性和公共性，維根斯坦的看法在此程度上是對立於康德廣義來說的笛卡兒式進路。維根斯坦的私有語言論證通常被視爲一種先驗的論證，但僅限於分析的意義上。但維根斯坦早期與後期也都有強烈的康德式元素。這個元素來自康德本人之部分少於來自叔本華，維根斯坦讓自己沉浸在叔本華的思想之中。維根斯坦的《邏輯哲學論》描述任何可能語言的邏輯結構，而再次踏上思想的先驗條件所展現的道路，使語言自身成爲是先驗的。雖然後期的維根斯坦哲學（在其身後才出版的《藍褐書》以及《哲學研究》這兩本書中）認爲，語言被帶到人間並體現在日常人類的活動，一種先驗觀念論堅持說：維根斯坦的「我們」，即維根斯坦之生活形式和語言遊戲本質上所在之處，起著如康德的先驗主體的集體類似物的作用。

由於這些方法論的和形上學的極大差異，令人有點驚訝當代的分析哲學家的著作仍應充滿對於康德的贊同。這部分是因爲他們不再全盤接受替分析哲學奠定基礎的種種學說（雖然應該補充說，由蒯因在美國創始的強大自然主義的計劃，近來已爲分析哲學給出否定康德哲學的不同理由）。這也多歸功於史卓森以「描述的」（相對於「修正的」）形上學之名挪用了康德哲學，這是一種只單純敘述我們現有概念圖式的形上學，它導向一個以牛津爲基地持續茁壯的哲學學派，它使自身對先驗論證產生興趣並把康德式的思想應用到心靈哲學上。在理論哲學中，有些類似於史卓森康德思想的東西隨著羅爾斯的康德式自由主義出現在實踐哲學中，這可說是在本世紀後半的政治哲學中最重要的發展。康德的影響也顯示在不同形式的「反實在論」或或分析哲學現在所探究的「內在的實在論」中，在此常聯合維根斯坦或傳統實用主義，它們從康德的〈分析論〉中得到一些教訓。在Michael Dummett、Donald Davidson、Hilary Putnam和Crispin Wright等人的著作中皆試圖界定理性信仰的觀念，這觀念代替了傳統實在論對眞理的構想，以及一種免於支持先驗實在論的對客觀性的構想，同時也避免落入常見的檢證論、邏輯實證論以及古典經驗論後繼思想的陷阱中。

總之，我們要注意的是，隨著康德影響的連續性，在對康德想法的採納中有一明顯且深的斷裂性。對絕對觀念論來說，明白康德哲學之意義就是把他的觀念論推得更遠，而這一任務讓他的空間和時間的主體性，以及物自身存在的學說被判定受到阻礙。在當代分析哲學中，以及其他許多隨後對康德哲學的取用中，相同的關鍵學說是反對重建且得到重建的，但它們正是由於相反的理由，換句話說它們都被視爲是形上學上走過頭的。從認爲先驗觀念論是不充分的觀念論到認爲它是走過頭，用康德的話來說，因此例示出我們難以讓人的理性靜止下來，且提醒我們《批判》的目的是藉由一勞永逸地決定一切形上學的可能性，去發現一個理性的平衡點。

無論康德是否達到了那個目標，我們有可能代表他宣稱，我們仍然可以藉先驗觀念論的獨特能力來辨認出它，那種能力就是協調世界的科學式圖像和我們對我們自己的前科學式構想，而更廣泛地代表他說，批判體系達成了（持續界定我們所擁有的智性視界的）啟蒙運動內不同流派間最全面的調和。

註釋

序

【1】譯者注：由於中文無大小寫之分，故書中之章節名稱以加上篇名號〈〉來表示。

第二章

【1】譯注：此處刪節號後的段落乃是作者所省略的。

參考書目

對《批判》文本的詳細評註可見 N. Kemp Smith 的 *A Commentary to Kant's Critique of Pure Reason*, 2nd edn, (London: Macmillan, 1930)，以及 H. J. Paton 的 *Kant's Metaphysics of Experience: A Commentary on the First Half of the 'Kritik der reinen Vernunft'* (London: Allen & Unwin, 1936), 2 vols（Paton 只擴充到〈分析論〉結束）。Kemp Smith 的詮釋和 Paton 對康德的支持皆受到許多批評，但它們是康德評論的經典，其中包含了許多對開展文本極有助益的洞見。

Gottfried Martin 的引文是出自 *Kant's Metaphysics and Theory of Science*，由 P. Lucas 翻譯（Manchester: Manchester University Press, 1955），第 181 頁。該頁 F. W. J. von Schelling 的引文則是出自 *System of Transcendental Idealism* (1800)，由 P. Heath 翻譯（Charlottesville: University of Virginia Press, 1993），第 168 頁。

第一章　形上學的問題

對於到康德為止，且包括康德在內之德國哲學背景的詳細說明是在 L. W. Beck 的 *Early German Philosophy* (Bristol: Thoemmes Press, 1996), pt III。關於反啟蒙運動可見 I. Berlin 的 The Counter-Enlightenment 一文，該文出自 *Against the Current: Essays in the History of Ideas* (London: Hogarth, 1979)。康德的論文 An answer to the question: What is Enlightenment (1784)，可在他的 *Practical Philosophy* 一書中找到，由 M. Gregor 翻譯和編輯(Cambridge: Cambridge University Press, 1996)。

E. Cassirer 的 *Kant's Life and Thought* (New Haven: Yale University Press, 1981)是一本完整的康德傳記與對於康德哲學發展的說明。康德前批判時期談論形上學主題的著作被蒐集在康德 *Theoretical Philosophy*, 1755-1770，由 D. Walford（和 R. Meerbote）翻譯（Cambridge: Cambridge University Press, 1992）。對康德前批判時期的說明可見 F. Beiser 的 Kant's intellectual development: 1746-1781 一文（其中主要討論的是形上學和方法），和 P. Guyer 所編輯的 *The Cambridge Companion to Kant* (Cambridge: Cambridge University Press, 1992)，以及 M. Friedman 的 *Kant and the Exact Sciences* (Cambridge, Mass. : Harvard University Press, 1992)的導言（主要討論萊布尼茲形上學與牛頓科學針鋒相對的論題）。

萊布尼茲——克拉克書信是在萊布尼茲的 *Philosophical Papers and Letters*，由 L. Loemaker 所編輯(Dordrecht: Reidel, 1979), pp. 675-721。*An Enquiry Concerning Human Understanding* (1748), sect. XII, pt III： p. 165，這是由 P. H. Nidditch 所編的第三版（Oxford: Oxford University Press, 1975）。Ernst Cassirer *Kant's Life and Thought* 由 J. Haden 翻譯(New Haven: Yale University Press, 1981), p. 18。Alexander Baumgarten 的著作是 *Metaphysica* (Halle, 1739)。萊布尼茲的著作是 *New Essays on Human Understanding* (1705)，由 Peter Remnant 和 Jonathan Bennett 翻譯（Cambridge: Cambridge University Press, 1981）。康德的著作是 *Metaphysical Foundations of Natural Science* (1786)，收錄在康德的 *Philosophy of Material Nature*, James Ellington 翻譯（Indianapolis: Hackett, 1985），和 *Religion Within the Boundaries of Mere Reason* (1793)，收錄在康德的 *Religion and Rational Theology*，由 Allen Wood 和 George di Giovanni 翻譯和編輯（Cambridge: Cambridge University Press, 1996），以及 *Toward*

Perpetual Peace (1795)和 *The Metaphysics of Morals* (1797)，收錄在康德的 *Practical Philosophy*，由 M. Gregor 翻譯和編輯（Cambridge: Cambridge University Press, 1996）。J. G. Herder 的 *Briefe zu Beförderung der Humanität, Sämmtliche Werke*，由 Bernhard Suphan 編輯(Berlin: Weidmannsche Buchandlung, 1881), vol. 17, p. 404。A Treatise of Human Nature (1739-40), bk I, pt IV, sect. VII; pp. 268-9，由 L. A. Selby-Bigge 編輯（Oxford: Clarendon, 1975）。

第二章　對象的可能性

P. F. Strawson 對康德的分析性詮釋在其 *The Bounds of Sense: An Essay on Kant's 'Critique of Pure Reason'* (London: Methuen, 1966)的第 1 章中有更完整的解釋。我所謂的觀念論立場是一個較寬鬆的界定，意思是包含了一個對康德採取不同看法的家族。其中一個成熟的版本是始於 H. Allison 的 *Kant's Transcendental Idealism: An Interpretation and Defense* (New Haven: Yale University Press, 1983)，第 1-2 章。其他試圖討論康德的哥白尼式思想的有 R. Pippin 的 *Kant's Theory of Form: An Essay on the'Critique of Pure Reason'* (New Haven: Yale University Press, 1982), ch. 1, R. Aquila 的 *Representational Mind: A Study of Kant's Theory of Knowledge* (Bloomington: Indiana University Press, 1983), ch. 1，以及 E. Bencivenga 的文章 Knowledge as a relation and knowledge as an experience in the *Critique of Pure Reason*，收錄在 R. Chadwick 所編的 *Immanuel Kant: Critical Assessments* (London: Routledge, 1992), vol. 2。

P. F. Strawson 的引文是出自 *The Bounds of Sense: An Essay on Kant's'Critique of Pure Reason'*

(London: Methuen, 1966), p. 15。Dieter Henrich 的引文是出自 *Aesthetic Judgement and the Moral Image of the World* (Stanford, Calif. : Stanford University Press, 1992), pp. 3-4。洛克著作是 *An Essay Concerning Human Understanding*，由 Peter H. Nidditch 編輯（Oxford: Clarendon, 1975）。

第三章　先天綜合判斷如何可能？（〈導論〉）

對康德的批評可見 J. Bennett 的 *Kant's Analytic* (Cambridge: Cambridge University Press, 1966), §§ 2-4，以及 R. Robinson 的 Necessary propositions 一文，收錄在 T. Penelhum 和 J. J. MacIntosh 編輯的 *The First Critique: Reflections on Kant's 'Critique of Pure Reason'* (Belmont, Calif. : Wadsworth, 1969)。替康德辯護的文本則可見 H. Allison 的 *Kant's Transcendental Idealism: An Interpretation and Defense* (New Haven: Yale University Press, 1983), pp. 73-80, L. W. Beck 的 Can Kant's synthetic judgements be made analytic? 一文，收錄於 R. P. Wolff 編的 *Kant: A Collection of Critical Essays* (New York: Anchor, 1967)，與 A. Melnick 的 *Kant's Analogies of Experience* (Chicago: University of Chicago Press, 1973), Appendix, 'Syntheticity'。康德在他的論文 On a Discovery According to Which Any New Critique of Pure Reason Has Been Made Superfluous by an Earlier One, Section Two, 226-51 針對理性論的批評，詳細替分析和綜合的區分與他對於先天綜合的構想作辯護，該文收錄在 H. Allison 編的 *The Kant-Eberhard Controversy* (Baltimore: Johns Hopkins University Press, 1973), pp. 139-60。Allison 也在書中對該議題提出分析，pp. 46-75。

休謨的引文是出自 *An Enquiry Concerning Human Understanding* (1748), sect. IV, pt I; p.25，這是

由 P. H. Nidditch 所編的第三版（Oxford: Oxford University Press, 1975）。

第四章　對象的感性條件（〈感性論〉）

關於康德對認知的分析可見 H. Allison 的 *Kant's Transcendental Idealism: An Interpretation and Defense* (New Haven: Yale University Press, 1983), pp. 65-8，或者更長的一篇文章是 The originality of Kant's distinction between analytic and synthetic judgements，收錄在 R. Chadwick 編的 *Immanuel Kant: Critical Assessments* (London: Routledge, 1992), vol. 2, pp. 325-37。L. W. Beck 的 Kant's strategy 一文對康德的知識理論和理性論與經驗論的關係解說得很好，收錄在 T. Penelhum 和 J. J. MacIntosh 編輯的 *The First Critique: Reflections on Kant's 'Critique of Pure Reason'* (Belmont, Calif. : Wadsworth, 1969)。對康德之空間和時間的先天性和直觀性論證的分析可見 H. Allison 的 *Kant's Transcendental Idealism*, pp. 82-94 和 D. P. Dryer 的 *Kant's Solution for Verification in Metaphysics* (London: Allen & Unwin, 1966), pp. 169-78, R. -P. Horstmann 的 Space as intuition and geometry 一文，收錄在 Ratio 18, 1976, 17-30，以及 A. Melnick 的 *Kant's Analogies of Experience* (Chicago: University of Chicago Press, 1973), pp. 7-30。

第五章　先驗觀念論

對康德關於空間和時間的先驗觀念性論點的批評可見 P. F. Strawson 的 *The Bounds of Sense: An Essay on Kant's'Critique of Pure Reason'* (London: Methuen, 1966), pp. 51-62, 68-71 和 P. Guyer 的 *Kant and the Claims of Knowledge* (Cambridge: Cambridge University Press, 1987), ch. 16。替康德辯護的文本則可見 H. Allison 的 *Kant's Transcendental Idealism: An Interpretation and Defense* (New Haven: Yale University Press, 1983), pp. 98-114。關於〈二律背反〉的證明則見第七章的參考書目。

Adolf Trendelenburg（出自其 *Logische Untersuchungen*, 1862, p. 163）的引文是引自 M. J. Scott-Taggart 的 Recent work on the philosophy of Kant 一文，收錄在 *American Philosophical Quarterly* 3, 1966, 171-209 (p. 184)。

第六章　對象的概念條件（〈分析論〉）

對〈分析論〉的概述可見 A. Melnick 的 *Kant's Analogies of Experience* (Chicago: University of Chicago Press, 1973), pp. 30-57。

找出形上推證錯誤的有 J. Bennett 的 *Kant's Analytic* (Cambridge: Cambridge University Press, 1966), ch. 6 和 P. F. Strawson 的 *The Bounds of Sense: An Essay on Kant's'Critique of Pure Reason'* (London: Methuen, 1966), pp. 74-82。也可參見 G. Bird 的 *Kant's Theory of Knowledge* (London: Routledge & Kegan Paul, 1962), ch. 7，和 H. Allison 的 *Kant's Transcendental Idealism: An Interpretation and Defense* (New Haven: Yale University Press, 1983), ch. 6。

關於先驗推證的文獻卷帙浩繁，其中許多都提到 Strawson 的詮釋（*The Bounds of Sense*, pp. 89-117），像是 Bennett 的書（*Kant's Analytic*, chs 8-9）便如此。特別重要的是 D. Henrich 的 Identity and objectivity: an inquiry into Kant's Transcendental Deduction，由 J. Edwards 翻譯，收錄在 *The*

Unity of Reason: Essays on Kant's Philosophy (Cambridge: Mass. : Harvard University Press, 1994)，它詳細重建了那個論證，而 The identity of the subject in the Transcendental Deduction 一文，收錄在由 E. Schaper 和 W. Vossenkuhl 編輯的 *Reading Kant: New Perspectives on Transcendental Arguments and Critical Philosophy* (Oxford: Blackwell, 1989)主要論述的是統覺。Henrich 還寫了 The proof-structure of Kant's Transcendental Deduction 一文，收錄在 R. Walker 編的 *Kant on Pure Reason* (Oxford: Oxford University Press, 1982)，討論註釋上的若干爭議，還有 Kant's notion of a deduction and the methodological background of the first *Critique* 一文，收錄在 E. Förster 編的 *Kant's Transcendental Deductions: The Three 'Critiques' and 'Opus Postumum'* (Stanford, Calif. : Stanford University Press, 1989)，這篇論述的是推證的方法論。也可參考 H. Allison 的 *Kant's Transcendental Idealism*, ch. 7, R. Pippin 的 *Kant's Theory of Form: An Essay on the 'Critique of Pure Reason'* (New Haven: Yale University Press, 1982), ch. 6，以及 P. Guyer 的 *Kant and the Claims of Knowledge* (Cambridge: Cambridge University Press, 1987), pt II。對於推證的回溯式詮釋是闡述於 K. Ameriks 的 Kant's Transcendental Deduction as a regressive argument 一文，收錄在 *Kant-Studien* 69, 1978, 273-87，以及 R. Walker 的 *Kant* (London: Routledge & Kegan Paul, 1978), ch. 6。討論先驗對象的文章則見 H. Allison 的文章 Kant's concept of the transcendental object，收錄於 *Kant-Studien* 59, 1968, 165-86。

對〈圖式論〉的清楚闡述可見 H. J. Paton 的 *Kant's Metaphysics of Experience: A Commentary on First Half of the 'Kritik der reinen Vernunft'* (London: Allen & Unwin, 1936), vol. 2, bk VII。繼續對它所提出的這些議題進行探討的有 H. Allison 的 *Kant's Transcendental Idealism*, ch. 8, R. Pippin 的

Kant's Theory of Form, ch. 5，以及 P. Guyer 的 *Kant and the Claims of Knowledge*, ch. 6。Guyer 把圖式論解讀為再次開始進行分析論的論證。海德格對〈圖式論〉的詮釋則在 *Kant and the Problem of Metaphysics* (1929)，由 R. Taft 翻譯的第四版(Bloomington: Indiana University Press, 1990), §§ 19-23，它引人入勝也備受爭議。

對〈類比〉的詳細研究結果可見 A. Melnick 的 *Kant's Analogies of Experience*, chs 2-3 和 P. Guyer 的 *Kant and the Claims of Knowledge*, chs 8-11。也可參考 P.F. Strawson 的 *The Bounds of Sense*, pp. 118-52, R. Walker 的 *Kant*, pp. 98-105, H. Allison 的 *Kant's Transcendental Idealism*, chs 9-10，以及 G. Buchdahl 的 *Kant and the Dynamics of Reason: Essays on the Structure of Kant's Philosophy* (Oxford: Blackwell, 1992), ch. 9。Strawson 和 Walker 主張康德過於高抬其合法結論；Melnick 和 Allison 則關注先驗時間－規定的主題。Buchdahl 反對第二個類比與關於因果法則的知識有關這樣的看法。在 E. Cassirer 的 *Kant's Life and Thought* (New Haven: Yale University Press, 1981), pp. 174-93 中有一些關於整個〈原則的體系〉，包括〈公理〉、〈預期〉和〈設準〉的談論對我們很有幫助。

〈對觀念論的駁斥〉提供了物自身的知識這樣的觀點可以在 H. A. Prichard 的 *Kant's Theory of Knowledge* (Oxford: Clarendon, 1909), pp. 319-24 中發現。關於〈駁斥〉的論述可見 H. Allison 的 *Kant's Transcendental Idealism*, ch. 14, M. Baum 的文章 The B-Deduction and the Refutation of Idealism，收錄於 *Southern Journal of Philosophy* 25 (Supplement), 1986, 92-9，以及 M. Gram 的文章 What Kant really did to idealism，收錄於 J. N. Mohanty 和 R. Shahan 編的 *Essays on Kant's 'Critique of Pure Reason'* (Norman: University of Oklahoma Press, 1982)。P. Guyer 的 *Kant and the Claims of*

Knowledge, pt IV 主張〈駁斥〉是獨立於先驗觀念論的。

對於康德對廣義而言的懷疑論的回應和康德先驗方先驗方法和現代先驗論證的關係的思考可見 B. Stroud 的 *The Significance of Philosophical Skepticism* (Oxford: Clarendon, 1984), ch. 4 和 Transcendental Arguments 一文，收錄於 R. Walker 編的 *Kant on Pure Reason*。A. C. Genova 的文章 Kant's notion of transcendental presupposition in the first *Critique*，收錄在 R. Chadwick 所編的 *Immanuel Kant: Critical Assessments* (London: Routledge, 1992), vol. 2 對康德先驗證明方法作了有洞察力的分析。

黑格爾的引文是出自(*Encyclopaedia*) *Logic* (1817)，由 W. Wallace 翻譯 (Oxford: Clarendon, 1975), § 42。

第七章　不可知的對象（〈辯證論〉）

對康德關於理性的理論和相關的〈辯證論〉建築學的批評可見 J. Bennett 的 *Kant's Dialectic* (Cambridge: Cambridge University Press, 1974), ch. 12。關於理性在科學中的規制性角色可見 G. Buchdahl 的 *Kant and the Dynamics of Reason*, chs 7-8 和 S. Neiman 的 *The Unity of Reason: Rereading Kant* (Oxford: Oxford University Press, 1994), ch. 2。

對〈誤推〉這章的討論可見 H. Allison 的 *Kant's Transcendental Idealism: An Interpretation and Defense* (New Haven: Yale University Press, 1983), pp. 278-87。還有兩個詳細的研究成果是 K. Ameriks 的 *Kant's Theory of Mind: An Analysis of the Paralogisms of Pure Reason* (Oxford: Clarendon, 1982)，特

別是 chs 1-2 和 4，以及 C. Thomas Powell 的 *Kant's theory of Self-Consciousness* (Oxford: Clarendon, 1990), chs 2-4。Ameriks 主張康德自己關於自我的立場仍然在很大程度上是理性論式的；Powell 澄清了康德的論證和學說，且替它們的一致性辯護。

S. Al-Azm 的 *The Origins of Kant's Arguments in the Antinomies* (Oxford: Clarendon, 1972)包含關於〈背反〉的歷史澄清，這對我們非常有幫助。關於康德在第一個和第二個背反證明的缺失可見 N. Kemp Smith 的 *A Commentary to Kant's Critique*, 2nd edn, (London: Macmillan, 1930), pp. 483-92 和 J. Bennett 的 *Kant's Dialectic*, chs 7-9。P. Guyer 的 *Kant and the Claims of Knowledge* (Cambridge: Cambridge University Press, 1987), ch. 18 和 P. F. Strawson 的 *The Bounds of Sense: An Essay on Kant's'Critique of Pure Reason'* (London: Methuen, 1966), pt III, ch. 3 更具體批判了康德對兩個背反與先驗觀念論關係的處理方式。黑格爾對〈背反〉的不同批評也很有趣，見(*Encyclopaedia*) *Logic* (1817)，由 W. Wallace 翻譯(Oxford: Clarendon, 1975), §48。對〈背反〉打算證明先驗觀念論的較為贊同的觀點可見 H. Allison 的 *Kant's Transcendental Idealism*, ch. 3, E. Bencivenga 的 *Kant's Copernican Revolution* (Oxford: Oxford University Press, 1987), ch. 6，以及 C. Posy 的文章 Dancing to the Antinomy: a proposal for transcendental idealism，收錄在 *American Philosophical Quarterly* 20, 1983, 81-94。

J. Bennett 的 *Kant's Dialectic*, ch. 11 指出了康德關於神學的論述中的種種困難。A. Plantinga 的文章 Kant's objection to the ontological argument，收錄於 *Journal of Philosophy* 63, 1966, 537-46 闡明了康德如何裁定反對存有學論證。替康德證據中的若干要素辯護的有 W. Baumer 的文章 Kant on cosmological arguments，收錄在 L. W. Beck 編的 *Kant Studies Today* (La Salle, Ill: Open Court, 1969)。A. Wood 的 *Kant's Rational Theology* (Ithaca: Cornell University Press, 1978)則是對於整個論題的傑出研究。

S. Körner 的 Kant's conception of freedom 一文，收錄自 *Proceedings of the British Academy* 53, 1967, 193-217 闡明了康德關於自由的理論，且提出了一種避免其本體負擔的方式。J. Bennett 的 *Kant's Dialectic*, ch10 指出該理論一些困境和模稜兩可之處。對康德所說明的自由有兩種令人印象深刻的詮釋，這兩個詮釋為其融貫性辯護，可參見 A. Wood 的文章 Kant's compatibilism，收錄於 A. Wood 編輯的 *Self and Nature in Kant's Philosophy* (Ithaca: Cornell University Press, 1984) 和 H. Allison 的 *Kant's Transcendental Idealism*, ch. 15，以及 *Kant's Theory of Freedom* (Cambridge: Cambridge University Press, 1990), pt I。

第八章　先驗觀念論的意義

Jacobi 的論文 On transcendental idealism 可在 F. H. Jacobi 的 *The Main Philosophical Writings and the Novel* ,Allwill 中找到，由 G. di Giovanni 翻譯，(Montreal and Kingston: McGill-Queen's University Press, 1994), pp. 331-8。在 R. Walker 編輯的 *The Real in the Ideal: Berkeley's Relation to Kant* (New York: Garland 1989), pp. xv-xxiv 翻譯了 Feder-Garve 或 Göttingen 評論。為人所非難為混淆不清的那種，康德作為柏克萊論者或現象論者的「標準圖像」乃是始於 H. A. Prichard 的 *Kant's Theory of Knowledge* (Oxford: Clarendon, 1909), ch. 4：此觀點在 P. F. Strawson 的 *The Bounds of Sense: An Essay on Kant's'Critique of Pure Reason'* (London: Methuen, 1966), pt IV 再次得到陳述。反對這種觀點的說法，可見 G. Bird 的 *Kant's Theory of Knowledge* (London: Routledge & Kegan Paul, 1962), ch. 1 和 H. Allison 的 *Kant's Transcendental Idealism: An Interpretation and Defense* (New Haven: Yale University Press, 1983), chs 1-2。R. Walker 的文章 Idealism: Kant and Berkeley，以及其他收錄在 R. Walker 所編的 The Real in the Ideal 書中的文章標出了康德與柏克萊其他關鍵的不同之處。

主張物自身是不融貫的有 G. Schrader 的文章 The thing in itself in Kantian philosophy，收錄在 R. P. Wolff 編的 *Kant: A Collection of Critical Essays* (New York: Anchor, 1967)，以及 P. F. Strawson 的 *The Bounds of Sense*, pt IV。處理關於範疇意義的議題的有 J. P. Nolan 的文章 Kant on meaning，收錄在 *Kant-Studien* 70, 1979, 113-21。對先驗觀念論的否定詮釋可見於 H. E. Matthews 的文章 Strawson on transcendental idealism，收錄在 R. Walker 編的 *Kant on Pure Reason* (Oxford: Oxford University Press, 1982)，以及 A. Melnick 的 *Kant's Analogies of Experience* (Chicago: University of Chicago Press, 1973), ch. 4。試圖闡明康德致力於物自身存在的有幾種不同的方式，參見 H. Allison 的 *Kant's Transcendental Idealism*, ch. 11, R. Aquila 的文章 Things in themselves and appearances: intentionality and reality in Kant，收錄在 *Archiv für Geschichte der Philosophie* 61, 1979, 293-308, K. Fischer 的 *A Critique of Kant* (1883)，由 W. Hough 翻譯(London: Sonnenschein, 1888), ch. 1, N. Rescher 的文章 Noumenal causality，收錄於 L. W. Beck 編的 *Kant's Theory of Knowledge* (Dordrecht: Reidel, 1974), M. Westphal 的 In defence of the thing in itself，收錄在 *Kant-Studien* 59, 1968, 118-41，以及 R. Pippin 的 *Kant's Theory of Form: An Essay on the'Critique of Pure Reason'* (New Haven: Yale University Press,

1982), ch. 7。Allison 替從 G. Prauss 具有影響力的 *Kant und das Problem der Dinge an sich* (Bonn: Bouvier, 1974)（沒有翻譯）引出的兩構思（two conception）觀點辯護；Aquila 和 Fischer 則採取了兩對象（two object）的觀點。E. Adickes 重要且經常得到引用的 *Kant und das Ding an sich* (Berlin: Pan, 1924)（沒有翻譯）開始了雙重影響（affection）的學說。把先驗觀念論說成基本上是一種形上學的學說可見 H. Heimsoeth 的 Metaphysical motives in the development of critical idealism 收錄在 M. Gram 編的 *Kant: Disputed Questions* (Chicago: Quadrangle, 1967)。與之截然相反，G. Buchdahl 在 *Kant and the Dynamics of Reason: Essays on the Structure of Kant's Philosophy* (Oxford: Blackwell, 1992) 提供了對於先驗觀念論一種非存有學的、胡賽爾式的說明；第一章解釋了他一般的進路，而第五～六章則關注影響這個概念。

關於自我的先驗觀念性可見 H. Allison 的 *Kant's Transcendental Idealism*, ch. 12 和 K. Ameriks 的 *Kant's Theory of Mind: An Analysis of the Paralogisms of Pure Reason* (Oxford: Clarendon, 1982), ch. 7。

第九章　完整批判體系（〈純粹理性的法規〉）

對於掌握批判體系統一性的重要康德著作選包括有：*Groundwork of the Metaphysics of Morals, sect.* III；*Critique of Practical Reason*, bk II, Dialectic of pure practical reason 一文；*Critique of Judgement*, Introduction, §§ 28-9, §59 和§§ 82-91；以及 Idea for a universal history with a cosmopolitan purpose 一文，收錄在康德 *Political Writings*, H. Reiss 編輯，H. Nisbet 翻譯（Cambridge: Cambridge University Press, 1970）。影響康德甚巨的盧梭關於道德和宗教的見解乃是由 The creed of a Savoyard priest 一文，收錄於 *Émile* (1762)，由 B. Foxley 翻譯(London: Dent, 1974), pt IV。

D. Henrich 對康德道德理論提出了傑出的說明，可見 The moral image of the world 一文，收錄在 *Aesthetic Judgement and the Moral Image of the World* (Stanford, Calif. : Stanford University Press, 1992)，以及 The concept of moral insight and Kant's doctrine of the fact of reason 一文，收錄於 *The Unity of Reason: Essays on Kant's Philosophy* (Cambridge: Mass. : Harvard University Press, 1994)。J. Silber 的文章 The Copernican revolution in ethics: the good reexamined 解釋了康德形式主義式的自律倫理學的原理，收錄在 R. P. Wolff 所編的 *Kant: A Collection of Critical Essays* (New York: Anchor, 1967)。關於康德的道德神學和相關議題可見 L. W. Beck 的 *A Commentary on Kant's 'Critique of Practical Reason'* (Chicago: University of Chicago Press, 1960), pt III, G. Buchdahl 的 *Kant and the Dynamics of Reason: Essays on the Structure of Kant's Philosophy* (Oxford: Blackwell, 1992), ch. 15，以及 R. Sullivan 的 *Immanuel Kant's Moral Theory* (Cambridge: Cambridge University Press, 1989), chs 8 和 15。把康德的道德和宗教理論放在他對理性的創新構思脈絡中的資料可見 S. Neiman 的 *The Unity of Reason: Rereading Kant* (Oxford: Oxford University Press, 1994)。O. O'Neil 的 *Constructions of Reason: Explorations of Kant's Philosophy* (Cambridge: Cambridge University Press, 1989), pt I 和 R. Velkley 的 *Freedom and the Ends of Reason: On the Moral Foundation of Kant's Critical Philosophy* (Chicago: University of Chicago Press, 1989)。論述美學在批判體系中的角色的文章可見 K. Dusing 的 Beauty as the transition from nature to freedom in Kant's *Critique of Judgement*，收錄在 *Noûs* 24, 1990, 79-92。

G. Deleuze 寫的 *Kant's Critical Philosophy: The Doctrine of the Faculties*, H. Tomlinson 和 B. Habberjam 翻譯（London: Athlone, 1984）提供了一個關於批判體系簡短且敏銳的概要。

Theodor W. Adorno 的引文是出自 *Negative Dialectics*, E. B. Ashton 翻譯 (London: Routledge & Kegan Paul, 1973), p. 385。

第十章　對《批判》的接納及其影響

詳細記載對於《批判》的立即接納可參見 F. Beiser 迷人的 *The Fate of Reason: German Philosophy from Kant to Fichte* (Cambridge, Mass. : Harvard University Press, 1987)。對此早期的論述，也可參見 G. di Giovanni 的 The first twenty years of critique 一文，收錄在 P. Guyer 編的 *The Cambridge Companion to Kant* (Cambridge: Cambridge University Press, 1992) 以及 T. Rockmore 的 *Before and After Hegel* (Berkeley: University of California Press, 1993), ch. 1。相關的主要文本收錄於 G. di Giovanni 和 H. S. Harris 編的 *Between Kant and Hegel: Texts in the Development of Post-Kantian Idealism* (Albany: State University of New York Press, 1985)。

後康德觀念論對康德的批評可在下列文本中發現，費希特的 *The Science of Knowledge* [*Wissenschaftslehre*] (1794), P. Heath 和 J. Lachs 翻譯和編輯(Cambridge: Cambridge University Press, 1982), First and Second Introductions；謝林的 *On the History of Modern Philosophy* (1856-61), A. Bowie 翻譯和編輯(Cambridge: Cambridge University Press, 1994), pp. 94-106, 'Kant'；黑格爾的 *Faith and Knowledge* (1802), W. Cerf 翻譯(Albany: State University of New York Press, 1977), sect. A,

'Kantian philosophy', *Phenomenology of Spirit* (1807), A. Miller 翻譯(Oxford: Clarendon, 1977), Preface and Introduction, *Lectures on the History of Philosophy* (1833-6), E. Haldane 和 F. Simon 翻譯(Lincoln: University of Nebraska Press), vol. 3, pt III, sect. III, B, 'Kant'和(*Encyclopaedia*) *Logic* (1817), W. Wallace 翻譯 (Oxford: Clarendon, 1975), ch. 4, sect. 2, 'The Critical philosophy'：和叔本華的 *The World as Will and Representation* (1844), 2 vols, E. Payne 翻譯(New York: Dover, 1966), vol. 1, Appendix, 'Criticism of the Kantian philosophy'，以及 vol. 2, ch. 18, 'On the possibility of knowing the thing in itself'。後康德的觀念論的簡史可見 W. Windelband 的 *A History of Philosophy* (1901)(New York: Harper, 1958), vol. 2, §§ 41-3。

對從康德到絕對觀念論的哲學發展之傑出重建可見 R. Pippin 的 *Hegel's Idealism: The Satisfactions of Self-Consciousness* (Cambridge: Cambridge University Press, 1989), pt I：Pippin 在 *Kant's Theory of Form: An Essay on the 'Critique of Pure Reason'* (New Haven: Yale University Press, 1982), ch. 8 指出康德未解決的相關議題。D. Henrich 的 Fichte's original insight 也頗有啟發性，此文由 D. Lachterman 翻譯，收錄於 D. Christensen 編輯的 *Contemporary German Philosophy* (University Park: Pennsylvania State University, 1982), vol. 1。K. Ameriks 的 Hegel's critique of Kant's theoretical philosophy 一文分析了黑格爾對康德的批判，收錄於 *Philosophy and Phenomenological Research* 46, 1985, 1-35 以及由 S. Priest 編輯的 *Hegel's Critique of Kant* (Oxford: Clarendon, 1987)。

J. Habermas 在 *Postmetaphysical Thinking* 建立了他不帶歷史上的形上學的康德主義，此書由 W. Hohengarten 翻譯，(Cambridge: Polity, 1992), pt I。有關維根斯坦的康德主義的論述可見 J. Lear

的 The disappearing "we" 一文，收錄在 *Aristotelian Society Supplementary Volume* 58, 1984, 219-42，以及 H. Schwyzer 的 Thought and reality: the metaphysics of Kant and Wittgenstein 一文，收錄在 *Philosophical Quarterly* 23, 1973, 193-206。P. Hylton 在 Hegel and analytic philosophy 一文討論了康德和分析哲學的關係，收錄於 F. Beiser 編輯的 *The Cambridge Companion to Hegel* (Cambridge: Cambridge University Press, 1993)。有兩本近作證明了史卓森對康德的詮釋影響深遠，那就是 Q. Cassam 的 *Self and World* (Oxford: Oxford University Press, 1997)，以及 J. McDowell 的 *Mind and World* (Cambridge, Mass.: Harvard University Press, 1994)。

對後康德哲學的發展以及在哲學中哥白尼革命這個概念的一些有趣的反思可見 K. Hartmann 的 On taking the transcendental turn 一文，收錄於 *Review of Metaphysics* 20, 1966, 223-49。

K. L. Reinhold 的著作是 *Briefe über die Kantische Philosophie*, 2 vols (Leipzig, 1786-87), Leipzig 1923 重新發行，由 R. Schmidt 編輯。J. A. Eberhard 的引文是出自 H. Allison 的 *The Kant-Eberhard Controversy* (Baltimore: Johns Hopkins University Press, 1973), p. 15。Heinrich Heine 的引文是出自 *Religion and Philosophy in Germany: A Fragment*，由 J. Snodgrass 翻譯(Albany: State University of New York Press, 1986), pp. 107, 109。J. G. Hamann 的著作是 *Metacritique of the Purism of Reason* (1781)，收錄於 R. Gregor Smith 的 *J.G. Hamann: A Study in Christian Existence with Selections from His Writings* (London: Collins, 1960), pp. 213-21。J. G. Herder 的著作是 *Eine Metakritik zur Kritik der reinen Vernunft* (1799)，收錄於 *Sämmtliche Werke*，由 Bernhard Suphan 編輯 (Berlin: Weidmannsche Buchandlung, 1881), vol. 21。黑格爾的引文是出自 *Lectures on the History of Philosophy* (1833-6)，由 E. Haldane 和

Frances Simson 翻譯(Lincoln: University of Nebraska Press, 1995), p. 246。席勒（Friedrich Schiller）的著作是 *On the Aesthetic Education of Man in a Series of Letters* (1795)，由 Elizabeth Wilkinson 和 L. A. Willoughby 翻譯編輯(Oxford: Clarendon, 1967)。黑格爾的引文是出自 *Faith and Knowledge* (1802)，由 H. S. Harris 和 W. Cerf 所翻譯(Albany: State University of New York, 1977), p. 74。黑格爾的引文是出自 Dieter Henrich 的文章 On the unity of subjectivity，由 Guenter Zoeller 翻譯，收錄於 *The Unity of Reason: Essays on Kant's Philosophy* (Cambridge, Mass.: Harvard University Press, 1994), p. 46。費希特的著作是 *The Science of Knowledge* [*Wissenschaftslehre*](1794)，由 P. Heath 和 J. Lachs 翻譯編輯（Cambridge: Cambridge University Press, 1982）。謝林的著作是 *Ideas for a Philosophy of Nature* (1797)，由 Erroll E. Harris 和 Peter Heath 翻譯（Cambridge: Cambridge University Press, 1988），以及 *System of Transcendental Idealism* (1801)，由 Peter Heath 翻譯（Charlottesville: University of Virginia Press, 1993）。黑格爾的引文是出自 *Faith and Knowledge* (1802)，由 H. S. Harris 和 W. Cerf 所翻譯(Albany: State University of New York, 1977), p. 94。黑格爾的引文是出自 *Faith and Knowledge* (1802)，由 H. S. Harris 和 W. Cerf 所翻譯(Albany: State University of New York Press, 1977), p. 76。謝林的引文是出自 *System of Transcendental Idealism* (1801)，由 Peter Heath 翻譯(Charlottesville: University of Virginia Press, 1993), p. 12。叔本華的著作是 *The World as Will and Representation* (1st edn 1818, 2nd edn 1844), 2nd edn，由 E. Payne 翻譯，2 vols, (New York: Dover, 1966)。海德格的著作有 *Being and Time* (1927)，由 John Macquarrie 和 Edward Robinson 翻譯 (Oxford: Blackwell, 1962)，以及 *Kant and the Problem of Metaphysics* (1929), 4th edn，由 R. Taft 翻譯(Bloomington: Indiana University

Press, 1990)。沙特的著作是 *Being and Nothingness: An Essay on Phenomenological Ontology* (1943)，由 Hazel Barnes 翻譯 (London: Methuen, 1958)。梅洛龐蒂的著作是 *Phenomenology of Perception* (1945)，由 Colin Smith 翻譯（London: Routledge & Kegan Paul, 1962）。維根斯坦的著作是 *Tractatus Logico-Philosophicus* (1921), D. Pears 和 B. McGuiness 翻譯(London: Routledge & Kegan Paul, 1961), *The Blue and Brown Books: Preliminary Studies for the 'Philosophical Investigations'* (Oxford: Blackwell, 1975)，以及 *Philosophical Investigations*，由 G. E. M. Anscombe 翻譯(Oxford: Blackwell, 1976)。

中英譯名對照表

序

拼湊理論 patchwork theory
柏貝客學院 Birkbeck College

中文版序

《遺著》*Opus Postumum*
遺稿札記 Nachlass
實踐認知 practical cognition

第一章

萊布尼茲 G. W. Leibniz, 1646-1716
休謨 David Hume, 1711-76
牛頓 Isaac Newton, 1642-1727
洛克 John Locke, 1632-1704
亞當・斯密 Adam Smith, 1723-90
狄德羅 Denis Diderot, 1713-84
亞藍貝特 Jean d' Alembert, 1717-83
孟德斯鳩 C. de Montesquieu, 1689-1755
伏爾泰 Voltaire, 1694-1778
孔狄亞客 É. de Condillac, 1715-80
霍爾巴哈 P. d' Holbach, 1723-89
盧梭 Jean-Jacques Rousseau, 1712-78
孔多賽 M. de Condorcet, 1743-94
吳爾夫 Christian Wolff, 1679-1750
克魯修斯 C. A. Crusius, 1715-75
通俗哲學 Popularphilosophie
祕傳主義 esotericism
克拉克 Samuel Clarke, 1675-1729
笛卡兒 René Descartes, 1596-1650
內在的情感 *sentiment intérieur*
哈曼 J. G. Hamann, 1730-88
赫德 J. G. Herder, 1744-1803
雅可比 F. H. Jacobi, 1743-1819
歌德 J. W. von Goethe, 1749-1832
狂飆運動 *Sturm und Drang*
虔敬派 Pietism
萊辛 Gotthold Lessing, 1729-81
泛神論論戰 *Pantheismusstreit*
孟德爾頌 Moses Mendelssohn, 1729-86
鮑姆嘉通 Alexander Baumgarten, 1714-62

《人類悟性探究》*Enquiry Concerning Human Understanding*

《愛彌兒》*Émile*

嶄新的方向 *Proleg*

《未來形上學序論》*Prolegomena to any Future Metaphysics*

《道德形上學的基礎》*Groundwork of the Metaphysics of Morals*

《實踐理性批判》*Critique of Practical Reason*

《判斷力批判》*Critique of Judgement*

《自然科學的形上學基礎》*Metaphysical Foundations of Natural Science*

《單純理性限度內的宗教》*Religion Within the Boundaries of Mere Reason*

《論永久和平》*Toward Perpetual Peace*

《道德形上學》*The Metaphysics of Morals*

〈形上學認知之第一原理新解〉*A New Elucidation of the First Principles of Metaphysical Cognition*

〈新解〉*Nova Dilucidatio*

《自然通史與天體理論》*Universal Natural History and Theory of the Heavens*

《關於活力正確估測之思索》*Thoughts on the True Estimation of Living Forces*

《物理單子論》*Physical Monadology*

《上帝存在證明唯一可能的論證基礎》*The Only Possible Argument in Support of a Demonstration of the Existence of God*

《負量概念的哲學嘗試》*Attempt to Introduce the Concept of Negative Magnitudes into Philosophy*

《自然神學與道德原理的明晰性探究》*Enquiry Concerning the Distinctness of the Principles of Natural Theology and Morality*

《得獎論文》*Prize Essay*

《從形上學之夢來闡釋的通靈者之夢》*Dreams of a Spirit-Seer Elucidated By Dreams of Metaphysics*

就職論文*Inaugural Dissertation*

〈論感性世界與智性世界的形式與原理〉*On the Form and Principles of the Sensible and*

Intelligible World

超驗的 transcendent

推定 presumptive

〈純粹理性的法規〉*The Canon of Pure Reason*

第二章

原型的理智 intellectus archetypi

衍生的理智 intellectus ectypi

心靈中 in sensu reali

事物所顯現 as they appear

事物所是 as they are

馬勒布朗謝 Malebranche

超自然影響說 *influxum hyperphysicum*

預定和諧說 *harmonium praestabilitam intellectualem*

急救神 *deus ex machina*

表象 *Vorstellung*

解圍神 *dues ex machina*

過濾 filtration

柏克萊 George Berkeley, 1685-1753

對我們而言的對象 object-for-us

法權問題 *quid juris*

事實問題 *quid facti*

命令 writ

對象成為可能的 object-enabling

混淆哲學先驗的 philosophical transcendental

哲學經驗的 pre-philosophical empirical

顯象 *Erscheinung*

物自身 *Ding an sich selbst*

實體 substantive

先驗證明 transcendental proofs

支配事實上 *de facto*

法權上的 *de jure*

第三章

理性真理 truths of reason

事實真理 truths of fact

必然產生性 necessitation

經驗的 empirical

後天的 posteriori

異常 anomalousness

回溯的 regressive

順推的 progressive

義務 onus

規約性的 stipulative

第四章

樣態 modalities

對象—直接性 object-directedness

智性直觀 *intellectual intuition*

辯解性的 discursive

存有物 entities

同義反覆 tautology

數值上 numerical

規定 determination

左撇和右撇 left- and right-handedness

同時發生的 contemporaneous

外在性 outer-ness

必要修正後 *mutatis mutandis*

第五章

先驗上是觀念的 transcendentally ideal

心靈影像 mental images

特定子集 sub-class

外表 seemings

未規定的 indeterminate

傳德蘭堡 Adolf Trendelenburg

同形的 isomorphic

歸繆論證 *reductio ad absurdum*

致命一擊 *coup de grâce*

第六章

既與性 givenness

向下規範 subspecification

所要證明的 question-begging

固存於 inhering

連結 conjunctio

自發性 spontaneity

無法類比 disanalogy

辯解性的 discursive

篡奪的 usurpatory

思考之物 *sum res cogitans*

思想物 *res cogitans*

休謨式的 supra-Humean

結合的 associative

基底 substratum
經驗 *Erfahrung*
同質 homogeneous
虛無 *ex nihilo*
一切變化 *Wechsel*
改變 *Veränderung*
親和性 affinity
質料的觀念論 material idealism
獨我論 solipsism
思維物 *res cogitans*
檢證論 verificationism
時間化 temporalising
以假定為論據 begging the question
擴延的量 magnitudes
性質 quality
本體 noumenon
權宜的 problematic
世界的智性體系 *intellectual system of the world*
智性化 *intellectualised*
感覺化 *sensualised*

第七章

規則 precept
假的推論 pseudo-reasoning
總和 sum-total
類 genera
種 specification
親合性 affinity
實體化的 hypostatised
客體 object-involving
闡述 predicated
基底 substratum
知識接近 proximity
部分論的 mereological
空無 empty
超出現世 extra-mundane
實在性的某種東西 *omnitudo realitatus*
實在性的理念 *ens realissimum*
上帝存在 is/exists
物質論 materialism
在內地 inwardly

矛盾形態 shape
對立的 *contrary*
並非強制的 mandatory
權宜的 problematic
烤肉叉者 turnspit
智思特性 intelligible character
多重決定 overdetermination
自動裝置 automaton
效力 *efficacy*
反推論 counter-inference
空隙 void
實體性 substantiality
感覺與料假說 sense-datum hypothesis

第八章

哥廷根 Göttingen
對象相關聯 objects of perception
心靈存有論 mentalistic ontology
現象論式 phenomenalistic
同等物 coordinates
二分法 dichotomy
個殊事物 particulars
感覺 *sense*
意義 *Sinn, Bedeutung*
內涵 connotations
無中 *ex nihilo*
範疇性 categoriality
反對象 anti-object
權宜的 problematic
兩種對象 *two object*
物自身 *Ding an sich*
物在其自身來思考 *Ding an sich selbst betrachtet*
世界自身 *Welt an sich*
本身真實 *real per se*
節儉 parsimony
概念化過程 conceptualisation
分離的 disjunctive
似乎有 *appear to be*
自我受動 self-affection
意識一般 awareness in general
後設批判 meta-critique

外形 shape

第九章

被動性 passitivity
超感性 supersensible
〈先驗的方法論〉 Transcendental Doctrine of Method
愛好 inclination
明智規則 rule of prudence
後繼者 descendant
辯解的 discursive
斯多葛學派 the Stoic
聚集 agglomeration
自然的超越 transcendent of nature
感覺論 sensualism
理智論 intellectualism
神義論 theodicy
天意 providentially
人本主義 humanism
後康德哲學 post-Kantian philosophy

第十章

萊因厚德 K. L. Reinhold, 1758-1823
《論康德哲學書簡》 *Letters on the Kantian Philosophy*
〈論一個發現〉 On A Discovery, 1790
《對理性純粹主義的後設批判》 *Metacriti-que of the Purism of Reason*, 1781
《對純粹理性批判的後設批判》 *Metacriti-que of the Critique of Pure Reason*, 1799
實體化 hypostatisation
一塌糊塗 metagrobolising
費希特 J. G. Fichte, 1762-1814
謝林 F. W. J. von Schelling, 1775-1854
黑格爾 G. W. F. Hegel, 1770-1831
叔本華 Arthur Schopenhauer, 1788-1860
席勒 Friedrich Schiller, 1759-1805
《論人類的審美教育書簡》 *On the Aesthetic Education of Man in a Series of Letters*, 1795
《全知識學》 *Wissenschaftslehre*
《關於自然哲學的觀念》 *Ideas for a Philoso-phy*

of Nature, 1797
《先驗觀念論的體系》*System of Transc-endental Idealism*, 1801
同一哲學 philosophy of identity
簡單的 *tout court*
自我推動的概念 self-moving Concept
窮盡的 exhaustive
主體的客觀性 objectivity-relative-to-the-subject
自我中心的 egocentric
史賓諾莎 Benedict Spinoza, 1632-77
《遺著》*Opus Postumum*
無足輕重的東西 cipher
《作為意志和表象的世界》*The World as Will and Representation*, 1818
胡賽爾 Edmund Husserl, 1859-1938
布蘭塔諾 Franz Brentano, 1838-1917
超越性 transcendence
海德格 Martin Heidegger, 1889-1976
沙特 Jean-Paul Sartre, 1905-80
梅洛龐蒂 Maurice Merleau-Ponty, 1907-61
《存有與時間》*Being and Time*, 1927
《康德與形上學的問題》*Kant and the Problem of Metaphysics*, 1929
《存有與虛無》*Being and Nothingness*, 1943
為己 the For-Itself
《知覺現象學》*Phenomenology of Perception*, 1945
聯想主義 associationist
蒙昧主義 mystico-obscurantism
彌爾 J. S. Mill, 1806-73
摩爾 G. E. Moore, 1873-1958
羅素 Bertrand Russell, 1872-1970
弗雷格 Gottlob Frege, 1848-1925
維根斯坦 Ludwig Wittgenstein, 1889-1951
《邏輯哲學論》*Tractatus*, 1921
《藍褐書》*Blue and Brown Books*, 1958
《哲學研究》*Philosophical Investigations*, 1953
羅爾斯 John Rawls

經典哲學名著導讀 003

1BZ3

康德與《純粹理性批判》

Routledge Philosophy GuideBook to Kant and the Critique of Pure Reason

作　　者：薩巴斯丁・加納Sebastian Gardner
譯　　者：劉育兆
發 行 人：楊榮川
總 經 理：楊士清
總 編 輯：楊秀麗
主　　編：蔡宗沂
責任編輯：李美貞
封面設計：林仲屏(SUKI.007)
出 版 者：五南圖書出版股份有限公司
地　　址：106台北市大安區和平東路二段339號4樓
電　　話：(02)2705-5066
傳　　真：(02)2706-6100
劃撥帳號：01068953
戶　　名：五南圖書出版股份有限公司
網　　址：https://www.wunan.com.tw
電子郵件：wunan@wunan.com.tw
法律顧問：林勝安律師
出版日期：2009年 8 月初版一刷（共三刷）
2021年 1 月二版一刷
2024年 5 月二版二刷
定　　價：新臺幣450元

國家圖書館出版品預行編目資料

康德與《純粹理性批判》／薩巴斯丁・加納（Sebastian Gardner）著；劉育兆譯. -- 二版. -- 臺北市 ： 五南圖書出版股份有限公司, 2021.01
面；　公分. --（經典哲學名著導讀；3）
譯自：Routledge philosophy guidebook to Kant and the Critique of pure reason
ISBN 978-986-522-382-3(平裝)
1.康德(Kant, Immanuel, 1724-1804)
2.康德哲學 3.批判哲學
147.45　　109019862